SECCIÓN DE OBRAS DE HISTORIA

SUKU'UN FELIPE

ARMANDO BARTRA

Suku'un Felipe

FELIPE CARRILLO PUERTO Y LA REVOLUCIÓN MAYA DE YUCATÁN

FONDO DE CULTURA ECONÓMICA

Primera edición, 2020

Bartra, Armando
    Suku'un Felipe. Felipe Carrillo Puerto y la revolución maya de Yucatán /
Armando Bartra. — México : FCE, 2020
      293 p. ; 21 × 14 cm — (Colec. Historia)
      ISBN 978-607-16-7008-3

    1. Carrillo Puerto, Felipe – Vida y obra 2. Carrillo Puerto, Felipe – Biografía
3. Pueblos indígenas de México – Mayas – Historia – Revolución 4. Historia –
México – Revolución I. Ser. II. t.

LC F1219.1   Dewey 923.2 C134 B133s

Distribución mundial

D. R. © 2020, Fondo de Cultura Económica
Carretera Picacho-Ajusco, 227; 14738, Ciudad de México
www.fondodeculturaeconomica.com
Comentarios: editorial@fondodeculturaeconomica.com
Tel.: 55-5227-4672

Diseño de portada: Teresa Guzmán Romero

ISBN 978-607-16-7008-3

Impreso en México • *Printed in Mexico*

ÍNDICE

Ellos han sido esclavos por tanto tiempo que han olvidado cómo jugar; los esclavos no juegan; y las personas que juegan no son esclavos.

FELIPE CARRILLO PUERTO

ADVERTENCIA

En una gran Estoria se pueden alterar pequeñas verdades para que resalte la verdad más
grande.

UMBERTO ECO, *Baudolino*

Al escribir no se nos pide que seamos verdaderos sino verosímiles.

JUAN SASTURAIN, *El último Hammett*

El documento no fue para Michelet más que un
trampolín para la imaginación.

JACQUES LE GOFF, *¿Realmente es necesario
cortar la historia en rebanadas?*

SUKU'UN *FELIPE* es un relato biográfico que en su búsqueda de
la verosimilitud se permite ciertas licencias historiográficas
que sin embargo falsean la verdad histórica. Los personajes
existieron, los acontecimientos relevantes se cuentan tal como
ocurrieron y los documentos citados son fidedignos. Los diálogos y algunos eventos circunstanciales, en cambio, siendo
posibles, no son verificables; unos porque los testigos los re-
construyeron años después según los recordaban, otros porque los imaginé yo apoyándome en lo que sé de los participantes y las circunstancias.

Ignoramos, por ejemplo, qué tan buena era la memoria de
Marte R. Gómez, pero las palabras que pone en boca de Felipe
Carrillo Puerto cuando, años más tarde, nos relata la conversación en que éste le comunicó su decisión de dejar Morelos y
regresar a Yucatán concuerdan con lo que, por esos días, Felipe
le escribió a su hermano Acrelio en una carta, ésa sí consulta-
ble. De modo que el diálogo es verosímil e históricamente consistente, aunque historiográficamente no resulte fidedigno por
no haber documento alguno que lo avale.

Otro caso es el del discurso de Felipe en el Zócalo de la Ciudad de México pronunciado desde el balcón de Palacio Nacional. He leído cuando menos tres versiones periodísticas distintas de lo que dijo, que, sin embargo, coinciden en que llamó a pasar de las palabras a los hechos y a ponerle bombas a las instituciones, de manera que elegí la más elocuente.

Algunas reconstrucciones fueron arriesgadas. Acerca de lo que ocurrió entre el 12 de diciembre de 1923, fecha en que Carrillo Puerto y un grupo de colaboradores escapan de Mérida ante la inminencia de su ocupación por los golpistas vinculados a la rebelión de Adolfo de la Huerta, y el 3 de enero de 1924, en que Felipe y doce más son fusilados en el Cementerio General de Mérida, tenemos testimonios abundantes y minuciosos que permiten reconstruir lo sucedido casi hora tras hora. Hay, sin embargo, una semana perdida: la que los perseguidos pasan en la barra de Río Turbio. Y se trata de una semana narrativa e históricamente decisiva. La noche anterior a la llegada a Río Turbio había transcurrido en medio de versos y bromas —que transmite puntualmente *El Chato* Duarte en un breve escrito—; en cambio, siete días después, cuando salen de Río Turbio, su mejor opción es entregarse a los golpistas. ¿Qué pasó en el manglar? Nunca lo sabremos porque todos los que estuvieron ahí fueron detenidos, incomunicados y fusilados dos semanas después. En la última entrevista que le hicieron el 21 de diciembre, a unas horas de su captura, Felipe se refiere a "penalidades sin cuento". Pero la lacónica expresión no basta: hay que narrar las penalidades, pues de otro modo la facilidad con que se pusieron en manos de los militares infidentes resulta históricamente incongruente y dramáticamente inexplicable. Y en el libro las narré; las narré empleando para ello lo que conozco de los personajes y mi experiencia personal con las barras de los ríos, los manglares, los lagartos y el chaquiste.

Otra decisión tuvo que ver con las referencias. Todo lo que cito entre comillas: cartas, telegramas, diarios, actas de eventos públicos, declaraciones judiciales, artículos periodísticos, testimonios…, lo tomé de alguna parte y pude haber mencionado su origen. No lo hice en bien de la fluidez de la lectura y también para evitar que mi narración se viera como texto de consulta. En esto llevé hasta sus últimas consecuencias la recomendación de Jacques Le Goff: "La erudición es un andamio que el artista, el historiador, deberá retirar una vez que haya concluido su obra". Y como este libro habla de cosas que ocurrieron, pero no pretende tener valor documental, me tomé incluso la libertad de modificar no el sentido, pero sí la redacción de algunos de los textos que reproduzco, pues de la manera en que estaban escritos eran de incómoda lectura. Si alguien quisiera citar algo de esta narración histórica, le sugiero que no lo haga y que mejor acuda a la bibliografía. Ahí está la fuente.

La saga de Felipe Carrillo Puerto es bastante conocida; sin embargo, traté de que el relato conservara el suspenso. Es posible que el lector sepa cuándo y cómo murió el biografiado, pero aun sabiéndolo me gustaría que leyera esta historia como si transcurriera mientras la voy narrando.

San Andrés Totoltepec,
México, 2020, año del coronavirus.

I. CON ZAPATA EN MORELOS, 1913-1915

¿Tú has matado a alguien?

—Hay que sembrar caña. Sembrando puro maíz, frijol y chile nunca saldrán de pobres, por eso les aconsejo que también siembren caña...

Desconcertantes eran las palabras que a principios de 1915 el líder agrario Emiliano Zapata dirigía a los campesinos de Villa de Ayala que se habían congregado para escucharlo.

—Porque necesitamos que los ingenios azucareros subsistan —siguió diciendo el general—, pero no con el sistema antiguo, sino como Fábricas Nacionales que manejemos nosotros. La caña que vamos a cosechar la llevaremos a esas fábricas.

Y cerró:

—La milpa no es suficiente, hace falta reactivar los ingenios porque son la única industria y fuente de trabajo que existe en el estado...

—¿Quién le entiende? —reclamó Fidel a media voz—. Hace unos días decía que hay que hacer milpa para que no cunda el hambre en Morelos. Y ahora sale con que hay que reactivar la agroindustria que barrió con la milpa. ¿Quién le entiende?

Daniel estaba de acuerdo en que era un descontrol. Samuel, en cambio, dudaba:

—Es que sí se necesitan ingresos. Si no tienes dinero, cómo compras parque, cómo habilitas los hospitales, cómo sostienes a las viudas... Nosotros mismos no tenemos con qué reponer los teodolitos que se perdieron en el viaje.

—Tiene razón el general —sentenció *El Yuca*—. Es como en mi tierra: las plantaciones de henequén son una maldición, pero de ahí salen los ingresos del Estado. Y el dinero hace falta si queremos ayudar a la gente... Así que cuando la bola llegue por allá, habremos de cultivar el maíz que ahora traemos de fuera, pero sin descuidar las exportaciones agrícolas.

Hizo una pausa como para dejar paso a los recuerdos.

—En su momento haremos en Yucatán lo que están haciendo en Morelos... Pero por ahora nuestro problema son los hacendados. De aquí ya los corrieron, mientras que por mis rumbos aún nos tienen bocabajeados...

Quienes así hablaban eran los jóvenes integrantes de la Comisión Agraria del Distrito de Cuautla, formada por Fidel Velázquez, Daniel Valera y Samuel Torres, alumnos de la Escuela Nacional de Agricultura, que junto con otros habían viajado a Morelos para ayudar como topógrafos al deslinde de las tierras que estaban regresando a manos de los pueblos. *El Yuca*, un güero alto, fornido y de ojos verdes, era el motuleño Felipe Carrillo Puerto, coronel de caballería del Ejército Libertador del Sur, a quien la Comandancia Zapatista había nombrado Representante Agrario.

La existencia de las Comisiones Agrarias, que también operaban en Guerrero, Puebla, el Estado de México y el Distrito Federal, era posible porque a principios de 1915 la Revolución campesina estaba en su punto más alto. Tras la forzada renuncia del traidor Victoriano Huerta a la presidencia que usurpaba, la División del Norte y el Ejército Libertador del Sur dominaban buena parte del país y a través de la Convención, reunida inicialmente en Aguascalientes, nombraban presidente y ejecutaban algunas políticas públicas. En Morelos, desde fines de 1914 y hasta fines de 1915, el zapatismo tenía el control político militar y el Plan de Ayala comenzaba a materializarse. Y precisamente para eso estaban ahí los pasantes de agronomía Fidel, Samuel y Daniel, supervisados por *El Yuca* como Representante Agrario.

Ya de regreso en Cuautla, donde ocupaban una casa intervenida en la calle de Morelos, los jóvenes pasaron a cenar a la fonda que estaba por la plaza principal. Ahí también se refaccionaba la tropa y con frecuencia se escuchaban los: "¡Quién gran parió de madre!", de *El Cristo*, un militar bronco y malhablado al que le decían así porque una vez lo dieron por muerto en un combate, pero al tercer día revivió. Y *El Cristo* acostumbraba meterse con los de la Comisión Agraria, a los que llamaba *agrios* y no bajaba de mustios, güeritos y catrines...

Cenados y en su vivienda, donde los esperaban Antonio Gómez y Jesús Concha, jefe y subjefe de la comisión, los *agrios* destaparon la botella común y, entre tragos de un resacado preparado al que llamaban *Satanás*, reanudaron la discusión.

—Hace unos días vieron al general Zapata cosechando maíz y desgranando mazorcas por los llanos de Chiautla, cerca de Tlaltizapán —comentó Antonio, sumándose al debate—. Dicen que lo hace para poner el ejemplo. Y también porque ya le da grima pedir a los campesinos que los estén manteniendo.

—Eso me dijeron. Y lo que cosecha se lo entrega a las familias de los revolucionarios caídos —añadió Jesús.

—Más a mi favor —remachó Fidel—. Lo que importa es la milpa que nos da de tragar.

—Será; pero el hecho es que ya hay varios ingenios funcionando. Aquí nomás, tenemos el de Coahuixla, que era de Manuel Araoz, un hacendado que está en chirona, y ahora lo maneja un sobrino de Zapata.

—Maurilio Mejía.

—Ese mero. Y también se consiguieron en México refacciones y se reactivó el ingenio El hospital, que administra Emigdio Marmolejo, comandante de la plaza y jefe de escoltas del General.

—Sí, pero apenas trabajan, porque les falta materia prima; la gente no quiere sembrar caña...

—Es lo que digo, no quieren... Cómo van a querer si la jodida caña los esclavizó...

El Yuca no tomaba alcohol y, pasada la medianoche, puso fin a los espirituosos debates pidiéndole a Fidel que recitara el *Manelik*, del vate yucateco Mediz Bolio.

Felipe, que también se lo sabía, le hizo segunda:

> Si sientes la injusticia
> desgarrándote el pecho;
> si te estrujan la vida;
> si te infaman el lecho;
> si te pagan la honra
> con infame mendrugo,
> ¡no envilezcas de miedo
> soportando al verdugo!
> ¡No lamas como un perro
> la mano que te ata!
> Haz pedazos los grillos
> y, si te asedian, ¡mata!

—¿Tú has matado a alguien, *Yuca?* —quiso saber Samuel.
—Sí —contestó Felipe.
No dijo más. Tampoco le siguieron preguntando.

Buscando a los que de veras hacían la Revolución, Carrillo Puerto había viajado de Yucatán a Morelos con una escala en Nueva Orleans. Antes escribió varias cartas al Cuartel General zapatista, pero no fue sino hasta 1914 que pudo entrevistarse con el propio Emiliano en Milpa Alta. Al conocerlo en persona, Felipe se sorprendió: lo había imaginado mayor y más alto, pero el general del Ejército Libertador del Sur tenía poco más de treinta años, muchos menos que él, y era de corta estatura.

El encuentro entre Felipe y Emiliano ocurrió en agosto, cuando los zapatistas iban de gane: tenían presencia en Puebla, controlaban tanto Guerrero como Morelos y por las noches las fogatas de sus campamentos, desparramados por los cerros del sur del Distrito Federal, eran el tema de las discusiones y pesadillas de los capitalinos.

El morelense y el yucateco conversaron en las bancas que había a un costado del Cuartel General recién establecido en San Pablo Ostotepec, pueblo del Distrito Federal donde días antes se había reafirmado el proyecto revolucionario campesino ratificando el Plan de Ayala. Desde la robusta construcción se domina todo el valle: un poco más abajo Milpa Alta, algo más lejos Tlalpan y al fondo la ciudad de México. Atardecía y algunas luces parpadeantes se iban encendiendo en los poblados, los zanates habían terminado su parloteo, los grillos empezaban a cantar. En silencio, Emiliano forjó un cigarro de hoja y lo encendió con la brasa de su mechero.

—¿Tabaco? —preguntó, ofreciéndole a Felipe la bolsita con picadura y unas hojas de maíz.
—Gracias. No fumo.
El cigarro chisporroteó cuando Zapata aspiró el humo y, mirando hacia donde sabía que estaba la ciudad, inició la plática.
—A Carranza no lo queremos de presidente. Es un ambicioso que sólo busca el poder… Además de que no se quiere comprometer con el Plan de Ayala… y así cómo.
—Entonces van a tomar la capital por su cuenta.
—Es cosa de días. La muina que traemos es que cuando se chisparon los federales que la resguardaban, ocuparon sus po-

siciones los carranzas... Parece que los catrines no quieren guarachudos en su ciudad.

Zapata dio otra larga fumada a su cigarro y, sin apartar la vista de las luces lejanas, continuó.

—Pero vamos a entrar, téngalo por seguro... Y si nos hacen resistencia... pues nos la rifamos. Ya estaría de Dios. Al cabo que nosotros somos los más fuertes en el sur.

—¿Ya cayó Cuernavaca?

—Ya. Hace unos días tomamos de nuevo la plaza... Y hasta nos pudimos avanzar algunas armas, que buena falta nos hacen porque aún traemos soldados de uñas que no tienen con qué... Ahorita todo Morelos es nuestro. También tenemos gente en Puebla y desde marzo ocupamos Iguala y Chilpancingo.

—En Guerrero, ¿llegaron a la costa?

—Sí, nos fuimos hasta el mar. La guarnición del puerto de Acapulco se le rindió al general Julián Blanco... Pero eso ya no me tocó verlo. Yo me devolví antes para Morelos...

Por unos instantes Zapata dejó de mirar hacia la ciudad para dirigir la vista al humo de su cigarro. Luego dijo.

—Fíjese, vale, que no conozco el mar.

...

—Pues ahora que se haga la bola en mi tierra, lo invito a que se bañe en el Caribe...

La plática se reanudó tiempo después en Tlaltizapán. Ahí el motuleño le explicó a Emiliano que en Yucatán había habido muchas haciendas cañero-azucareras, como en Morelos, pero que ahora lo que cinchaba a los pueblos era el henequén. Comparados los casos, concluyeron que cuando hubiera condiciones habría que llevar la lucha agraria al sureste... y entonces Zapata conocería el mar.

Como combatiente del Ejército Libertador del Sur, en noviembre de 1914 el yucateco fue nombrado por Zapata coronel de caballería y en 1915 fue designado responsable de la Comisión Agraria de Cuautla. Pero hacia el final del año, junto con los desalentadores reportes de las derrotas de las fuerzas zapatistas y villistas de la Convención a manos de los constitucionalistas seguidores de Venustiano Carranza, llegaron a Morelos noticias de que el general Salvador Alvarado, sinaloense enviado por el carrancismo a recuperar Yucatán de manos de los alzados separatistas de Abel Ortiz Argumedo, había cumplido su misión y que en su calidad de gobernador provisional y comandante militar estaba impulsando cambios progresistas en la península. Y Felipe decidió que ya era tiempo de volver.

Así se lo dijo a su amigo Marte Rodolfo Gómez, pasante de agronomía que laboraba en la Comisión de Yautepec, con quien se volvería a encontrar años más tarde en la Comisión Agraria de Yucatán:

—Me quité de Yucatán porque ahí ya no veía para dónde. Pero me cuentan que el general Alvarado está repartiendo tierras entre los mayas. La verdad es que estoy muy contento en Morelos viendo que a los campesinos se les restituya lo suyo. Pero aquí tienen a Zapata y yo no hago falta. Además, allá dejé a mi familia…

Los recuerdos provocaron una pausa.

—Me tengo que ir, Marte, me tengo que ir. Despídeme de los compañeros; diles que me regreso a Yucatán.

Carrillo Puerto no era el único yucateco que se había enrolado en las filas zapatistas: también militaba en el Ejército Libertador del Sur el anarquista Miguel Cantón. Combatiendo a las tropas de Victoriano Huerta a las órdenes del general Pedro Bernal en Morelos, Puebla, el Estado de México y el Distrito Federal, Cantón había obtenido el grado de teniente coronel y luego, por sus enfrentamientos contra las fuerzas de Venustiano Carranza, obtuvo el grado de capitán primero de caballería. Participó también en los debates entre convencionistas y constitucionalistas en 1915 y de regreso a la península formaría parte, junto con Felipe, del Partido Socialista del Sureste.

Tampoco fue Felipe el único de los miembros de las Comisiones Agrarias que después se iría a Yucatán; en su momento también lo hicieron su amigo Marte de la Comisión de Yautepec, Gaspar Garza de la misma comisión, Manuel Mesa de la Comisión de Texcoco y Gustavo Martínez de la de Tenango del Valle. Todos trabajaron en la Comisión Agraria de aquel estado durante el gobierno de Salvador Alvarado. Y es que, como diría después Marte: "El sinaloense era el único carranclán que aceptaba zapatistas en su equipo de gobierno".

Los *agrios* y otros fuereños que se sumaron de diferentes maneras a la lucha zapatista dejaron en general buenos recuerdos entre la gente de Morelos. También Carrillo Puerto sembró afectos, aunque alguno dijo que además había sembrado un hijo. Sin embargo, el único argumento del que se lo atribuye es que en Tequesquitengo conoció a un muchacho que se parecía muchísimo a Felipe y que el tipo del motuleño es infrecuente en Morelos. A saber.

Desde julio de 1915 la ciudad de México estaba ocupada por los seguidores de Venustiano Carranza y los carrancistas fusilaban a los zapatistas que caían en sus manos, de modo que *El Yuca* caminó de Cuautla hasta Jonacatepec y de ahí se internó en el estado de Puebla buscando alguna estación donde pudiera abordar sin demasiado riesgo el Ferrocarril Mexicano que lo llevaría al puerto de Veracruz, pues entonces la única forma de llegar a la península era por mar.

Los choques entre las tropas del general constitucionalista Fernando Dávila y los zapatistas fieles a la Convención tenían a Puebla sumida en el caos, pero finalmente Felipe pudo abordar el ferrocarril rumbo al puerto. Las estaciones por las cuales había pasado dos años antes, cuando iba camino de Morelos, corrían ahora en orden inverso: Apizaco, Huamantla, San Marcos, Rinconada, San Andrés, Esperanza… ahí era la parada donde cambiaban la locomotora por una de rodada corta, especial para las vertiginosas Cumbres de Maltrata. Felipe lo sabía porque en Yucatán había sido maquinista. "Pero en mi tierra no hay montañas como éstas —pensó asomándose al abismo desde la Barranca de Metlac—, ahí puro llano." Y adormecido por el rítmico traqueteo del tren, comenzó a recordar el mundo al que regresaba.

II. PRIMEROS PASOS, 1878-1913

"LA TIENDA DE LOS CATORCE"

Hijo de Adela Puerto, motuleña de familia acomodada cuyas tres hermanas casaron con hombres prósperos de la ciudad, y de Justiniano Carrillo, quien en 1847 y bajo el mando del general Francisco Cantón había combatido contra los mayas alzados llegando al grado de capitán y jefe de la guarnición de Tihosuco, Felipe Santiago nació en 1878 y era el segundo de catorce hermanos.

Al licenciarse, Justiniano había establecido en Motul una ferretería y al lado un pequeño billar con dos mesas; de modo que la familia no era rica salvo en hijos. Por eso después de la enseñanza elemental los varones buscaban un oficio del que habrían de vivir, pues "La tienda de los catorce" y el "Club de la carambola", como eran conocidos la ferretería y el billar, no daban para todos.

A resultas del alzamiento de los mayas conocido como Guerra de Castas, Motul, llamada "La perla de la costa", había recibido muchos migrantes, y más tarde el *boom* henequenero la volvió el corazón de la economía peninsular. Una amplia alameda central, el parque José María Campos; un palacio municipal nuevo terminado a principios del siglo xx y cuyo lujo era una alta torre con reloj; un mercado en forma, el Guillermo Palomino; un casino; dos teatros y, desde 1906, un cine, a lo cual se añadía un pujante y diversificado comercio en que participaban destacadamente libaneses mal llamados "turcos": todo esto hacía de Motul una pequeña ciudad.

Felipe era el mayor de los hermanos varones y, designado por su maestra de primaria "alumno príncipe", como se llamaba entonces a los que terminaban sus estudios con buen aprovechamiento, su padre le dio en premio una parcelita en la cercana población de Ucí, donde desde los catorce años se enseñó a cultivar la tierra. No obstante, también aprendió carpintería y siguió ayudándole a su padre con la tienda. Y, pese a que era mestizo, Felipe hizo suyas la lengua, la cultura y los pesares de los mayas gracias a su amistad con una anciana del vecino poblado de Kaxatah, llamada Xbatab, quien le contaba historias, le compartía saberes y le transmitía valores y sentires de honda raíz comunitaria.

Un mal día, al atardecer, Xbatab se presentó muy agitada con Felipe, a quien llamaba *Yaax ich*, que significa ojos verdes.

—¿Qué pasa, *chi ich*, que vienes tan apurada?

—Has de saber, *Yaax ich*, que los patrones de la hacienda de Dzununcán han construido una gran albarrada que encierra al pueblo. Quieren que abandonemos todo y nos vayamos al monte como si fuéramos venados —le contó desolada.

Con el ímpetu de los dieciocho años, Felipe no lo pensó dos veces: seguido de la anciana, que trataba inútilmente de igualarle el paso, marchó a Kaxatah, donde gracias a que venía acompañado de una mujer de respeto como lo era Xbatab pudo convocar al pueblo.

—Lo que hicieron los patrones es una ofensa inaceptable —les dijo en maya—. Hay que tumbar la albarrada.

Y se puso manos a la obra seguido después de algunos titubeos por todos los habitantes de la comunidad.

Avisados los patrones de la inaudita rebeldía de la gente de Kaxatah y de que el instigador había sido el joven Carrillo, utilizaron su poder y lo mandaron meter preso. Ésa fue la primera de las varias cárceles de Felipe, de la que lo sacó su padre alegando que era menor de edad y pagando una multa. Aunque dicen que no aceptó salir sino hasta que los hacendados prometieran no reconstruir la albarrada.

De la experiencia en Kaxatah aprendió Felipe que sólo conociendo su lengua se podía participar en las luchas de los mayas, que eran la inmensa mayoría del pueblo peninsular. Y hablando maya llegaría a presidente del Partido Socialista del Sureste; y hablando maya sería gobernador.

A los peones de hacienda que no cortaban suficientes pencas o que no se presentaban a la *fajina*, labor sin paga que se realizaba una hora antes y una hora después de la jornada normal, los hacendados les daban una *limpia*. Felipe se enteró de en qué consistía ésta por su amigo Pancho Caamal, que aún tenía las marcas en la espalda.

—Primero te bajan la camisa y te embrocan en una paca de

fibra para que no te ladees ni te caigas. Luego te pegan. Son veinticinco golpes con un lazo de henequén. Y lo mojan para que
pese y cale más. Terminado el castigo te untan en la espalda
una naranja con sal que ya tienen preparada... y estás listo para
volver a trabajar...

Pausa.

—Eso sí puedes levantarte...

No todos podían. Azotados hasta los huesos, algunos eran
incapaces de incorporarse y los dejaban tirados en un rincón
donde se reponían o morían comidos por las moscas.

Informado de que en la hacienda vecina un lacerado estaba
grave, Felipe organizó una incursión nocturna, montó en su
caballo a la víctima y la llevó adonde pudieran curarla. Si al rescatado le fue bien y se repuso de sus heridas, después tuvo que
buscar un nuevo acomodo laboral. Lo que de seguro no resultó
fácil, pues sin presentar tu *nohoch cuenta* y tu *chichan cuenta*,
es decir la deuda grande y la deuda chica pagadas al anterior
dueño y patrón, nadie te aceptaba en su hacienda. Así eran las
cosas en Yucatán.

Años más tarde, estando ya casado, siguió procurando atención médica a las víctimas de los hacendados, para lo que contaba con el apoyo del doctor Manuel Amézquita, conocido como
Chuhuc. La estancia en la casa familiar de un trabajador, llamado Antonio —al que se le había infectado la pierna a causa
del grillete con el que lo tuvieron encadenado y que era aten-
dido por *Chuhuc*—, causó un primer conflicto de Felipe con su
joven esposa, Isabel, quien reclamaba por la fetidez que se
desprendía de la herida. No sería la última desavenencia.

Dicen algunos que en una ocasión el joven Carrillo fue sorprendido por los hacendados alebrestando en maya a los peones, y ordenaron al mayocol que le diera veinticinco chicotazos
enfrente de la gente. Puede ser. En todo caso Felipe nunca hablaba de eso.

Pero no todo era activismo social; también tenía otras
inquietudes. Apenas había cumplido los trece años cuando
llegó a Motul el Circo Quijano, cuya principal atracción era
una joven contorsionista a la que anunciaban como *La niña
Elvira* y que era hija de don Pancho Quijano, el dueño del
espectáculo. Al parecer, Elvira era tan flexible como bella, y
en cuanto Felipe la vio plegarse, desplegarse y rodar sobre la

larga alfombra en que realizaba su acto, se enamoró perdida-
mente de ella.

Por las mañanas los malabaristas y acróbatas del circo prac-
ticaban sus ejecuciones al aire libre, y como el joven que a diario los observaba desde lejos les resultara simpático, un día lo
dejaron incorporarse y probar sus habilidades. Felipe eligió la
barra y resultó tan bueno que don Pancho lo animó a perfeccio-
narse. Pero al muchacho lo que le interesaba no era la barra sino
la niña Elvira. Y al parecer su interés era correspondido.

Así las cosas, cuando el circo recogió su carpa y agarró
camino a Tixkokob, Felipe se fue con ellos. Al notar su ausencia, don Justiniano averiguó dónde estaba y, previniendo
que el voluntarioso muchacho se resistiera, consiguió del jefe
político de Motul un oficio para que la autoridad de Tixkokob
le hiciera ver al señor Quijano que se había llevado a un menor
sin permiso de sus padres y debía entregarlo a la autoridad.

Comisionada para traer de regreso al huido, doña Adela y
otro de sus hijos montaron en el bolán de tres mulas y recorrie-
ron los 12 kilómetros que separan a Motul de Tixkokob. Grande habrá sido su sorpresa al ver en la entrada del pueblo un gran
cartel del circo donde se anunciaba: "Hoy debut del barrista
motuleño Felipe Carrillo Puerto".

No hubo debut y finalmente el joven aceptó regresar a casa.
Para justificar su escapada alegó su enamoramiento de la niña
Elvira y, haciendo honor a su espíritu justiciero, argumentó también que su propósito era liberar a la pequeña contorsionista
de la explotación a la que estaba sometida.

Siendo inalcanzable su amada, Felipe buscó consuelo en
la música.

José Gerónimo Ramírez había llegado a Yucatán como parte del Batallón 22, enviado por el presidente Díaz a combatir a
los mayas que desde la llamada Guerra de Castas resistían en
Chan Santa Cruz. Decidido a desertar, José pensó que, siendo
primer clarinetista de la Banda de Guerra del Batallón, podía
ganarse la vida en Motul dando clases de música. Y así lo hizo.

Al poco tiempo el maestro Ramírez, como lo llamaban, había formado una orquesta con veintidós muchachos del lugar.
El flautista era el joven Carrillo. En el debut del flamante conjunto musical, las partes de flauta que le tocaron a Felipe eran
lucidoras, pero poco enérgicas. Y él quería algo más vivo: "Cuan-

do menos un *andante*", decía. Entonces el maestro le escribió un fogoso solo de flauta que, con el acompañamiento de la orquesta, estrenó exitosamente en el parque principal de Motul. De hecho, todos los hermanos Carrillo tocaban algún instrumento y, según Acrelio, además de la flauta, Felipe se las arreglaba bien con el flautín y el saxofón barítono.

Si pese a haberse vuelto barrista había perdido a Elvira, como flautista Felipe se hizo de nuevos amores. Y es que habiéndolo escuchado en el parque, la señorita Mercedes Pachón, al parecer bastante mayor que él, se prendó del joven intérprete. Para desalentar tan dispareja relación, los padres de Mercedes la mandaron a Tekit, el pueblo del departamento de Ticul donde había nacido. Por unos meses Felipe se dio sus escapadas y los enamorados se siguieron viendo. Pero con el tiempo y la distancia se fue enfriando la asimétrica pasión.

En los albores del siglo xx llegó a Motul proveniente de los Estados Unidos la práctica del béisbol. Juego que pronto se puso de moda tanto entre los ricos como entre los pobres: transformados en *sportmen* los motuleños pichaban, cachaban y fildeaban con entusiasmo. Felipe no sólo aprendió a jugar, sino que formó en 1904 el Club Motul, cuyos miembros se reunían trisemanalmente en un área de la plaza que se les había asignado. La afición no fue pasajera: tanto en el seno de su partido político como desde la gubernatura del estado, promovió el béisbol como un deporte que, como decía: "Enseña a combinar la responsabilidad individual con el trabajo en equipo".

Más allá de causas sociales, amores imposibles, música y béisbol, un joven pobre tenía que ganarse la vida. Así que Felipe fue por muchos años agricultor en Ucí y por un tiempo leñador en el paraje llamado Akam Kekén. En 1893, con apenas quince años, decidió probar que era capaz de hacer su vida lejos de la familia y, con permiso de don Justiniano, se fue al vecino estado de Campeche, donde trabajó como caballerango y mozo de faenas en una de las haciendas del ex gobernador Marcelino Castilla Álvarez. Ahí se hizo amigo de Manuel, un hijo del hacendado dos años mayor que él, quien al triunfo de la revolución maderista sería gobernador de Campeche y con el cual tendría una buena relación amistosa, así como una complicada relación política. Experiencia contradictoria que se repetiría muchas veces a lo largo de su vida.

Una de las frecuentes desavenencias entre Felipe y su padre lo llevó a alojarse por un tiempo en la estación de ferrocarriles de Motul. Y, como siempre, el inquieto joven se hizo amigo de los trabajadores y gracias a ellos se familiarizó con las máquinas.

Los Ferrocarriles Unidos de Yucatán eran por entonces de Francisco Cantón, muy amigo de don Justiniano, quien había sido su subordinado en el ejército y que intercedió para que Felipe pudiera entrar a trabajar como rielero. Ahí el joven demostró una vez más que era hábil para casi todo, pues en menos de seis meses había ascendido a maquinista del tren que corre de Motul a Cuacá. Por su pericia para reencarrilar un convoy accidentado en que viajaba Cantón, recibió una mención honorífica. Años después la International Association of Machinists le extendió una credencial como miembro honorario.

Como trabajador del riel, iba con frecuencia a Mérida. En una ocasión, estando en la capital del estado, fue invitado junto con otros ferrocarrileros a un internado de señoritas donde se celebraba un examen. Ahí conoció a la joven María Isabel Palma, motuleña como él, pero hija de hacendados, a quien siguió visitando con o sin invitación formal de la escuela. Apercibida de lo que pasaba, la maestra Duarte, directora del internado, informó de la relación a los padres de la niña, quienes sin pensarlo dos veces sacaron de la escuela a Isabel y la regresaron a Motul, donde la vigilancia familiar sería más estrecha.

Pero esta vez la reticencia de los padres fue inútil y los jóvenes acabaron casándose. En 1901, al contraer matrimonio, él tenía veintitrés años y ella dieciséis (precocidad que no era extraña en la familia, pues cuando don Justiniano y doña Adela se casaron ella apenas había cumplido catorce). La nueva pareja tuvo seis descendientes, de los que le vivieron cuatro: Dora Onfalia, Gelithzli Illitia, Alba Isela y Felipe Hernani, pues Xochimilco Antonio murió al nacer y Netzula Lisis a los tres meses.

Casado y con nuevas responsabilidades, Felipe decidió seguir los pasos de su padre y, recurriendo a cinco o seis mil pesos de los que disponía Isabel, incursionó en el comercio itinerante con tres carretas que, tiradas por cinco mulas cada una, trasportaban mercancía entre Motul y Valladolid, poblaciones entre las que no había ferrocarril. Su imagen arreando las bestias le ganó el sobrenombre de *El carretonero de Motul.*

Lo retiró de esta actividad un accidente en que se lesionó la espalda. Sin embargo, ya repuesto se mantuvo en la misma línea y creó una cooperativa que transportaba en carretillas de mano maíz, frijol y otras mercancías de la terminal del tren de Motul al mercado de la ciudad. Los trabajadores eran socios y todos los sábados en el parque José María Campos se distribuían las utilidades.

En sus tiempos de comerciante nómada, Felipe tuvo su primer y estremecedor contacto con el antiguo esplendor de los mayas, pueblo al que hasta entonces sólo conocía en su humillación y sufrimiento. Años después, ya gobernador de Yucatán, en el discurso con que inauguró la carretera que une Dzitás con Chichén Itzá —una de las primeras obras físicas de su administración—, narró esa desnuda y conmovedora experiencia juvenil.

Junto a los restos prehispánicos aún no restaurados y hablando como de costumbre en maya, el gobernador debutante exaltó tanto la pasada como la presente y la futura grandeza del pueblo que había erigido esa pirámide, pero que también había hecho esa carretera. Así refirió su inquietante encuentro con los ancestros diecisiete años antes:

> Pasaba yo por este camino a Dzitás, trabajando como ustedes trabajan para ganarse el sustento, cuando un vigilante de las ruinas me dijo: "¿Por qué no vienes unos instantes a Chichén para que veas la pirámide y otros restos?"
>
> Dejé mis carros encargados en el pueblo y llegué a las ruinas... No puedo expresarles lo que sucedió en mi corazón; pasé cuatro días llorando entre esas piedras y sentí el alma llena de una gran amargura. Me pregunté entonces hasta cuándo esas espléndidas construcciones podrían ser conocidas por todos; cuánto tiempo más pasarían ignoradas las grandes obras de esos hombres antiguos.

La vida no es una sucesión de acontecimientos trascendentales, se va haciendo poco a poco y sobre la marcha. Pero hay episodios iluminadores que marcan una trayectoria. El trance de Felipe en Chichén Itzá, donde escuchó la palabra de los antiguos y asumió su encargo, fue una de ellas.

En esa ocasión conoció a Edward Herbert Thompson, un estadunidense que había comprado los terrenos aledaños a las ruinas y con quien coincidió en que había que preservarlas, restaurarlas y darlas a conocer. Veinte años después, ya siendo gobernador, el sueño compartido empezaría a cumplirse. Pero gracias entre otros a la periodista Alma Reed, descubriría, también, que el hombre que le mostró la pirámide era un saqueador que había dragado el cenote de Chichén Itzá y enviado a los Estados Unidos sus hallazgos.

Los trueques y compraventas del comercio itinerante le permitieron al joven Carrillo hacerse de algunas cabezas de ganado. Animado por Bernardino *Belito* Avilés, que a eso se dedicaba, y asociado con Atilano Gómez, Juan Alonzo y otros amigos, formó una cooperativa dedicada al negocio de la carne. Tan exitosos resultaron los jóvenes asociados que los introductores y tablajeros establecidos de Motul se pusieron de acuerdo para hacerles la vida imposible, hasta que los recién llegados al negocio tuvieron que dejarlo caer.

En el ejercicio de sus diversos oficios recorrió el estado y ensanchó su espíritu en Chichén Itzá, pero también se le encogió el alma al darse cuenta de hasta qué punto su querido Motul, que había sido un gran productor de maíz y más de frijol, desde la invasión del henequén dependía —como todo Yucatán— de los alimentos traídos de fuera. Y venían de lejos: el maíz, por ejemplo, llegaba principalmente de la remota Argentina. Algo estaba mal en la producción económica de su estado.

EL HERALDO DE MOTUL

Don Justiniano no sólo había militado a las órdenes de Francisco Cantón: también era muy cercano al general, cuya candidatura al gobierno del estado había apoyado mediante el bisemanario *El Correo de Motul*, que él mismo editaba. De modo que, en 1898, al ocupar el cargo, Cantón lo nombró jefe político de la ciudad.

Al tiempo que su padre representaba al gobernador en Motul, el recién casado se iniciaba en la política y la administración pública como tesorero en el Ayuntamiento que encabezaba Luciano Sánchez. Al poco tiempo Felipe renunció al cargo, pero ese mismo año participó en las elecciones locales y al siguiente era síndico en el cabildo presidido por Narciso Santos.

El mes de julio de 1899 el pueblo de Muxupip denunció ante la alcaldía que un tal Pablo Gutiérrez había invadido parte de sus tierras. El joven Carrillo defendió a los reclamantes, quienes gracias a su intervención lograron un fallo favorable en el juicio. Pero también se ganó la animadversión del grupo de poder local, que empezó a presionarlo administrativamente hasta obligarlo a renunciar a su cargo. Poco después el juicio de tierras que con su apoyo les había dado la razón a los de Muxupip se revirtió, pues con amenazas éstos fueron forzados a desistir.

En 1906, Felipe regresó a la alcaldía de Motul como regidor y de nuevo chocó con los caciques locales, encabezados por el jefe político Eulogio Palma y Palma. Para entonces Francisco Cantón ya no era gobernador y el joven regidor estaba en posición de debilidad, pues los grupos de poder del municipio liderados por los Palma y los Campos, tenían el respaldo del nuevo gobierno local que desde 1902 presidía Olegario Molina Solís, un hacendado que empezaba a perfilarse como el adalid de la oligarquía henequenera. Molina había llegado al cargo pese a la oposición de Cantón, quien se había distanciado de Díaz por la decisión presidencial de crear el territorio federal de Quintana Roo amputando severamente a Yucatán, de manera que entre los seguidores del ex gobernador y los del gobernador había una profunda división.

La confrontación entre cantonistas y molinistas, que lo era también entre el grupo monopólico de los henequeneros vinculados a la International Harvester y el sector marginado, impregnaba toda la política yucateca y naturalmente la motuleña. Y los Carrillo, cantonistas de abolengo, estaban en la oposición desde 1902, año en que Olegario Molina llegó al gobierno. En esas condiciones y aprovechando que en la ciudad había una tipografía, en 1906 Felipe decidió fundar un periódico semejante al que su padre había editado años atrás; un bisemanario al que no bautizó, *El Correo de Motul*, como el de don Justiniano, sino *El Heraldo de Motul*.

Ayudó a su edición con un préstamo de doscientos pesos el amigo de Felipe y también periodista Carlos Ricardo Menéndez, quien era colaborador de *La Revista de Mérida* —una publicación cantonista propiedad de Delio Moreno Cantón, sobrino del general—. Años después, y ya al frente de *La Revista de Yucatán*, Menéndez se enfrentaría virulenta y sistemáticamente con Felipe, un hombre al que por más de una década había llamado hermano.

Además de Carrillo Puerto, quien publicó un artículo titulado "El henequén y el maguey", donde celebra al primero y vitupera al segundo por ser el origen del pulque, escribieron en *El Heraldo* Agustín Franco, Pedro Pérez, Salvador Martínez, el médico Manuel Amézquita *Chuhuc*, el tampiqueño Librado Montesinos, el campechano Salvador Martínez Alomía y dos exilados centroamericanos: Di Silvio Selva Salas y Mariano Tovar. Este último resultó dos caras, se pasó al otro bando y en alguna ocasión probó los puños de Felipe.

El Heraldo le sacaba los trapitos al sol a la oligarquía local, gente poderosa que financió la publicación de *La Gaceta de la Costa*, un pasquín que le hacía la contra y cuyo director, Manuel Palma Cervera, demandó a Felipe por el delito de ultraje. A la acusación se sumó Eulogio Palma y Palma, a la sazón jefe político de Motul, quien en un oficio al juez refería: "Tengo a bien comunicar a usted, como superior jerárquico del H. Ayuntamiento de esta ciudad, que con esta fecha he iniciado causa a Felipe Carrillo, regidor de la misma corporación por los delitos de ultrajes a un funcionario público y golpes simples".

En estos términos registró el conflicto *La Revista de Mérida* el 19 de junio de 1907:

> Saben los lectores que hace dos meses que guarda prisión en la cárcel pública de Motul, por el delito de ultrajes a personajes políticos o algo parecido, el estimable Felipe Carrillo, director de *El Heraldo de Motul*, periódico en el cual se censuraron con energía ciertos actos de la administración pública motuleña, a cargo de los señores Palma. Procuraremos estar al corriente del curso que siga el proceso instruido contra el señor Carrillo, quien, por su honradez y la independencia de su carácter, es muy estimado en la sociedad de Motul.

El juez de consigna Elías Campos mantuvo por dos meses preso en Motul a Felipe. De ahí se le envió a la Penitenciaría Juárez, de Mérida, de donde veinte días después fue excarcelado sin cargos gracias a la defensa del abogado Liborio Martín Carrillo.

La Revista de Mérida informó que Carrillo Puerto había recibido una sentencia absolutoria pero también que *El Heraldo de Motul* había dejado de existir. Sin embargo, su director no tuvo que abandonar la trinchera periodística, pues Delio Moreno lo nombró agente y corresponsal de su revista en Motul.

Por esos años llegaba a Yucatán el semanario *¡Tierra!*, que, animado por un grupo de anarquistas, se publicó en Cuba entre 1902 y 1915. La revista tenía corresponsales en México y desde 1903 difundió artículos contrarios al régimen de Díaz. En la segunda mitad de 1907 apareció en ella la primera de siete entregas de una serie titulada "La inquisición en México", escrita al principio por Abelardo Saavedra Toro y firmada con el pseudónimo *Garín*. La denuncia causó escozor en el gobierno mexicano. En la última entrega, *Garín* reproduce un texto llegado de Umán, Yucatán, y firmado por *Un campesino*. "¡Obreros mexicanos: muy cruel muy criminal muy feroz es lo que hace con vosotros Porfirio Díaz!", comentaba el editor de la serie al darle término.

Publicada el 9 de noviembre de 1907, la primera entrega de "La inquisición en México" ya circulaba en Mérida cuatro días después. Y casi de inmediato Muñoz Arístegui, quien gobernaba Yucatán en ausencia de Molina, emprendió la persecución de los distribuidores, los catalanes Antonio Duch y Francisco Ros y Planas, a quienes pronto se detuvo por difamar al presidente de México. En una extensa carta a Porfirio Díaz, el gobernador interino le informaba que en la casa de Ros y Planas se habían encontrado "periódicos y muchas obras de anarquismo y socialismo", y que a él y a Duch se les acusó de cómplices en las ofensas "al Primer Magistrado de la Nación, como un recurso para no dejarlos en libertad".

Esto sucedía en los días en que Carrillo Puerto, director de *El Heraldo de Motul*, era detenido, juzgado y encarcelado por el mismo delito de ultraje del que se acusaba a los catalanes y a la revista *¡Tierra!* Y al tiempo que el juez exculpaba a Felipe después de que había pasado casi tres meses en prisión, los colaboradores del semanario habanero eran expulsados del país. Es pues casi seguro que el motuleño conoció la revista cubana y quizás a sus corresponsales y distribuidores, dado que él mismo formaba parte del gremio y por ello sufría represión.

Tampoco parece casual que, años después, el órgano periodístico del Partido Socialista del Sureste que Felipe encabezaba se llamara *Tierra,* como la revista española animada por el pedagogo libertario Ferrer Guardia y como el semanario de la isla caribeña. El hecho es que a su salida de la cárcel Carrillo Puerto emprendió la defensa de los periodistas detenidos por sus críticas al gobierno y, en general, la de los presos políticos del Porfiriato.

Más allá de su participación en la política lugareña, Felipe se preocupaba por ampliar su visión de la problemática social a través de lecturas, conferencias y discusiones. Y el Yucatán de los primeros años del siglo XX era un buen lugar para formarse en las ideas revolucionarias.

A principios de la pasada centuria, para ir de Mérida a la ciudad de México necesitabas tomar dos trenes y un barco de la Ward Line, y si eras pobre uno de cabotaje, de modo que con suerte, y si no había huracanes, invertías una semana en llegar. Así que Yucatán tenía intercambios más estrechos con Cuba, con los Estados Unidos y hasta con Europa que con el centro de México. Y de esos países llegaban exilados revolucionarios y publicaciones que alimentaban una vida intelectual bastante intensa y, en algunos sectores laborantes (maestros, ferrocarrileros, tranviarios, portuarios, panaderos…), dominada por ideas políticas radicales.

En la capital del estado había libreros, primero itinerantes y luego establecidos, como Francisco Fontboté, Jorge Burrel y Juan Auscua, que llevaban a Yucatán publicaciones españolas. Pero además se publicaban en la península periódicos críticos como *La Razón Social,* y *El Libre Examen,* de los hermanos Pérez Ponce, y *Verdad y Justicia*, en el cual su animador José Vadillo reproducía los artículos anarquistas que escribían los hermanos Flores Magón y otros en el periódico *Regeneración,* que por entonces editaban aquéllos desde su exilio en los Estados Unidos.

En su natal Motul, Felipe se inició en las lecturas progresistas gracias al español Serafín García Suárez, párroco de la iglesia con quien conversaba largamente. Tuvo acceso también a la biblioteca del hacendado Antonio Patrón, donde leyó, entre otros, *Progreso y pobreza*, de Henry George; *Política social y economía política*, de Gustav von Schmoller; *Vida y trabajo*, de Samuel Smiles (en cuyos márgenes Felipe anotó que lo ha "saboreado"); *Diálogos socráticos sobre la moral,* de Alexandre Vessiot, y textos del marxista Karl Kautsky. En su biblioteca personal atesoraría obras literarias de Romain Rolland, Anatole France, Rabindranath Tagore y del comunista francés Henri Barbusse. Al parecer también leyó *¿Qué es la propiedad?,* del anarquista Pierre Joseph Proudhon, *La conquista del pan* de su discípulo Piotr Kropotkin, artículos del geógrafo ácrata Élisée Reclus y quizá algún capítulo de *El capital* de Karl Marx, texto para entonces ya traducido al castellano en Argentina y en España, y editado en fascículos y como libro en este último país. Años después se añadirían a su acervo publicaciones sobre la Revolución rusa de 1917 y el socialismo soviético. Muchas lecturas para alguien que sólo había terminado la primaria.

Es posible que entrado el siglo xx el motuleño haya concurrido alguna vez en Mérida a las conferencias de contenido libertario que se daban en el teatro anexo a una pensión y unos baños que Manuel Ancona había establecido en la calle 75, esquina con la 64, en el barrio de San Sebastián. La sala para eventos se llamaba *El Harem* y la frecuentaban obreros, pequeños comerciantes, artesanos y estudiantes normalistas como Ramón Espadas, quien poco después fundaría el Partido Socialista Obrero —más tarde llamado Socialista de Yucatán y finalmente Socialista del Sureste—, organización a la cual se incorporaría Felipe a su regreso de Morelos.

"Como quien exprime esponjas"

El cuatro de febrero de 1906, Felipe pudo ver de cerca al primer mandatario del país y de esta manera asomarse a los rituales del orden porfirista.

El motuleño había descubierto ya su vocación periodística y se disponía a publicar un bisemanario cuyo primer número aparecería ese mismo año, por lo que cuando supo que el presidente de la República visitaría Yucatán se fue a Mérida. Lo que presenció le dio una visión de la coyuntura política mexicana no sólo local o estatal sino también nacional: detrás de los Palma y de Molina estaba Díaz; el problema de Motul, de Yucatán y del país entero era la dictadura, y, si el dictador estaba viejo y achacoso, también el sistema que había construido durante más de un cuarto de siglo parecía sólido, pero estaba apolillado.

En la capital del estado Felipe vivió el apoteósico recibimiento que le había preparado a Díaz el hombre fuerte de la entidad y entonces gobernador Olegario Molina Solís. Hacendado henequenero y representante de los intereses de la trasnacional International Harvester, a través de la Casa Molina-Montes, que compraba prácticamente toda la fibra mexicana, Molina, al que llamaban *Zar del henequén*, había gobernado Yucatán de 1902 a 1906 y, siguiendo el ejemplo de Díaz, decidió reelegirse. Propósito continuista que realizó atropellando a la oposición, de modo que el primero de febrero de 1906 tomaba de nuevo posesión del cargo. Tres días después llegaba al puerto de Progreso el presidente de la República, dando muestra de la cercanía que tenía con el hacendado, a quien pronto nombraría secretario de Fomento, Colonización e Industria, así como de la importancia económica que le atribuía a la agroexportación peninsular.

Un viejo meridense le comentó a Felipe que la recepción dispensada a Díaz y su numerosa comitiva era aún más ostentosa que la que cuarenta años antes, en diciembre de 1865, le dieran los yucatecos a la emperatriz Carlota. En el camino de Progreso a Mérida una interminable y multicolor escenografía de arcos, guirnaldas, gallardetes… y como fondo sonoro vítores, dianas, cañonazos y numerosas bandas interpretando el himno nacional. Luego lluvia de flores, confeti y serpentinas en el trayecto entre la estación de ferrocarril —que especialmente para recibirlo se había construido en el Paseo Montejo— y la opulenta residencia de Sixto García, donde se alojó con su esposa Carmen Romero.

Los hacendados habían alineado a sus peones al paso del tren y los ciudadanos del común, como Felipe, también pudieron ver pasar a la comitiva. Otras actividades, como el paseo campestre a la hacienda de Chunchucmil, la cena en la hacienda Sodzil —iluminada con millares de novedosos focos eléctricos—, los banquetes, los bailes, las serenatas, una procesión nocturna y, en la catedral, un solemne *Te-Deum* en señal de reverencia a doña Carmelita, sólo admitieron invitados selectos.

De regreso al centro de la ciudad, pasando junto al arco de triunfo por el que al día siguiente Díaz debería ingresar a la

Plaza Grande, Felipe, como otros curiosos, se detuvo a observar la construcción de más de 10 metros de altura y 12 de ancho diseñada por el arquitecto catalán Francesc Romeu. Frente al arco y señalando uno de los mascarones de los frisos, varias personas debatían acaloradamente.

—Te digo que es el presidente Díaz... Clarito se ve que ésos son sus bigotes —decía uno indicando una figura.

—Cómo va a ser. Ése es Chaac Mool. Y los que dices no son bigotes son sus colmillos... Míralos, bien retorcidos.

—Dale. Te digo que es don Porfirio...

Y siguieron gesticulando y discutiendo.

Felipe no intervino, pero tomó partido. Era evidente que los organizadores de la recepción habían estilizado la figura maya del dios del agua para que se pareciera a la del caudillo. "No tienen vergüenza", pensó.

Algo más adelante, ya en la plaza, vio la placa de mármol conmemorativa de la visita del presidente —que años después Salvador Alvarado mandaría retirar— y pasó frente a una fila de hombres armados que aparentemente vigilaban el Palacio de Gobierno.

"Éstos no son yucatecos —especuló—. Han de ser los *huaches* que se trajo el presidente para que lo protejan." Tenía razón: alegando que una "pandilla de rateros" asolaba el estado, el jefe de la policía secreta y un grupo de sus efectivos se apersonaron por Mérida en los días en que Porfirio Díaz la visitaba, con el fin de garantizar aún más su seguridad. "El miedo no anda en burro", reflexionó.

El Díaz que Felipe observó de lejos era un viejo que miraba todo sin ver nada, un anciano de rígido porte militar que, con un rictus de sonrisa bajo el níveo bigote, estrechaba manos en automático como quien exprime esponjas.

—Un muerto sostenido por sus ministros —le dijo a Felipe años después su amigo, el psiquiatra, novelista e historiador cubano-yucateco Eduardo Urzaiz—. Alguna vez fue conocido como el *héroe de La Carbonera* —continuó—, luego fue *Perfidio* y más tarde *don Perpetuo,* pero la vez que estuvo en Mérida me hizo pensar en el cadáver del Cid cuando, embalsamado y montado en Babieca aún asustaba a los moros.

—Un muerto viviente... Y polveado, para que no se le notara lo indio.

—Más que un dictador era el símbolo de la dictadura que pronto empezaría a tambalearse.

Reflexión ésta que era válida para el país y también para Yucatán, un estado que a mediados de la primera década del nuevo siglo empezaba a ponerse políticamente caliente.

"Los beneficios que nos traería la libertad"

En 1905 se había reelegido como gobernador Molina Solís, quien dos años después, para ocupar la Secretaría de Fomento, Colonización e Industria en el gabinete federal, dejaría la gubernatura a cargo de su incondicional Enrique Muñoz Arístegui. Mediante la elección formal de éste, Díaz y Molina pretendían mantener el control del estado en los comicios de 1909, pero un sector de los hacendados —que se sentían arrinconados por el control comercial ejercido por la Casa Molina-Montes y, a través de ella, por la International Harvester— buscaba impulsar un candidato propio: un hombre de su grupo que a la vez fuera aceptable para el presidente de la República.

Ingenua pretensión. Como era previsible, Díaz y Molina mantuvieron la candidatura de Muñoz Arístegui, por lo que a los hacendados inconformes no les quedó más que irse por su cuenta y a través de un organismo político creado en julio de 1909 que llamaron Centro Electoral Independiente, candidatearon a Delio Moreno Cantón, un abogado liberal con fama de honesto y estimado por las clases medias que le imprimió al cantonismo un carácter democrático y popular que con el general no tenía.

En Yucatán el antirreeleccionismo vuelto movimiento social venía de 1905, en que la Unión Popular Democrática se opuso a la intención de Molina de repetir en el cargo y el 3 de septiembre organizó una gran manifestación en las calles de Mérida. A ésta, que fue reprimida, le siguieron protestas violentas en Kanasín, Tixkokob, así como en haciendas cercanas a la capital. Molina se reeligió, pero desde entonces surgió en la oposición yucateca al continuismo la figura de Delio Moreno, heredero político de su tío el general Cantón y que en los comicios de 1909 sería candidato del cantonismo.

Otro antirreeleccionismo, si bien menos arraigado en la península, era el que desde 1908 venía impulsando Francisco I. Madero en el resto del país. Así pues, cuando en 1909 se fundó en Mérida el Centro Antirreelecionista de Yucatán, que en lo nacional apoyaba a Madero y en lo local postulaba al periodista José María Pino Suárez, los cantonistas no se sumaron y desde entonces hubo en la entidad dos núcleos distintos opuestos a la continuidad, uno de los cuales, representado por el Centro Electoral Independiente y su candidato Delio Moreno, era antimolinista pero no necesariamente antiporfirista.

Delio era amigo de la familia Carrillo y desde *La Revista de Mérida* había apoyado a Felipe cuando fue detenido y encarcelado por acusaciones de los Palma. Lo que junto con su abierto y beligerante antimolinismo explica que, de la misma manera como don Justiniano había respaldado al general Cantón, el mayor de sus hijos varones se haya sumado con entusiasmo a la causa que ahora encabezaba el sobrino. Así que, decidido e impetuoso como era, Felipe se hizo morenista de hueso colorado, organizó al Centro Electoral Independiente en Motul y participó intensamente en las lides comiciales estatales, fogueándose en un terreno de combate donde diez años después se decidirían su futuro y el futuro de Yucatán.

En 1909 Muñoz Arístegui, Moreno Cantón y Pino Suárez iniciaron sus campañas, pero paralelamente las corrientes duras del cantonismo organizaron acciones más contundentes. Tal es el caso de un intento de asonada que debía estallar el 14 de octubre de 1909, acción que fue planeada en una casa vecina al templo de La Candelaria, por lo que se la conoció como Rebelión de La Candelaria. El levantamiento no ocurrió, pero su descubrimiento justificó que se emitieran órdenes de aprehensión contra presuntos conspiradores cantonistas. Y también que se desatara la persecución de los opositores pacíficos e institucionales, cuyas campañas electorales fueron desarticuladas al punto de que Pino Suárez tuvo que escapar a Tabasco.

Con los inconformes a salto de mata, en noviembre de 1909 se realizó una contienda electoral en la que presuntamente Muñoz Arístegui obtuvo la mayoría de los votos. En enero de 1910 el Congreso lo declaró ganador y en febrero tomó posesión. Pero, como sucedería poco después con el maderismo, la imposición prendió la mecha de la rebelión: el 10 de mayo un grupo de morenistas duros firmaron en Dzelkoob un plan insurreccional; unos días más tarde, estalló la primera bomba en Valladolid.

El 4 de julio, mil quinientos hombres, en su mayoría campesinos, se apoderaron de la ciudad oriental instigados por personajes vinculados al Centro Electoral Independiente como Martínez Bonilla, Atilano Albertos y José Kantún, quienes serían fusilados después de que el ejército sofocara la rebelión. También llevados a efecto por campesinos próximos a esa organización política, hubo motines en Peto, Temax, Espita, Yaxcabá, Sotuta, Uxmal, Halachó, Ticul, Dzidzantún, Baca y en el propio Motul donde vivía Carrillo Puerto. Todavía a fines de 1911 Feliciano Canul y Herminio Balam organizaban tomas y saqueos de haciendas en los municipios de Kinchil, Hunucmá, Ucú y Tetiz.

Iniciados a fines de 1909 con motivo de una farsa comicial porfirista en la entidad, estos alzamientos múltiples pueden verse como precursores de la Revolución nacional que estalló unos meses después y en poco más de medio año provocaría la renuncia de Porfirio Díaz. En el periódico *Regeneración* de la Junta Organizadora del Partido Liberal Mexicano, el magonista Práxedis Guerrero contrastaba los madrugadores levantamientos yucatecos con un país al que veía adormilado: "Valladolid levantó trágicamente el puño y... el pasivismo nacional permaneció de rodillas... Niños y mujeres viven esclavizados en Yucatán y tenemos paz, dulce paz, divina paz".

Por entonces Felipe todavía mantenía una relación fraterna con Carlos R. Menéndez, veleidoso periodista que en ese tiempo colaboraba en *La Revista de Mérida* de Moreno Cantón y que años después dirigiría *La Revista de Yucatán*, imprimiéndole una perspectiva editorial marcadamente hostil a Carrillo Puerto y los socialistas. Pero en los primeros años del siglo xx, cuando aún eran amigos, Carlos y Felipe participaron como delegados yucatecos en el Tercer Congreso de Periodistas de la Prensa Asociada de los Estados, realizado en la ciudad de San Luis Potosí en septiembre de 1910, siendo ésta la primera vez que el joven Carrillo viajaba al interior de la República.

Ahí los dos presentaron al alimón una iniciativa, aprobada por aclamación, para dirigirles al presidente Díaz y al gobernador de Yucatán Enrique Muñoz sendos telegramas exigiendo "la libertad de los presos políticos que gimen en el Castillo de

San Juan de Ulúa y en la Penitenciaría de Mérida". Concluían el pedido demandando que "al brillar el sol del Centenario no haya ningún mexicano encarcelado por motivos políticos". Ni Díaz ni Muñoz contestaron los telegramas.

Fue en esta explosiva coyuntura estatal y nacional que Felipe tuvo su primera prueba de fuego en las ligas mayores de la política. Lo que se jugaba ya no era Motul, ni siquiera Yucatán y la península; desde que en octubre de 1910 Madero dio a conocer el Plan de San Luis, llamando a la insurrección, la apuesta era el país entero. Así, sin renunciar a su filiación morenista, el motuleño sumó fuerzas con todos los opositores al régimen y en particular con los maderistas cuya lucha era de alcance nacional. La primera incursión de este tipo la emprendió con su amigo de adolescencia, el campechano Manuel Castilla Brito.

A fines de 1910, respondiendo al llamamiento de Madero y quizá inspirado por el alzamiento de Valladolid, Castilla, quien durante la campaña electoral recibiera al coahuilense en Campeche y había apoyado su candidatura a la presidencia de la República, se alzó con sesenta rebeldes, entre los cuales había peones de hacienda, marinos y presos liberados. Y pese a que él era cantonista y no pino-maderista como Manuel, Felipe ayudó a que su amigo estableciera contacto con Madero y su grupo más cercano, quienes se encontraban refugiados en los Estados Unidos. Relación que permitió a los alzados campechanos conseguir armas y otros pertrechos militares.

Meses después, escribe Felipe:

Cuando el despotismo había sentado aquí sus reales, persiguiendo y encarcelando hombres honrados por el solo delito de no ser afectos al gobierno, acepté la comisión de algunos amigos para pedir auxilio a la Revolución del Norte y traer si era posible una expedición de armas y gente para derrotar aquí a la tiranía.

Con ese propósito me vi obligado a vender mis útiles de trabajo con el fin de dejarle el producto a mi familia para su subsistencia, y aunque no fue suficiente, tuve el auxilio de un hermano y de mi esposa.

En el mes de febrero de 1911 me embarqué con rumbo a La Habana y de ahí me dirigí a Nueva York, consiguiendo comuni-

carme con dificultades, pues no sé ni jota de inglés, con los señores Madero, quienes me dieron una carta para el señor Pino Suárez, que estaba en Nueva Orleans y podía ayudarme a conseguir
los medios para comprar una embarcación, pues ya los rifles los
había conseguido desde Nueva York.

En unos cuantos días de intenso activismo Felipe no sólo se
había incorporado pisando fuerte en el escenario de la política nacional al entrevistarse en Nueva York y Nueva Orleans con
la familia Madero y con Pino Suárez, también había tenido su
primera experiencia en el trabajo con enlaces internacionales.
Interlocución que reanudaría algunos años después por cuenta de otra rebelión, ya no la de Madero y los seguidores del Plan
de San Luis contra Porfirio Díaz, sino la de Obregón y los adep-
tos al Plan de Agua Prieta contra Venustiano Carranza.

Los rebeldes de Castilla Brito tomaron Champotón y forzaron la renuncia del gobernador García Gual, haciéndose dueños del estado. En comicios realizados inmediatamente, con la
anuencia de Madero —que ya había triunfado— y la simpatía de
Pino Suárez, Castilla resultó electo gobernador de Campeche
en septiembre de 1911, contando con la presencia del coahuilense en su toma de posesión. Once años después también su
amigo Felipe sería electo gobernador, pero de Yucatán.

Durante 1911 los acontecimientos se precipitaron. En lo nacional el 10 de mayo Ciudad Juárez cayó en manos del maderismo, que conformó un gobierno provisional; el 25 de ese mes
renunció Díaz, y el 15 de octubre Madero ganó las elecciones
para la presidencia de la República. En Yucatán, el 11 de marzo, el gobernador Arístegui pidió una licencia indefinida y lo
sustituyó el general Luis C. Curiel, que era cercano al cantonismo; el 6 de junio Pino Suárez tomó posesión como gobernador
interino; a principios de septiembre Madero, en campaña por
la presidencia de la República, visitó por segunda vez Yucatán y
el 12 de ese mes Moreno Cantón y Pino Suárez compitieron en
elecciones para la gubernatura del estado, comicios que ganaría el segundo.

De vuelta en Yucatán después de su corta gira por los Estados
Unidos, Felipe regresó a su activismo en Motul, en donde, pese
a haber colaborado política y militarmente con el maderismo

campechano en el arranque del año, siguió trabajando a favor de Moreno Cantón. Éste, de nuevo candidateado a la guberna- tura por el Centro Electoral Independiente, hacía campaña para enfrentarse en septiembre al personero del Centro, el entonces gobernador interino Pino Suárez, que en agosto pediría licen- cia para poder participar como candidato.

"En los mítines que hacíamos en Motul a favor de Delio Mo- reno —contará Felipe meses después cuando esté siendo juzga- do por asesinato—, hacía yo uso de la palabra encomiando los beneficios que nos traería la libertad. Los indios llegaban a es- tas reuniones en gran número, sólo para oír la traducción de la Constitución que yo les hacía."

—Aquí está escrito —decía agitando un librito el hombre alto que, desde una tarima instalada en el parque José María Campos, junto al populoso mercado municipal, se dirigía en maya a un grupo abigarrado en que se mezclaban motuleños y campesinos de la región—. En el título primero de nuestra Carta Magna se prohíbe encarcelar a la gente por deudas... Pero en Yucatán los hacendados lo hacen todo el tiempo. Tampoco se permite que te encalabocen sin mandato escrito de la auto- ridad... Y menos se permite que te chicoteen...

Los de ropas blancas que venían del campo se miraban unos a otros cuando el orador preguntaba:

—A ver ¿hay alguien aquí que sea cortador y a quien no le haya tocado alguna vez una *limpia*?

En sillas traídas de la alcaldía presenciaban el mitin el presidente municipal y algunos notables lugareños. Entre ellos un rico hacendado que, cuando los asistentes rurales movían enérgicamente la cabeza negando que se hubieran librado de los castigos corporales se acercó al munícipe conminándolo en voz baja a suspender el acto político.

—A lo mejor usted no; pero yo sí le entiendo al orador. Lo que el hijo de don Justiniano está diciendo en maya es para po- ner a los trabajadores contra nosotros los henequeneros. Tiene usted que parar esto.

El presidente municipal no hizo caso y los dejó continuar. Pero un poco más tarde, cuando ya anochecía, llegaron al lugar golpeadores que con palos y pistolas amagaban a la gente. Sin embargo, los congregados eran muchos y la agresión no los dispersó.

"Afortunadamente no pasó a más porque comprendieron que no podían hacer nada contra ese pueblo reunido que con solamente moverse los hubiera aplastado", recordaría semanas después Carrillo Puerto.

Moreno Cantón competía por segunda vez por la gubernatura, pero ahora ya no como antes contraponiéndose al representante de la oligarquía local con el apoyo de los hacendados resentidos, sino enfrentándose al personero del maderismo con la simpatía de casi todos los hacendados, quienes se sentían amenazados por la Revolución norteña. De modo que, si en 1909 estar con Delio era ser antioligárquico, dos años después los lugares de las piezas del tablero habían cambiado y estar con el abogado y periodista era ser conservador o al menos alinearse con la causa nacional de los restauradores. Con todo, al calor de los debates y para los que estaban en la contienda y no analizando las cosas a toro pasado, estos reacomodos políticos no eran tan evidentes; de ahí que el cantonismo-morenismo fuertemente regionalista, decididamente anticentralista, indudablemente popular y hasta temerariamente insurreccional siguiera jugándosela con su gallo en 1911. Y ésa fue la postura de Carrillo Puerto.

Nunca sabremos si Pino Suárez ganó la elección yucateca por las buenas o si se impuso porque había sido gobernador provisional y organizó los comicios. El hecho es que sólo gobernó dos meses más, pues en noviembre solicitó licencia indefinida para ocupar la vicepresidencia de la República. Pero ya para entonces los morenistas inconformes con el resultado de los comicios habían desatado alzamientos en Maxcanú y Halachó y, más tarde, en Conkal, Sinanché, Dzilam, Muxupip Buctzotz, Calotmul, Teya, Tekantó, Cacalchén, Yaxcabá... En este escenario, y dado que Pino Suárez se había ausentado, se celebraron nuevas elecciones, en las que Cámara Valdés resultó gobernador, cargo que ya había ocupado como interino.

En febrero de 1913 Cámara Vales pidió licencia; lo siguieron en rápida sucesión Arcadio Escobedo, Felipe Solís, Eugenio Rascón y Prisciliano Cortés, los tres últimos alineados en lo nacional con el golpista Victoriano Huerta. El primer mandatario local designado por el incipiente constitucionalismo que encabezaba Venustiano Carranza fue Eleuterio Ávila, quien ocupó el cargo en 1914. Pero para entonces Felipe ya no estaba en Yucatán.

"TE QUIEREN MATAR"

En 1911, en plena efervescencia electoral y cuando el pinismo maderista y el morenismo en el que militaba Felipe sacaban chispas, llegó a Motul Néstor Arjonilla, procedente de Bokobá. Néstor era un hombre afable y laborioso que resultó magnífico hortelano. Cliente de "La tienda de los catorce", el avecindado se hizo amigo de la familia. Tanto, que don Justiniano le dio permiso para sembrar caña en un solar vecino a su comercio, donde Arjonilla logró una buena cosecha que vendió ahí mismo. Pero el agricultor se afilió al maderismo, mientras que los Carrillo eran todos morenistas. Y empezaron los problemas.

Don Justiniano tenía por costumbre sentarse todos los días frente al mostrador de su tienda, en la que llamaba "silla del conversador", pues desde ahí presidía las frecuentes tertulias. Felipe, que desde su matrimonio con Isabel ya no vivía en la casa familiar y que por entonces no congeniaba mucho con su padre, tenía de todos modos el hábito de pasar a saludarlo temprano en las mañanas y tarde en las noches.

Una mañana en que asentado en su "silla del conversador" don Justiniano engrasaba los machetes y corvas que acababa de recibir, llegó como siempre su hijo a darle los buenos días. Casi de inmediato se acercó también Néstor, quien, tomando uno de los machetes y mirando fijamente a Felipe, rasgó el filo con la uña del pulgar haciendo sonar la hoja. Como un resorte, don Justiniano se puso en pie y, empuñando otro machete, le espetó a Arjonilla:

—¿No cree usted, don Néstor, que aún tengo fuerzas para bajar una cabeza?

Rasgando nuevamente la hoja del machete, Arjonilla respondió:

—¡Don Justi, don Justi, todavía es usted muy hombre...!

Y, sin más, asentó el machete sobre la mesa y se alejó de la tienda.

—¿Qué pasó, papá? ¿Por qué lo amenazaste de ese modo? —preguntó Felipe.

—Ese hombre te pudo haber matado aquí mismo —respondió don Justiniano—. A lo mejor tú no lo sabes, pero los pinistas le pagaron para que te sacara de en medio.

—¡Ay, papá! Tú en todas partes ves enemigos míos.

Sin embargo, los rumores alarmantes continuaron y el motuleño volvió a portar oculta bajo la guayabera la pistola que como carretero y maquinista había tomado por costumbre llevar consigo.

El 15 de agosto de 1911 Felipe y otros morenistas fueron al poblado de Suma, donde celebraron un mitin. De regreso a Motul pasaron a la tienda de Luis Cárdenas, quien les dijo que cinco o seis maderistas armados y dirigidos por Arjonilla merodeaban por las afueras de la población. Más tarde, en la cantina El Tigre, el dueño, Tranquilino Salazar, agregó que gente de ese grupo había dicho que iban contra el hijo mayor de don Justiniano.

Al día siguiente muy temprano, regresando Felipe del mercado con las compras de la semana, un amigo se le acercó para informarle que sabía de buena fuente que el jefe político, cuya remoción estaban pidiendo los morenistas, estaba por regresar de Mérida, donde había recibido instrucciones de encarcelarlo. Ya eran muchos los rumores y el motuleño pensó que habría que hacer algo. Pero ¿qué?

Habiendo dejado los víveres en casa, pasó a la tienda a saludar a su padre como lo hacía todas las mañanas y de ahí se dirigió al parque José María Campos, donde se encontró con Efraín Palma Castro. Ya juntos, los amigos enfilaron a la estación del ferrocarril a recoger los periódicos de los que el primero era corresponsal y distribuidor. En el camino Felipe le comentó que en los últimos días le venían calentando la cabeza con chismes y anónimos donde le advertían que Arjonilla había recibido de los hacendados dinero para matarlo.

—Arjonilla alinea con los maderistas y la trae contra los que estamos con Delio. Pero ¿matarme? No lo puedo creer.

Llegaban al mercado que está junto al parque cuando se les acercó el mentado Arjonilla, quien, airado y agitando unos impresos, increpó a Felipe.

—Felipito ¿tú escribiste esto?

—Si viene firmado por el corresponsal, es que yo lo escribí.

—¿Y recibiste mi carta?

—¿Qué carta, *boshito*?

—¡Ésta! —gritó Arjonilla, al tiempo que le daba un puñetazo en la cara y sacando la pistola que llevaba oculta le disparaba un tiro a quemarropa que por suerte no le acertó.

Mientras Felipe trataba de sacar su arma, el agresor se ocultó parcialmente tras de una reja y, apoyando la pistola sobre el brazo izquierdo, hizo puntería. Ya no alcanzó a disparar de nuevo. El tiro de Felipe fue tardo pero certero y Néstor Arjonilla, el hortelano de Bokobá, quedó tendido en el suelo.

Sin aliento y con el arma en la mano, Felipe regresó corriendo a la tienda.

—Papá —le dijo a don Justiniano—, creo que lo maté. Creo que maté a Néstor… Quedó ahí… tirado en la escarpa…

Uno de los hermanos menores, que estaba en la tienda, se puso a llorar.

—No llores, hijo —lo consoló don Justiniano—. Este señor ya no saldrá de su tumba, en cambio tu hermano pronto saldrá de la cárcel —y le aconsejó a su hijo que se entregara a la policía.

Iban Felipe y su padre rumbo a la comandancia cuando en el cruce de la calle 27 y la 26 se encontraron con Maximiliano Mena, juez de Motul, al que Felipe le explicó lo sucedido y se puso a su disposición.

Algunos dudaban que a Arjonilla le hubieran pagado por matar a Felipe, porque Néstor de por sí era alebrestado y pudo obedecer a un impulso. Pero don Justiniano estaba seguro de que hubo un plan. Para demostrarlo contaba que una vez, pasando su hijo frente a la residencia de un hacendado, la esposa del finquero le anunció burlona:

—Felipe, Felipito, pronto vamos a tener chocolomo.

—Y el chocolomo es un guiso de carne —decía airado don Justiniano—. ¿Se dan cuenta de la alusión?

Por eso a un riquillo del que sospechaba que era quien había pagado por la muerte de Felipe le espetó un día:

—Don Elías, le echó usted a mi hijo el toro más bravo de su corral… y ya ve lo que pasó. Aún tengo siete toreros más. Cuando quiera puede aventar otro toro.

Felipe no estaba tan seguro como su padre de las razones de Arjonilla. "Si le pagaron para matarme fue muy torpe —reflexionaba—, pues me retó dos veces y en público, cuando era más fácil y seguro venadearme donde nadie lo viera y yo estuviera desprevenido..." Y se cuestionaba: "Quizá si me hubiera ido a Mérida por un rato las cosas se hubieran calmado y habría un muerto menos..." También era consciente de las vueltas que da la política: "Hace seis meses me podían haber matado por andar de maderista en Campeche y ahora un maderista que me consideraba su enemigo estuvo a punto de matarme. En esta Revolución ya no sabe uno de quién cuidarse".

Felipe no era un cobarde, pero no le gustaba que en la lucha social tuviera que morir gente. Así se vio más tarde cuando estuvo al frente del movimiento popular en Yucatán. En los momentos críticos en que las cosas se ponían mal, como en 1919 con la represión de Isaías Zamarripa, y en 1923 con el golpe de Juan Ricárdez Broca, en vez de enfrentamientos de dudoso resultado pero que presumiblemente terminarían en baños de sangre, preferiría replegarse para retomar la ofensiva cuando las condiciones fueran favorables. En 1919 le salió bien, en 1923 no.

Dos meses permaneció Felipe en la cárcel de Motul hasta que lo enviaron a Mérida, donde fue juzgado. Y si bien el juez reconoció que había sido un homicidio en defensa propia, igual se le impuso una larga pena: dieciocho meses que pasaría en la siniestra y almenada Penitenciaría Juárez.

En consideración a que era miembro de la Prensa Nacional Asociada, el V Congreso de Prensa celebrado en Jalapa, Veracruz, envió en noviembre de 1911 una carta al gobernador, que ya era Pino Suárez, solicitando "se sirva interponer sus valiosas influencias para que se haga pronta y cumplida justicia". El maderista se excusó: "Lamento que por tratarse de un delito del orden común, el señor Carrillo no pueda gozar de las prerrogativas otorgadas por mi gobierno a los periodistas".

El intento de la Prensa Asociada se hizo a través de Carlos R. Menéndez, con quien Felipe había participado en el Congreso de Prensa de San Luis. Más allá de la carta, Carlos se mostró en extremo solidario con su amigo Felipe, al instruir a la Agencia de *La Revista de Mérida*, que él encabezaba, "se sirva entregar a la señora esposa de Felipe Carrillo Puerto la cantidad de $30 TREINTA PESOS mensuales hasta nuevo aviso... La cantidad arriba expresada es sin perjuicio de cualquier otra cosa que pueda necesitar la familia de Felipe, a quien por ningún motivo podemos abandonar".

Otro amigo entrañable de Felipe, éste no morenista como Carlos, sino maderista y gobernador de Campeche, intercedió también por el preso. Manuel Castillo Brito, a quien unos meses antes Carrillo Puerto respaldara en su alzamiento a favor del Plan de San Luis, trató de influir en Cámara Vales —que había sustituido en la gubernatura a Pino Suárez—, si bien no tuvo éxito. Y finalmente encontró una fórmula que le pareció salvadora: ofrecerle a Felipe la administración en Campeche de una especie de falansterio:

> Compré en muy buenas condiciones de pago la finca Cholul; ¿quieres hacerte cargo de ella trabajándola en sociedad? La manera de trabajar allí será franca, libre y humanitaria. He pensado hacer propietarios a todos los sirvientes y de esta manera mejoraremos notablemente su situación. Daremos ejemplo de una evolución hermosa; de redención, puede decirse, pero de redención pacífica y fraternal... Tú lo aplaudirás, estoy seguro.

La condición era que Felipe hiciera un juramento solemne: "Prometo que cuando esté libre me dedicaré a trabajar, fuera de todo compromiso político, en el estado de Campeche, donde me radicaré".

La intención de Manuel era generosa pero inaceptable. Felipe prefería la cárcel a renunciar a la lucha política y sustituirla por un exilio dorado en forma de falansterio campechano.

Pese a que su hermano Acrelio y también Carlos R. Menéndez lo afirman, es poco creíble que de agosto de 1911 hasta marzo de 1913, en que estuvo preso, Felipe haya traducido al maya la Constitución de 1857. Sobre todo porque hubiera sido un trabajo inútil, dado que pocos indígenas sabían leer. En cambio, es muy posible que como ya lo venía haciendo en los mítines cuando estaba en libertad, les haya explicado en maya a sus compañeros de prisión que el Título I de la Carta Magna de 1857 prohíbe expresamente encarcelar a personas por deudas, establece que nadie puede ser detenido sin mandato escrito de la autoridad y declara ilegal el maltrato... Todas, prácticas habituales en el Yucatán de las haciendas esclavistas.

Las cartas que mientras estuvo en la cárcel le escribió Felipe a su hija Dora, quien tenía apenas diez años, lo muestran como un padre preocupado que celebra su deseo de ser profesora, y la alienta a mejorar su letra, a aprender a escribir a máquina y en general a prepararse para trabajar, pues piensa que las mujeres deben ser tan libres como los hombres y que su vida no termina en el matrimonio.

Penitenciaría Juárez, 11 de julio de 1912.
Dorita: hijita de mi alma.
Recibí tu carta y celebro que hayas puesto más cuidado a tu letra; lo que seguramente no ha hecho Gelitzita, de modo que por vergüenza no me ha escrito. Dile que me escriba de cualquier manera, pero no deje de procurar hacer buena letra, para que la vaya mejorando.

Respecto a la poca ortografía que tienes, no me extraña, son pocos los que escriben bien. Pero yo te recomiendo, Dorita, que pongas toda tu voluntad para que la mejores. Dedícate a escribir mucho y mejor sería que copiaras libros buenos, por ejemplo: *Vida y trabajo*, y otros de Samuel Smiles que están en mi librero. La máquina de escribir que tenemos en casa puede ser muy útil para ti, pues comprándote un método aprenderías mecanografía y de ahí taquigrafía, que te serían de gran utilidad cuando desees buscarte la vida.

A mí me darías el gran gusto de saber que una de mis hijas se salió de la costumbre rutinaria en la que creen muchos padres para quienes el único porvenir de sus hijas es el matrimonio. Pero los que tal piensan están en un gran error; las mujeres son tan libres como los hombres. Yo no debo creer que soy más que mi mujer, porque en este caso cometeríamos una injusticia muy grande, que es la que se viene cometiendo.

Trabaja, hija mía, y así te verás respetada y querida por los demás. Y así honrarás a la humanidad, que clama porque se acabe esta clase privilegiada que vive sin trabajar, trabajando millares para ellos.

Hasta otra vez. Procura, hija de mi corazón, que estos consejos se graben en tu memoria. Para ser buenos no se necesita ninguna religión. Para que la humanidad marche bien sólo hace falta que la humanidad quiera a la humanidad y que lo que no desees para ti no lo desees para otro. Recibe un beso de tu padre.

Otras relaciones familiares, en cambio, se dañaron durante el cautiverio. Su esposa compró una casa en Mérida con dinero de su familia y se cambió ahí con sus hijos. Mudanza de la que fue informado Felipe en una visita que le hicieron Isabel y su hija Gelitzli. El preso se puso serio, guardó silencio por unos minutos y luego se limitó a sostener que él jamás viviría en una casa que no hubiera adquirido con el producto de su trabajo.

Felipe, quien seguirá carteándose con su hija mayor y en unos años más empezará a comentarle asuntos políticos, encontró más comprensión en la jovencita que en su esposa Isabel, cuando menos en lo tocante a los costos que en convivencia familiar tenía la vida militante que había elegido el motuleño. En febrero de 1920, teniendo Dora dieciocho años, Felipe le explicará que, aunque la familia enfrenta problemas económicos, él tiene que viajar a la ciudad de México por insoslayables razones políticas: "Yo estoy apenadísimo con nuestra situación, porque aún no encuentro nada que hacer para buscarme la vida y ayudar a la pobre mamacita que tanto sufre con estas cosas que ella no quiere entender y que son verdaderamente ininteligibles para ella, formada en un ambiente distinto al nuestro". Tres años después Felipe se divorciará de Isabel, mientras que Dora se casará con un militante socialista del primer círculo de su padre: Javier Erosa.

A los pocos meses de abandonar el penal, el motuleño marchará a Morelos buscando incorporarse al zapatismo, y a su regreso se enfrascará en un activismo poco compatible con la vida familiar convencional. Tanto más que su esposa no tenía inquietudes políticas... o quizá lo que no tenía era tiempo para adquirirlas y desplegarlas mientras atendía sola a sus cuatro vástagos. En todo caso Felipe siguió manteniendo una relación estrecha con sus hijos, pero de 1913 en adelante el vínculo afectivo con Isabel se deterioró.

Una buena noticia con la que se encontró Felipe al salir de la cárcel fue que mientras estaba preso, su hermana Elvia había organizado a las mujeres y formado en Motul la primera organización femenina del estado. Se iniciaba así una militancia feminista por la que Elvia se ganaría el sobrenombre de *La monja roja*; activismo al que se sumarían otras mujeres como la maestra Rosa Torre, dándole al futuro Partido Socialista del Sureste una clara perspectiva de género.

En el penal, Felipe tuvo tiempo de sobra para recapitular sobre los males que aquejaban a su estado. Sus recorridos le habían descubierto un mundo de hacendados y peones, de amos y esclavos. Cuando él era chico aún predominaban en Yucatán las haciendas cañeras, había cultivos comerciales de algodón y tabaco, abundaba el ganado y se sembraban maíz y frijol. Es verdad que los pueblos ya habían sido arrinconados por las grandes fincas, pero como el trabajo de la caña es estacional, después del corte la gente regresaba a su comunidad, donde podía hacer milpa.

No es que fuera bueno el sistema: por algo en 1847 los mayas se habían alzado en una guerra a muerte contra el blanco y sus mañas. Pero la cosa se puso realmente fea desde el momento en que se empezó a expandir el cultivo del agave. Primero la planta se estableció en la árida y pedregosa zona central del estado, que ciertamente es adecuada para el henequén y para pocas cosas más, pero, en la medida en que aumentaban los precios de la fibra, las plantaciones se fueron expandiendo sobre tierras fértiles apropiadas para otros cultivos.

Cuando él era adolescente, los henequenales se extendían sobre unas 60 000 hectáreas, mientras que en el arranque del siglo xx ya eran 170 000; en un cuarto de siglo las plantaciones se habían multiplicado por cuatro. Y como el cultivo del henequén es intensivo y las labores continuas, los trabajadores que antes tenían cierta libertad habían sido absorbidos por las haciendas donde nacían y crecían como esclavos. Para fines del xix sólo había dos mercancías importantes en Yucatán: henequén de exportación y esclavos mayas, trabajadores estos que costaban entre 1 500 y 3 000 pesos cuando la demanda de la fibra era alta y apenas 400 cuando disminuía.

No todos los esclavos de la península eran, empero, mayas: había también unos ocho mil *yaquis* (en realidad yaquis, pimas y ópatas, que para el blanco eran lo mismo), cazados en Sonora y llevados a Yucatán y Quintana Roo, y unos tres mil *chinos* (en realidad coreanos, aunque para el blanco todos los que tienen ojos rasgados son iguales).

Ésta era la modernidad de Yucatán, el progreso de Yucatán,

el orgullo de Yucatán, el celebrado milagro yucateco... Y lo más vergonzoso era que la oligarquía agroexportadora peninsular, que había hecho su fortuna a fuerza de trabajo esclavo y presumía de todopoderosa, a la hora de la verdad bajaba su pantalón ante la International Harvester Company, la trasnacional estadunidense que regenteaba el negocio del sisal a través de la casa comercial Olegario Molina y Compañía.

Molina y sus socios eran los encargados de mantener bajos los precios de la fibra mediante un monopolio comercial. Sus enemigos morenistas habían circulado un contrato de 1902 que balconeaba sus humillantes acuerdos con los gringos. Ahí se leía:

> Queda entendido que Molina y Cía. emplearán cuantos esfuerzos estén de su parte para deprimir el precio de la fibra sisal y que pagarán solamente aquellos precios que sean fijados por la International Harvester, la que coloca diez mil pacas de sisal, o cuantas de ellas fueran necesarias, a disposición de Molina y Cía., para su venta y ofertas de venta, con objeto de bajar los precios.

Treinta mansiones señoriales en el Paseo Montejo, vertiginosas haciendas, vibrantes desfibradoras de vapor, un puerto pujante y una extensa telaraña de vías de ferrocarril de marca Decaville eran la cara amable de una oligarquía que combinaba el dominio de clase con la opresión racial de origen colonial; una selecta sociedad integrada por no más de trescientas familias dueñas de las tierras y las personas, que controlaban el gobierno local y tenían el respaldo de Porfirio Díaz. Una casta que gozaba de amplios privilegios sociales sustentados en la presunta superioridad racial de los criollos sobre los mayas.

"Es necesario pegarles, muy necesario; porque no hay otro modo de obligarlos a hacer lo que uno quiere. ¿Qué otro medio hay para imponer la disciplina en las fincas? Si no los golpeáramos no harían nada." Así argumentaba Felipe Cantón, secretario de la Cámara Agrícola de Yucatán, ante un *gringo* y un *huach* que recorrían la región en plan de negocios. Esto ocurría en 1908, año en que Carrillo Puerto ejercía el periodismo como corresponsal de *La Revista de Mérida*. Lo que importa, porque también el *gringo* y el *huach* eran en realidad periodistas, sólo que viajaban encubiertos. Y el güero de nariz afilada

escribiría después una célebre crónica titulada *México bárbaro*.
Felipe no conoció a Lázaro Gutiérrez de Lara ni a John Kenneth Turner, pero gracias a los artículos de *Regeneración* que a
veces reproducía en Mérida José Vadillo, en su periódico *Verdad y Justicia*, supo del grupo magonista que había encaminado a aquellos periodistas al mundo de las fincas y las haciendas.

La barbarie no imperaba sólo de Yucatán sino en todo el
sureste. A fines del siglo xix, cuando la península se erizó de
henequenales, el Soconusco chiapaneco se cubrió de plantíos
de café, el Valle Nacional oaxaqueño de vegas de tabaco, las
riveras del Usumacinta de platanares, las planicies de Chiapas
y Oaxaca de hulares, mientras que los bosques de Balancán y
Tenosique se abrían al saqueo masivo de maderas preciosas y las
selvas de Quintana Roo a la extracción de chicle. Todo para satisfacer las urgencias de una industria en constante renovación y
el gusto europeo y estadunidense por lo exótico.

Pero la contraparte del humeante café, los tabacos aromá-
ticos, los muebles de caoba, el suave rodar de los automóviles
sobre llantas de caucho y el placer de rumiar chicle era el infierno social en que se transformaron las regiones tropicales. El trabajo forzado, la esclavitud por deudas, las cárceles privadas, los
castigos corporales eran el lado podrido del "milagro" porfirista, la letra pequeña de los contratos con el Progreso.

Y Felipe, que había retado a los hacendados de Dzununcán
desbaratando la albarrada y que había rescatado por las noches a las víctimas de las *limpias,* llegó a la conclusión de que
acciones justicieras como ésas no eran suficientes; de que la
situación de los trabajadores del campo podría empeorar o mejorar, pero mientras hubiera haciendas henequeneras habría esclavos. "No hay de otra —pensaba—, en Yucatán el golpe libertario tiene que ser contra los hacendados."

En marzo de 1913 Carrillo Puerto salió de la Penitenciaría
Juárez, donde había pasado casi dos años. Un mes antes Madero y Pino Suárez habían sido asesinados y Victoriano Huerta
gobernaba por sus pistolas. Los tiempos en el país y en la península eran siniestros.

En Yucatán los alineamientos que le habían dado sentido
a la acción política se hacían cada vez más confusos. A fines de
ese año un grupo de peninsulares ilustres y adinerados ofrecieron su apoyo y un préstamo de 5 000 000 de pesos al usur-

pador Victoriano Huerta. Entre ellos estaba Delio Moreno, por cuya causa Felipe había caído preso. También firmaba el poeta Antonio Mediz Bolio, cuyos versos airados se sabía de memoria. Lo que había en el fondo era una impúdica alianza entre molinistas y morenistas para apoyar a Huerta y a los gobernantes yucatecos por él impuestos.

Y si en lo político no veía por dónde encaminar sus inquietudes libertarias, en lo personal el recién excarcelado malvivía como agente de ventas de algunas publicaciones, en una casa que no era suya y con una mujer de la cual se había distanciado. Así las cosas, Felipe decidió buscar fuera de Yucatán nuevos horizontes revolucionarios.

A la península llegaban noticias de que en el norte del país el ejército federal huertista sufría derrotas a manos de los revolucionarios. Y también se sabía que en Morelos un tal Emiliano Zapata —a quien los conservadores llamaban *El Atila del Sur*— había rechazado todo acuerdo con el usurpador y no sólo combatía a los federales, también expulsaba a los hacendados y restituía las tierras a los campesinos. Exactamente lo que se debía hacer en Yucatán.

Y si la Revolución ocurría en Morelos, pues había que irse a Morelos, pensaba Felipe. También Carlos R. Menéndez, quien desde la prensa lo apoyó durante su encarcelamiento y que como él había estado en prisión por su cantonismo, planeaba alejarse por un tiempo de Yucatán; así pues, a mediados de 1913 los dos amigos se embarcaron en Progreso rumbo a Nueva Orleans.

En los Estados Unidos su camino se bifurcó: mientras que Carlos reingresó a México buscando incorporarse a las filas de Pascual Orozco, un líder que se plegaría al huertismo, Felipe cruzó de regreso la frontera para tratar de llegar a Morelos, donde Zapata se mantenía firme contra el usurpador. Después de este viaje compartido, los que habían sido amigos y hasta luchado juntos seguirían cursos diametralmente distintos.

Felipe tenía referencias de los anaquistas exilados de la Junta Organizadora del Partido Liberal Mexicano porque eran quienes publicaban en los Estados Unidos *Regeneración*, periódico que a veces llegaba a Yucatán. Y sabía que los llamados *magonistas* tenían buena relación con los zapatistas, pues reproducían sus manifiestos. De modo que a través de ellos buscó el contacto con el caudillo sureño.

El 13 de marzo de 1913, estando todavía en la cárcel, le había escrito una carta a Zapata, que por entonces se encontraba en Cuernavaca; ahora, encaminado por los de la Junta, se trasladó de los Estados Unidos a Morelos cruzando la mitad de la convulsionada República.

A mediados del año siguiente Felipe pudo por fin entrevistarse con el general en Milpa Alta. La conversación entre el sur y el sureste fue larga, intensa y provechosa. Como lo fue su ulterior militancia en el Ejército Libertador del Sur y su trabajo con los *agrios* en la Comisión Agraria de Morelos.

III. REFORMISMO NORTEÑO, 1915-1918

Maltrata, Nogales, Orizaba, Sumidero, Fortín... "¡Veracruz, última estación!"

Entre los costales de maíz, los petates enrollados y las gallinas somnolientas que junto con sus dueños retacaban el vagón del Ferrocarril Mexicano que lo llevaba al puerto, Felipe pudo hacer balance de los treinta y siete años que acababa de cumplir.

Salvo el infausto enfrentamiento mortal con Arjonilla y los largos meses pasados en la Penitenciaría Juárez, la vida en Yucatán había sido buena. Aprendió oficios y se desempeñó en trabajos que le permitieron conocer su estado, fundó un periódico, militó en un partido, participó en dos elecciones, se casó y tuvo hijos... Pero lo que había vivido durante los últimos dos años con los campesinos de Morelos era otra cosa: una verdadera revolución. Una revolución como la que hacía falta en Yucatán. Y él, que había participado intensamente del sueño zapatista, tenía la responsabilidad de llevarlo a su tierra. *El Yuca* quedaba atrás, renacía Felipe Carrillo Puerto.

Ya en Veracruz, donde gobernaba Heriberto Jara y se hacían congresos de la Casa del Obrero Mundial, pudo tratar de abordar un barco de cabotaje o directo que lo llevara a Progreso. Pero a veces ir de Veracruz a Nueva Orleans y de ahí al puerto yucateco era más rápido y políticamente más seguro. Además, sabía que su hermano Benjamín estaba en los Estados Unidos y decidió ir a su encuentro, pues hacía rato que no se veían y su vida en el ejército primero en el federal y luego en el revolucionario había sido aún más alucinante que la suya como parte del Ejército Libertador del Sur.

El doceavo de los hermanos Carrillo Puerto había elegido la carrera castrense y en el Colegio Militar de Chapultepec alcanzó el grado de subteniente. Cuando Felipe se incorporaba al

Ejército Libertador del Sur, Benjamín era enviado a Tepic, Nayarit, como parte del ejército federal al servicio del usurpador Victoriano Huerta. Ahí entró en combate a las órdenes del general huertista Miguel Gil, fue herido en la cara y, por su desempeño como ametralladorista en la escaramuza de Nanchí, fue ascendido a capitán segundo. Transitó después del huertismo al carrancismo norteño y formó parte del Estado Mayor del general Lucio Blanco; más tarde, ya en el centro del país, fue instructor de caballería al mando de José Amarillas. Ése era el hermanito Benjamín.

Después de años de no verse, Benjamín y Felipe se abrazaron en los muelles de Nueva Orleans, el gran puerto en el delta del río Misisipí por donde salía la mayor parte del algodón estadunidense pizcado por los negros. Ahí los hermanos distantes se pusieron al día de sus vidas. Desde que se separaron en Motul los dos tuvieron que matar y eso los había cambiado. El mayor había pasado casi dos años en la cárcel, el menor tenía la cara marcada por una cicatriz…

Pero también había que vivir el puerto, la intensa ciudad de Nueva Orleans: un hervidero interracial donde activistas políticos de todas las tendencias —socialistas, anarquistas, feministas, *wobblies* de la International Workers of the World, magonistas…— tomaban ríos de cerveza, debatían, conspiraban.

Por los miembros de la Unión de Fogoneros y de la Unión Industrial de Trabajadores del Tránsito Marítimo que la distribuían por todos los puertos del golfo, Felipe habrá conocido la revista anarquista *Tierra y Libertad*. Fórmula entrañable que lo remitía al origen internacional de la consigna que los zapatistas tomaran de los magonistas y que, al regresar a Yucatán, emplearía de nuevo como lema del Partido Socialista del Sureste.

En los días en que trabajó como estibador en el puerto estadunidense, es posible que haya sabido de negros que en su juventud fueron esclavos y como tales molidos a golpes igual que sus hermanos mayas de Yucatán. Y quizá pasó frente al 1140 de Royal Street, donde estaba la gran mansión de la esclavista Delphine La Laurie, una construcción que pese a su diferente arquitectura le habría recordado los también afrancesados palacetes que los esclavistas yucatecos edificaron en el Paseo Montejo. Suntuosa residencia en donde, cuando se quemó en 1834, encontraron los restos carbonizados de negros encadenados y con signos de tortura... "Por lo visto en todas partes hay *pelanás*, sólo que aquí son *sonofabiches*", habrá pensado Felipe.

Todos los hermanos Carrillo tocaban instrumentos y Felipe dominaba la flauta, el flautín y el saxofón barítono, de manera que sin duda disfrutó con Benjamín la música de las bandas de jazz que recorrían las calles del puerto anunciando los bailes. Y quizá alguna vez escucharon a "Little Louis", un joven vendedor de periódicos negro, bajito y regordete que con apenas catorce años seguía a los músicos callejeros tocando la trompeta al modo de Joe "King" Oliver. Años más tarde la potencia y precisión de sus labios contra la boquilla del instrumento haría que "Little Louis" fuera conocido como *Satchel-mouth*, contraído en *Satchmo*.

En esos días los Carrillo recibieron una carta proveniente de Yucatán y dirigida a Benjamín, donde su hermano Acrelio les comentaba, a él y a Felipe, la favorable impresión que tenía de lo que estaba haciendo en el estado el gobernador y comandante militar general Salvador Alvarado. Recién desempacado del radicalismo morelense, Felipe le respondió con ironía en una larga misiva que a la vez que un cuestionamiento de su excesivo optimismo era una suerte de programa para la transformación de Yucatán:

> Me alegro mucho, querido hermano, de que seas un convencido de la "justicia" que está impartiendo el señor general Alvarado, a quien ya he visto que la prensa de allá hace un santo o poco menos. Yo no quería darle crédito a tanto bombo, porque tengo la experiencia de lo que es la prensa en estos tiempos. Pero ustedes allí están muy satisfechos y me alegro mucho...
>
> Ahora bien, ¿sabes lo que significa justicia?
>
> Supongo que ya habrán dejado de tratar a los indios como a tales y que ya les habrán devuelto las tierras que les robaron, como se ha hecho en Morelos, Guerrero y México, estados en que domina el "bandido" de Zapata; supongo que ya se habrán devuelto los ejidos a los pueblos; supongo también, querido hermano, que las plantas desfibradoras de las haciendas han quedado en beneficio de los ayuntamientos; supongo que ya no roban despiadadamente los comerciantes; supongo que ya se habrán establecido las escuelas racionalistas para enseñar a los niños que no se dejen explotar ni exploten; supongo que ya no habrá sacerdotes...

Si todo lo que te he dicho se hace ahí, entonces con toda mi alma te felicito a ti y a todos mis paisanos. Pero desgraciadamente la realidad me hace ver que no son tan felices, porque todavía hay hombres que doblan el espinazo.

Esto no quiere decir que no se haya hecho nada. Estoy enterado de que el general Alvarado ha hecho lo que ha podido en medio de esa podredumbre. De todas maneras, creo firmemente que están mejor ahora que en tiempos de Ávila y de Santos.

Poco después de enviada la carta, emprendió el camino de regreso a la península, adonde llegó en julio de 1915. Pero el cónsul de México en Nueva Orleans, enterado de que un peligroso zapatista proveniente de Morelos partía rumbo al constitucionalista Yucatán, le dio el pitazo al gobernador. Así, cuando Felipe bajó del barco en Progreso se encontró con que la fuerza pública lo estaba esperando para conducirlo a la Penitenciaría Juárez, lugar de triste memoria para el retornado.

Por fortuna tenía amigos en Yucatán, y aprovechando que en Motul se le ofrecía al gobernador una vaquería en el mercado público, una comisión de señoritas de la que formaba parte su hermana Elvia se presentó ante el general "pidiéndole, en nombre de la Revolución constitucionalista, la libertad del señor Felipe Carrillo Puerto". También abogó por el detenido Amelio Martínez, quien había trabajado con Felipe en la distribución de carne.

—Veremos —les dijo Alvarado.

De vuelta en Mérida el general ordenó que le trajeran al preso.

—Me dicen que es usted zapatista...

—Así es, en efecto.

—¿Qué viene a hacer entonces a Yucatán?

—Me informaron que usted está repartiendo tierras a los indios de por acá. Y como esto es lo que más deseo, me pareció que en vez de trabajar para que recibieran sus ejidos los campesinos de Morelos, debía venir a luchar para que los recibieran los indios de Yucatán.

—Pues hoy mismo empieza usted a trabajar en la Comisión Agraria del estado.

La apertura mostrada por Alvarado no era excepcional y el mismo recibimiento tuvieron otros de los que habían participado en las Comisiones Agrarias del Sur, como Marte R. Gómez y Gaspar Garza, cuando buscaron incorporarse a la equivalente yucateca.

El profesor Santiago Pacheco Cruz formaba parte del equipo de colaboradores locales de quienes se había rodeado Alvarado, y como los dos hablaban maya, se hizo amigo de Felipe, a quien seguiría en los años siguientes. El profesor era otro ejemplo de la apertura del gobernador carrancista, pues si Felipe había estado con Zapata, Pacheco había acompañado en su aventura separatista al impresentable Ortiz Argumedo.

Fue quizá por el profesor que el motuleño pudo saber de primera mano cómo se había vivido ahí el argumedismo y cómo, a pesar de la fama de ladrones que tenían los carranclanes, Alvarado no sólo había derrotado militarmente a los separatistas, también se estaba ganando la simpatía de los peninsulares: de los ricos y de los pobres.

"En nombre de la Revolución te entrego estos quinientos pesos"

Los gobiernos huertistas de Eugenio Rascón y Prisciliano Cortés habían generado descontento entre los yucatecos del común, y el segundo enfrentó un alzamiento en el puerto de Progreso dirigido por el maderista Lino Muñoz, quien, después de resistir por un tiempo y enterado de las derrotas que sufrían las tropas de Huerta en el norte y centro del país a manos de los constitucionalistas, negociaría su pacificación con los enviados de Venustiano Carranza.

El primer gobernador de Yucatán designado por el constitucionalismo fue el teniente coronel Eleuterio Ávila, quien, a tono con los tiempos, en septiembre de 1914 emitió un decreto en el que se lee: "Se desconocen y declaran nulas y de ningún valor todas las cartas-cuenta llamadas de sirvientes", de modo que "los jornaleros de campo quedan en absoluta libertad para permanecer en las fincas o para cambiar de residencia". El fin de la esclavitud, pues.

Pero los hacendados presionaron y Ávila reculó vergonzosamente añadiendo al decreto un anexo: "El gobierno del estado recomienda a los jornaleros de campo y demás favorecidos con este decreto que al ejercer todos y cada uno de los derechos que él les restituye obren de una manera prudente y razonada, no abandonado de una manera violenta sus labores a fin de que no perjudiquen los intereses públicos y privados, conservando siempre el orden para corresponder a la gestión gubernamental y no incurrir en las severas penas que les ocasionaría la transgresión de la Ley".

El gobernador instruyó, también, que para abandonar la finca había que avisar con 15 días de antelación informando el lugar y la dirección de la nueva residencia. Como quedó claro a la luz de los resultados de ulteriores decretos de Salvador Alvarado, encaminados también a "liberar a los mozos", la preocupación de Ávila era excesiva, pues no bastaba con que lo ordenaran los gobiernos para que se desencadenaran realmente los esclavos.

En enero de 1915 Ávila fue sustituido por el general Toribio V. de los Santos, quien radicalizó de nuevo el discurso liberador de mozos… y sólo duró dos semanas en el cargo. En febrero de 1915 el que había sido comandante militar de Mérida, coronel Abel Ortiz Argumedo, se alzó contra la "usurpación" perpetrada por los mexicanos venidos del centro y, vencida la débil resistencia constitucionalista local, declaró al estado de Yucatán país "soberano", buscando el reconocimiento en los Estados Unidos. Para su desgracia, el gobierno estadunidense tomó partido por Carranza y envió al *Destroyer Desmoines* a bloquear el puerto de Progreso.

Nadie en Yucatán confiaba realmente en Argumedo: un ladrón conocido que como comandante militar de Mérida había administrado el juego como si fuera negocio propio y más tarde, derrotado por Alvarado, huiría de Yucatán con más de un millón de pesos oro del Banco Peninsular originalmente destinados a comprar municiones. No obstante, con su porte militar y su impresionante estatura, Abel era el hombre del momento. Para los hacendados significaba que no habría más préstamos forzosos y decretos libertarios, así que decidieron financiarlo con un monto equivalente a seis meses de contribuciones estatales. Las clases medias veían en él una defensa providencial contra el "centralismo avasallador" y contra la amenaza que representaban los *huaches*: los temibles soldados foráneos que, con Santa Anna en 1843 y con Juárez en 1867, forzaran el allanamiento de la península a la Federación.

Enterados de que para someterlos Carranza había enviado a Yucatán al general sinaloense Salvador Alvarado al frente de un ejército de siete mil hombres, los argumedistas trataron de formar milicias populares. La composición y el desempeño de estos cuerpos ilustran la debilidad social del soberanismo yucateco y la criminal irresponsabilidad de su jefe.

Uno de los batallones civiles se llamó Voluntarios de Comercio, y en él alineaban alrededor de ciento cincuenta comerciantes, empleados bancarios y de oficinas públicas, estudiantes y gente acaudalada como don Félix Martín Espinosa y los hermanos Julio y Gustavo Molina Font, sobrinos del potentado Olegario Molina. Más tarde Gustavo sería defensor de hacendados y veinte años después participaría en la fundación del derechista Partido Acción Nacional. Éstos quizá sabían lo que hacían al enrolarse, pero otros simplemente fueron llevados al matadero.

El 17 de marzo irrumpió en los patios del Instituto Literario del Estado una fuerza argumedista encabezada por un coronel, quien congregó a los estudiantes y sin mayores explicaciones ordenó que, precariamente armados y equipados, fueran conducidos por sus maestros al Cuartel de Dragones, donde se sumarían a los Voluntarios de Comercio en la defensa de la ciudad de Mérida y del puerto de Progreso. Los así enrolados eran muchachos de dieciséis y diecisiete años, entre ellos Wenceslao Moguel, a quien su desgracia hizo famoso y el propio Alvarado, ya gobernador, recibió y recompensó.

Rápidamente derrotados los argumedistas por las fuerzas del Centro, los Voluntarios de Comercio y los adolescentes del Instituto Literario que no cayeron en combate fueron hechos prisioneros. En caliente, el general De los Santos ordenó su fusilamiento y por grupos los apresados empezaron a enfrentar el fatídico pelotón. Matanza que continuó hasta que, enterado de lo que sucedía, Alvarado dio órdenes al general Heriberto Jara de que suspendiera las ejecuciones. Los hermanos Molina Font salvaron la vida; en cambio, Wenceslao Moguel fue fusilado y recibió el tiro de gracia.

Pero no murió. Unas mujeres que rebuscaban entre los cadáveres lo recogieron y llevaron a la brigada sanitaria constitucionalista. Allí un médico de guerra le preguntó: "¿Quieres seguir viviendo o dejar de sufrir?", y Wenceslao decidió seguir viviendo. Finalmente se recuperó, pero tenía destrozado el maxilar y varias heridas en el cuerpo que lo dejarían deforme para siempre.

Apenas dado de alta del hospital O'Horan donde lo habían intervenido quirúrgicamente, un emisario del gobernador y comandante militar del estado pasó por él en un carruaje descubierto y lo llevó al despacho de Salvador Alvarado en el Palacio de Gobierno.

—¿Estás bien, joven Moguel? —preguntó el general.

—Sí, señor, estoy bien. Ya no me duele nada.

—Te felicito, muchacho, por haber salido con vida de tan terrible prueba. Y procura seguir estudiando como antes, para que tengas un porvenir.

Luego, con un gesto histriónico, el gobernador tomó un sobre de su escritorio y se lo entregó.

—Toma estos 500 pesos que yo, en nombre de la Revolución y de los que luchan por una patria mejor, te entrego para que te ayudes. Si más tarde necesitas algo de los revolucionarios, acércate a ellos, que, con mano y corazón magnánimos, te han de proteger.

Y lo despidió con un abrazo.

Alvarado se ocupó de que los yucatecos supieran que el gobernador había recibido en palacio y premiado con 500 pesos al argumedista a fuerzas que ya empezaban a llamar *El fusilado de Halachó*, suponiendo acertadamente que esto abonaría la imagen de político abierto y conciliador que se había empeñado en proyectar, con la cual se contrarrestaba la idea, al principio dominante, de que los recién llegados del centro eran una "banda de *huaches* que sólo venían a carrancear".

A Wenceslao el espaldarazo del general Alvarado lo hizo famoso. Tanto que años después fue llevado a Nueva York por el empresario y periodista Robert Leroy Ripley, quien lo presentó en diversos programas de su espectáculo *Aunque usted no lo crea*, donde después de las notas del Himno Nacional Mexicano interpretado por una orquesta de sesenta maestros, *mister* Ripley contaba al público su truculenta versión de la increíble historia del yucateco. A *El fusilado de Halachó* seguían una niña sin brazos ni piernas que tocaba foxtrot al piano y un hombre al que le bombeaban aire por el ombligo y se hinchaba como un sapo.

Así como Alvarado abrazaba a los que se habían ido con

la finta del argumedismo, era implacable con los de su bando que se daban al saqueo. Al llegar a Maxcanú, el Estado Mayor constitucionalista convocó a los vecinos, nombró de entre ellos a los que serían nuevas autoridades e instruyó a los soldados para que respetaran los hogares. Ebrio, uno de los uniformados violentó una casa y se robó una gallina. La familia lo denunció y, juzgado sumariamente, fue colgado de un árbol en la plaza pública donde lo viera el pueblo. A él se le conoció como *El ahorcado de Maxcanú*, figura que, como la de *El fusilado de Halachó*, integraba una serie de gestos simbólicos que, con otras acciones más trascendentes, hicieron que el carrancismo tuviera en la sociedad yucateca una mejor acogida que la que había tenido en otros estados del sureste.

El profesor Pacheco, que quizá le contó estas historias a su amigo Carrillo Puerto, era ejemplo de la apertura de Alvarado para con los adversarios que se querían incorporar.

—Tú no lo sabes, Felipe, pero yo había firmado ingenuamente un documento público de apoyo a Ortiz Argumedo y pensé que estaba apestado con el nuevo gobierno. Sin embargo, un día Alvarado también me mandó llamar —y Pacheco rememoró así el inesperado giro de la conversación tenida con el gobernador.

"Hola profesor; entiendo que es usted el autor de este libro", me dijo el gobernador, mostrando un ejemplar de mi *Compendio del idioma yucateco*. "Sí, señor, soy el autor." le contesté. "Pues bien, le participo que la Revolución triunfante requiere de sus servicios. Como usted conoce el idioma maya, necesito que vaya a uno de los partidos a propagar entre los habitantes, pero sobre todo entre los indígenas, las ideas y finalidades de la Revolución, informándoles de las conquistas logradas". Dicho esto Alvarado le empezó a dictar las que serían mis instrucciones a su secretario, quien las pasó a máquina y me las entregó. Y de esta manera me convertí en el primer agente propagandista del gobierno constitucionalista en Yucatán.

—Pues conmigo, que venía del zapatismo, fue casi igual —abundó Carrillo Puerto—. El mismo día que Alvarado me recibió, me nombró representante de la Comisión Agraria en Motul.

"El capital y el trabajo se sumaban y engranaban"

No fue sólo con gestos y reclutamientos que logró Alvarado insertarse en el mundo peninsular. El considerable despliegue militar, que se explica por la importancia que tenían para Carranza las divisas que reportaba la exportación de henequén, no habría modificado en Yucatán el carácter de cuerpo extraño, de "fuerza de ocupación" que adoptaba el constitucionalismo en diversos estados del sureste, de no combinarse ahí con otra serie de factores que distinguen el proceso peninsular del chiapaneco, el tabasqueño y el oaxaqueño.

En primer lugar, la oligarquía regional no estaba en condiciones de resistir al Centro apoyándose en los mayas, alzados pocos años antes y propensos al motín; en segundo lugar, las contradicciones dentro de la clase dominante eran más enconadas ahí que en otros estados del sureste, pues no se daban entre regiones como en Chiapas, Tabasco o Oaxaca, sino dentro de un mismo sistema económico: el del henequén; en tercer lugar, la mayor demanda de sisal generada por la primera Guerra Mundial permitía mejorar los términos de intercambio con los compradores, propiciando la generalizada bonanza económica de los hacendados; en cuarto lugar, el crecimiento de la producción incrementaba los requerimientos de mano de obra, pero al mismo tiempo el alza de precios y utilidades hacía posible mejorar las condiciones de los trabajadores sin modificar las relaciones de explotación ni recortar notablemente las ganancias.

Alvarado percibió de inmediato la fisura en la oligarquía:

> En los quince o veinte años de dominio de esa casta privilegiada de especuladores y financieros —escribió— no sólo se arruinaron muchos y se cargaron de hipotecas las haciendas formadas por los viejos henequeneros con tan noble esfuerzo; sino que perdieron sus barcos, sus ferrocarriles, sus muelles, sus bancos, sus cordelerías, y dejaban morir sin fuerzas la magna institución de la Reguladora del Mercado del Henequén, para caer cegados por el poco oro que recibían, en las garras de los *trusts* extranjeros.

Pero, para negociar políticamente con el sector resentido y antimolinista de los hacendados, no bastaba un ejército de ocupación: hacía falta base social propia. Y Alvarado se la procuró entre los obreros, sobre todo rieleros y alijadores, que comenzaron a organizarse gracias a que el acuerdo entre la Casa del Obrero Mundial y el constitucionalismo propiciaba la combinación de avances militares y formación de sindicatos. Para fines de 1915 se habían constituido 418 asociaciones, que le proporcionaban al gobernador los cuadros necesarios para integrar un aparato político-electoral y participar en los comicios municipales y legislativos. Este instrumento sería el Partido Socialista Obrero.

Más arduo era el avance de propagandistas que, como el profesor Pacheco, se movían en los pueblos y entre los acasillados de las haciendas. No sólo por el férreo control que éstas ejercían sobre sus peones, sino también porque Alvarado no quería provocar el descontento y la eventual insubordinación de un sector fundamental para enfrentar el crecimiento de la demanda de sisal. De hecho, el gobierno organizó un reclutamiento masivo de trabajadores en todo el país, con lo que diecisiete mil nuevos braceros se incorporaron a las labores en los henequenales. A los recién llegados se les llamó despectivamente *mexicanos*, y algunos hacendados los usaron para boicotear el trabajo organizativo de los peones nativos.

Paralelamente el gobernador utilizó la bonanza económica y su posición de fuerza para negociar algún progreso en las condiciones de vida y trabajo de los peones de campo. El resultado fue que mejoraron vivienda, salud y escuela, al tiempo que aumentaba el salario: de unos 60 centavos que se pagaban en 1914, el jornal pasó a 1.50 en 1916, el año de mayor producción henequenera.

En el contexto de la primera Guerra Mundial, y gracias a la alianza con los henequeneros que habían sido marginados por Olegario Molina y su grupo, Alvarado revivió en 1915 una efímera Comisión Reguladora del Mercado del Henequén creada en 1912 por los hacendados, y aprovechando que la guerra dificultaba la llegada a los Estados Unidos de sisal procedente de Asia y África, logró modificar los inicuos términos de intercambio con la International Harvester y en general con los compradores. Y a su vez el aumento de precios y de ingresos le permitió negociar mejoras significativas para los trabajadores.

Fue ése un momento excepcional en el que, debido al florecimiento de la industria henequenera y la escasez de mano de obra, los peones de Yucatán tuvieron un bienestar desconocido por los de otros estados. Esto gracias a que la Revolución alvaradista comenzó en un periodo de prosperidad y su fase más aguda coincidió con el auge de la fibra. Pero el beneficio mayor fue para el sector no monopolizado de la oligarquía. Así se lo dijo a los hacendados en un discurso Julio Rendón, gerente de la Comisión Reguladora de los Precios del Henequén, creada por Alvarado: "El gobierno comprende perfectamente que para que los intereses de la comunidad, los intereses del estado progresen, se necesita hacer que las primeras bolsas que se llenen sean las de vosotros. Público y notorio es que los que tenían deudas las han pagado y los que no tenían deudas están acumulando dólares". Aplausos calurosos.

Los hacendados aplaudían porque ganaban dinero. Pero también porque no veían amenazas de afectación de sus latifundios. Así lo reconoció el entonces gobernador años después: "Deploro no haber cumplido mi deber repartiendo todas las tierras, según me lo ordenaba el decreto que Carranza promulgó en Veracruz del 6 de enero". Pero en el fondo Alvarado no se arrepentía, pues lo cierto es que la jugada de "todos ganan" sólo había sido posible relegando el tema agrario.

Y así fue: la reglamentación yucateca de la Ley del 6 de enero de 1915, donde se mandata que: "Todo mexicano o extranjero residente en el estado, mayor de diecisiete años, tiene derecho, siempre que quiera dedicarse personalmente a cultivarlo, a poseer un lote de terreno", no tuvo mayores efectos prácticos y las pocas tierras que se asignaron fueron nacionales y en dotación provisional que a veces no se ejecutó.

Quizá la coyuntura política y económica que enfrentaba Alvarado demandaba prudencia, pero en todo caso había evidencias de que por sí mismas las leyes de mozos no eran capaces de provocar un vuelco social. Como lo habían evidenciado el zapatismo en el centro-sur y el villismo en el norte, el remedio a antagonismos rurales como el que enfrentaba en la península a los trabajadores con los hacendados no era laboral sino agrario; el fondo del asunto no eran los salarios, las condiciones de trabajo y los servicios, sino el acceso a la tierra.

Que la "liberación de mozos" no liberaba lo sabían quienes en pueblos y haciendas les tomaban el pulso a los pobres del campo. Carrillo Puerto pudo darse cuenta primero gracias a su amigo el profesor Pacheco, quien desde 1915 andaba de propagandista, y más tarde por sí mismo en la Comisión Agraria de Motul donde lo había colocado Alvarado.

Las instrucciones dadas por el gobernador al profesor y a otros agentes de propaganda establecían que, "más que discursos o mítines, deben procurarse pláticas con los grupos de obreros de los pueblos y peones de las fábricas del campo". Encuentros que Pacheco vertió en minuciosos informes, de los cuales se desprende que muy pocos acasillados estaban interesados en ejercer, así nomás, su libertad recién concedida.

"La finca Tzamá —describe— tiene veinte 'sirvientes' a quienes informé el motivo de mi visita y al interrogarlos manifestaron estar satisfechos en todo por todo, salvo uno que dijo separarse por su voluntad." En algunos casos los trabajadores pedían aumento de salarios: "La hacienda de Cixhuh tiene en servicio a veinte jornaleros, quienes manifestaron descontento por pagárseles un jornal de sesenta y dos centavos por mecate y piden se les pague un peso".

Conformidad y moderación sospechosas, cuyo origen se vislumbra en otro de los informes: "Comunico a usted que ayer en la mañana se me presentaron las esposas de los sirvientes Victoriano Caamal y Genaro Ciau, de la finca Santa María de los señores Lizárraga y Urcelay, manifestándome que el encargado de la citada finca los había encalabozado por haber expuesto deseos de separarse".

Pero en realidad no hacía falta encalabozarlos. "¿Dónde más ibas a ir? —reflexionaba un acasillado de la hacienda Xuáh—. Si allá tenías tu milpa que el patrón te permitía hacer, pues allá mismo te quedabas."

Sabedor de esto, Carrillo Puerto reafirmaba su convicción: "Se puede mejorar la situación de los peones, y está bien que se haga. Pero mientras haya muchas haciendas y pocos pueblos habrá esclavitud en Yucatán".

Alvarado fue un reformador que, como Saint-Simon, confiaba ciegamente en el progreso científico y, como Henry George, creía en un capitalismo con rostro humano. Lo que no hubiera sido impedimento para su labor emancipadora si no fuera porque su concepto sobre la redención de los esclavos del henequén no tenía nada que ver con la idea maya de la libertad.

Su percepción del indígena sometido como un ser indolente y sin necesidades, y por tanto insensible al imperativo de progresar, se parece mucho a la de sociólogos que trabajaron para el gobierno de Díaz, como el alemán Otto Peust, con la diferencia de que éste concluía que con los desafanados es necesario el trabajo forzado y Alvarado buscaba procedimientos civilizadores más suaves. En *Mi sueño*, texto que es una suerte de utopía, escribió sobre la emancipación del maya:

> Cuando se le dijo que estaba emancipado, su primer movimiento fue echarse a no hacer nada. Pero aguijoneado poco a poco por el estímulo, fue acrecentando sus necesidades. Se fue civilizando y sintiendo agudizarse las exigencias de la civilización, deseó mejores vestidos, mejores calzados. Y entonces el jornalero trabajó, no sólo como antes sino mucho más. El resultado fue que el capital y el trabajo, en vez de ir uno contra otro, se sumaban y engranaban.

En la base de la injusticia peninsular había un orden finquero montado sobre la esclavitud del maya. Y en este tema Alvarado era conservador, pues pensaba que a fuerza de decretos liberadores de mozos el esclavismo de *facto* devendría sana y constructiva relación obrero-patronal. Su ingenuo optimismo queda claro en los considerandos de la reforma laboral que promulgó en mayo de 1916, donde se lee que "la Ley del Trabajo ha liberado a los trabajadores del estado de Yucatán, sacándolos de su condición de parias". Y no.

Pero en otros terrenos el sinaloense era un reformista visionario. Y lo más importante es que, pese a que tenía facultades extraordinarias como gobernador y comandante militar, cuando era posible buscaba impulsar, mediante una amplia y diversa participación social: congresos deliberativos, debates públicos..., cambios progresistas (que podía simplemente haber decretado.

En marzo de 1915, Alvarado entraba a Yucatán al frente de la tropa; seis meses después se realizaba en Mérida un primer Congreso Pedagógico donde maestros de avanzada como José de la Luz Mena, Agustín Franco, Vicente Gamboa, Eduardo Urzaiz, Edmundo Bolio, Santiago Pacheco Cruz y otros proponían una revolución educativa en la línea de la Escuela Moderna o Racionalista del anarquista español Francisco Ferrer Guardia.

Decían los resolutivos:

El sistema de organización de las escuelas primarias en el estado debe tener como principio básico la libertad. Para que esta libertad pueda existir es necesario que el niño esté colocado en medios que satisfagan las necesidades de su desarrollo físico y psíquico. Son medios que favorecen este desarrollo la granja, el taller, el laboratorio, la vida. El maestro debe trocar su misión instructiva por la de un excitador de la investigación...

Otro tema que se debatió fue el de las escuelas mixtas, que apoyaban los reformadores y que se establecieron en Yucatán antes que en otros estados de la República. A favor argumentó Urzaiz: "La mujer de hoy no necesita trovadores que le canten ni quiere caballeros andantes que por ella rompan lanzas. Pide sólo conciudadanos que reconozcan sus derechos".

Un año después se organizó un segundo Congreso Pedagógico, donde Alvarado informó que en los meses transcurridos desde el primero se habían creado cerca de 600 escuelas rurales en las haciendas.

En enero de 1916 se realizó el primer Congreso Feminista en el Teatro Peón Contreras de Mérida, con setecientas veinte delegadas, la mayoría maestras; meses después se organizaría un segundo congreso, aunque con menos participantes. La convocatoria al primero argumenta que "el medio más eficaz de liberar y educar a la mujer es concurriendo ella misma con sus energías e iniciativas a reclamar sus derechos" y las llama a reunirse. En ambos congresos Elvia Carrillo Puerto, quien en 1912 había organizado a las mujeres de Motul, y Rosa Torre González, maestra de apenas veinte años, demandaron el derecho de la mujer a votar y ser votada; cuando menos y para empezar en el nivel de las alcaldías. Al respecto dijo pragmática Lola Puerto: "Vamos desde luego a la práctica y empecemos por obtener cargos municipales". Por su parte, Herminia Galindo reivindicó el deseo y el placer femeninos, provocando sonrojos, bochornos y cuchicheos entre las conservadoras que formaban la mayoría.

A raíz de los congresos, los educadores crearon la Liga de Maestros Racionalistas para impulsar las reformas educativas, pero también se multiplicaron las organizaciones de mujeres:

las clasemedieras conformaron la Liga de Resistencia Feminista "Rita Cetina Gutiérrez" y las plebeyas constituyeron la Liga Obrera Feminista, que agrupaba trabajadoras de las manufacturas y vendedoras del mercado. Se integró también una Liga de Inquilinos para hacer valer la ley alvaradista que fijaba las rentas en un máximo del 6% del valor de la propiedad.

Uno de los primeros decretos de Alvarado se refiere a los llamados servicios domésticos: "Se prohíbe absolutamente la servidumbre doméstica en la forma en que ha existido en el estado de Yucatán, esto es, sin retribución, sin contrato y por tiempo indefinido... Se prohíbe terminantemente tener sirvientes a quienes se retribuye sólo con alimentos y vestidos".

Otro decreto libera a las prostitutas de sus "patronas": "Quedan abolidos los burdeles bajo el régimen establecido actualmente y la ley no reconocerá de modo alguno la personalidad de las patronas. Éstas perderán desde hoy toda su autoridad sobre sus antiguas pupilas; asimismo se declaran nulas y canceladas las deudas de éstas con las patronas...".

Loable era, sin duda, la campaña de Alvarado contra las diferentes formas de esclavitud, aunque sus decretos tuvieran efectos prácticos muy modestos.

Gobernador provisional, Alvarado pretendía serlo constitucional a través de una elección, y para esto no le bastaba el apoyo de los sindicatos y ligas que se habían formado durante su administración: necesitaba un partido.

Pero también entre activistas más radicales se iba imponiendo la idea de organizarse para fines políticos. La coyuntura propicia fue la elección del ayuntamiento de Mérida en junio de 1916, justa cívica en la cual una convergencia de ferrocarrileros, empleados, artesanos, maestros y periodistas que coincidían en sus ideas libertarias lanzó como candidato a José Dolores Sobrino Trejo, quien se enfrentó a los personeros de la Convención Liberal y del Partido Democrático. Al parecer Alvarado no metió las manos en los comicios y ganó José Dolores.

El grupo de correligionarios se reunía en un cuartito de un edificio de la calle 62 entre la 61 y la 59, y realizaban sus fogosos mítines políticos en la Plaza Independencia, conocida como Plaza Grande. En uno de esos actos, donde intervinieron Álvaro

Rivera, Ramón Espadas y Rafael Gamboa —cuyo sobrenombre: *Ravachol*, lo balconeaba como ácrata—, se tomó la decisión de constituirse como Partido Socialista Obrero. De inmediato procedieron a elegir directiva: Gamboa, quien era peluquero, quedó como presidente; el ferrocarrilero Gonzalo Lewis como secretario, y el maestro Espadas como tesorero.

Poco después, ahora convocado y financiado por el gobernador, se realizó el Primer Congreso Obrero Socialista, en el cual participaron de manera destacada representantes de las organizaciones proletarias gestadas en un primer momento por la Casa del Obrero Mundial, algunas ya vinculadas al laborismo de la American Federation of Labor. Ahí se debatieron propuestas legislativas alvaradistas como la Ley del trabajo, la inquilinaria y el impulso al cooperativismo. Así, el socialismo y el anarquismo del grupo fundador fueron opacados en un congreso que se centró en las políticas del gobierno y que eligió para dirigir al Partido a un hombre del gobierno, el dirigente ferrocarrilero Carlos Castro Morales, conocido como *Chalín*, a quien la administración constitucionalista había designado director de Ferrocarriles.

Alvarado ya tenía su partido, que le allanaba el camino a la elección de 1917. No contaba con que la Constitución que meses después se aprobaría en Querétaro le impediría ser candidato.

"Ustedes no han sentido la crueldad de la guerra"

Sociedad en vilo por casi una década, Yucatán estaba en ebullición a principios de 1916 cuando Felipe Carrillo Puerto volvió a su estado natal reanudando sus recorridos por las comunidades rurales.

—Los campesinos de Yucatán no han tenido que derramar su sangre para compartir los frutos de la Revolución. No han visto sus pueblos destruidos por el fuego de las ametralladoras ni sus campos llenos de maleza por falta de brazos para cultivarlos... Yo sí lo he visto...

Hablando en maya y rodeado de labradores con quienes había caminado desde Umán hasta las tierras que estaban recibiendo como ejidos, el hombre alto hacía referencia sin nombrarlo al ensangrentado campo morelense donde la Revolución se hacía con plomo y pólvora.

—Ustedes no han sentido la crueldad de la guerra y quizá por eso no aprecian plenamente la importancia de lo que ha hecho el general Alvarado al entregarles sus parcelas... Piensen también que no han ganado por completo, que sus enemigos tratarán de arrebatarles esta victoria diciéndoles que estas milpas no son de ustedes, que la Revolución constitucionalista ha fracasado y deben abandonar la tierra...

Felipe hizo una pausa para enfatizar lo que iba a demandarles.

—Entonces deberán probar que estas tierras no fueron entregadas a viejos cansados sino a hombres; hombres que sabrán defenderlas... Quizá será necesario que cuando llegue el momento vayan a Mérida a pedirle al general Alvarado rifles con que defender lo que hoy reciben. Ahora que han demandado y recibido sus tierras deberán estar alertas.

—¡Viva el general Alvarado! ¡Viva la Revolución! —gritaron a coro los hombres de blanco.

—¡Viva el pueblo de Umán! —reviró el orador.

Antes Felipe les había hablado de Motul, adonde había regresado.

—Vengan a mi pueblo. Ahí los señores tomaron nuestras tierras, sus henequenales llegaban hasta la plaza. Pero esto terminó. Ahora sabemos cómo tratar a quienes nos quitan lo que es nuestro... La Revolución nos ha enseñado.

Nombrado, junto con Felipe Peraza, representante en Motul de la Comisión Agraria, el retornado se encontró con la buena nueva de que durante los años en que había estado ausente sus hermanos Elvia y Eraclio habían profundizado su presencia social y política en el municipio y el gobernador había designado a Acrelio como alcalde. Ciertamente Motul había cambiado; ya no eran los Palma sino los Carrillo quienes dominaban la vida política de la ciudad. Y así, en un ambiente propicio, Felipe organizó mítines en la plaza central e incendiarias conferencias del socialista cubano Carlos Loveira, de Baltazar Pagés, de Anatolio B. Buenfil...

En octubre de 1916 Felipe sucedió a Acrelio en el cabildo. Por corto tiempo, sin embargo, pues tareas de carácter estatal lo reclamaban. De su ejercicio como alcalde destaca una entrega de tierras a los trabajadores, no para siembra sino para

la construcción de viviendas populares en una colonia que pre-
visiblemente llamó Delio Moreno Cantón. También apoyó a
un grupo de campesinos para que entraran a sembrar maíz en
tierras que los hacendados les negaban, pero Alvarado frenó la
invasión y negoció un arrendamiento. En Motul el verdadero
reparto agrario se iniciaría cinco años después, cuando Edesio,
otro de los hermanos Carrillo, encabezara la alcaldía.

Meses antes, apenas arribado a Motul, Felipe había conformado un Sindicato de Agricultores al cual, en memoria del líder
maya de Sotuta que a principios del siglo XVI resistiera a los
españoles, llamaron Nachi Cocom y que se sostenía con los ingresos generados por una cooperativa de consumo manejada
por Eraclio.

La nueva organización debía impulsar la lucha de los trabajadores motuleños por tierra y libertad. Con todo, la visión
de Carrillo Puerto ya no era local sino estatal, y en una carta
dirigida a la alcaldía cuando aún la encabezaba su hermano
propuso realizar una gran convención deliberativa donde par-
ticiparan presidentes municipales socialistas, comisarios electos en las haciendas por los trabajadores, juntas de mejoras
materiales e incluso mayordomos de las fincas.

El tono de la introducción transmite los aires de revolución que se respiraban en la península: "Hasta no hace mucho
Yucatán era una entidad de hombres muertos que caminaban
automáticamente impulsados por el látigo de los esclavistas.
Hoy en que es un hecho la transformación social y material,
propongo a este honorable cuerpo acuerde convocar una Convención de todos los ayuntamientos...". Pero la iniciativa no
prosperó y pronto Motul dejaría de ser el centro de su activismo.

En octubre de 1916 fueron votados en todo el país los diputados
que integrarían el Congreso Constituyente que debía iniciarse
en diciembre de ese año. Felipe fue electo en el Cuarto Distrito
como suplente de Manuel González, pero el titular no se presentó y tampoco fue llamado el suplente para ocupar su curul,
de manera que Carrillo Puerto no participó en los debates de
Querétaro. Sobra decir que la deliberación y los acuerdos cons-
titucionales fueron trascendentes, pero para Yucatán también
lo fue uno de sus efectos colaterales que dejó fuera de la jugada política peninsular a Salvador Alvarado.

Desde su llegada a Yucatán, el sinaloense había comenzado a crear las condiciones para que sus afanes reformistas, y también su jefatura, se prolongaran más allá de la designación como gobernador provisional y comandante militar. El trato respetuoso que daba a la población, su apertura con los disidentes, las organizaciones de trabajadores promovidas por la Casa del Obrero Mundial, el emergente partido primero llamado Socialista Obrero y luego Socialista de Yucatán, sus decretos progresistas y sobre todo su buen manejo de la favorable coyuntura internacional del henequén le habían granjeado el apoyo de la mayor parte de los hacendados y la posibilidad de mejorar las condiciones de los trabajadores sin confrontarse con los patrones, despejando su camino a la gubernatura constitucional.

Sin embargo, al establecer que para ser gobernador se requiere haber nacido en el estado o residido en él durante cinco años, la nueva Constitución le cerró la puerta al sinaloense, que sólo llevaba dos años en Yucatán.

Impedida su candidatura, Alvarado se tragó el coraje y decidió prolongar su presencia política en el estado hasta cumplir el plazo que demanda la Carta Magna; para ello, puso en la gubernatura a un hombre de confianza, el ferrocarrilero Castro Morales, quien por entonces encabezaba al Partido Socialista Obrero, y dejó este organismo a cargo de un líder emergente como lo era Carrillo Puerto.

El cambio de planes se concretó el 16 de marzo de 1917, en una reunión en donde Felipe fue electo presidente del Partido, quedando Castro disponible para ser candidato a la gubernatura en una elección que Alvarado pospuso para el mes de noviembre de ese año. En la misma reunión, el Partido Socialista Obrero fue rebautizado Partido Socialista de Yucatán. Cambio de nombre que no era irrelevante, pues Felipe y otros habían empezado a organizar ligas de resistencia rurales, organismos cuyo rápido crecimiento pronto opacó el de las asociaciones urbanas con las cuales se había iniciado el Partido.

Pero lo cierto es que el reacomodo coyuntural de Alvarado a principios de 1917 tuvo efectos que iban más allá de su deseo de permanecer en el gobierno, pues creó las condiciones para un quiebre histórico, para un cambio trascendente en el curso de la revolución yucateca.

Al desdibujarse el plan concebido por el sinaloense de perpetuarse como el hombre fuerte de Yucatán, empleando para ello un organismo político establecido y manejado por el gobierno cuyas bases sociales eran, por lo mismo, sumisas y corporativas, fue surgiendo desde abajo otro proyecto de transformación social y con él otra visión del Partido y de las asociaciones que lo sustentaban. Nuevo enfoque que haría de la organización revolucionaria yucateca un partido de masas, más que una vanguardia de militantes profesionales y un movimiento social, más que un simple aparato político.

Y Felipe se abocó a materializar ese sueño. En un comunicado de mayo, con motivo de la decisión alvaradista de posponer las elecciones, en su condición recién adquirida de presidente del Partido, el motuleño instruyó lo que puede verse como un viraje en el terreno organizativo, consistente en darle continuidad estratégica a las incipientes organizaciones de base.

> La suspensión de las elecciones ha determinado al comité central del Partido Socialista a dirigirse a los presidentes de los subcomités aconsejándoles los denominen ligas de resistencia, con lo que se trata de hacer que subsistan estas organizaciones y mantengan firmes la solidaridad y cohesión, necesarias por tratarse de un partido de ideas y de mejoramiento de la clase trabajadora.

El término 'ligas' para designar a los organismos de base del partido, tomado del que emplearon algunas organizaciones contestatarias europeas del siglo XIX, se oficializaba con esta circular. Instrucción a los veintiocho subcomités existentes que, además, señalaba el tránsito de un partido concebido por Alvarado como instrumento de control político y participación electoral a una organización política de masas organizadas y movilizadas, que no soslayaba el combate comicial pero que miraba más allá de las urnas. Y también el tránsito de una organización que inicialmente había sido básicamente obrera a una organización mayoritariamente campesina, como campesino era el pueblo de Yucatán.

Para entonces Carrillo Puerto tenía claras la transición paradigmática en la cual se encontraba el partido y las etapas por las que debía pasar la mudanza social yucateca. La Revolución había llegado a Yucatán con Alvarado, quien aprovechó la bo-

nanza henequenera para intervenir estatalmente a la agroindustria, con lo que enriqueció aún más a los hacendados, pero
consiguió también mejoras importantes para los trabajadores.
El cometido del Partido Socialista creado entonces era operar
estos cambios y darle una base política y social al sinaloense
que garantizara su permanencia en el poder. Pero las circunstancias habían cambiado y con ellas tenía que modificarse la
estrategia. Y debía cambiar igualmente el Partido que para entonces ya estaba integrado por ligas de resistencia mayoritariamente rurales; un partido socialista que, diría años más tarde, "no fue de las ciudades al campo a sino del campo a las
ciudades".

En términos historiográficos, el origen rural del núcleo político de la naciente revolución yucateca no se sostiene: en el
primer congreso patrocinado por Alvarado, al Partido Socialista Obrero lo integraban mayormente trabajadores de Mérida
y Progreso, organizados por activistas de la Casa del Obrero
Mundial. Sin embargo, para 1917 y con Carrillo Puerto como
presidente, el Partido rebautizado Socialista de Yucatán y, más
tarde, al extenderse a Campeche y Quintana Roo, Socialista del
Sureste, transformó sus subcomités en ligas de resistencia que
embarnecieron sobre todo en el agro, con lo cual se operó una
suerte de refundación que, en efecto, iba "del campo a las ciudades". "La organización proletaria del estado de Yucatán es
esencialmente agraria", afirmaba acertadamente el activista
Juan Rico.

Tal y como hizo el profesor Pacheco a la llegada de Alvarado,
los propagandistas del Partido renovado recorrían los pueblos
y haciendas de todo el estado, pero ahora ya no sólo informando, también organizando y movilizando. Y como el profesor, lo
hacían en lengua maya. Cuando le era posible Felipe los acompañaba, por lo que en unos cuantos meses de frenético activismo
organizativo recorrió entero un estado a cuya diversidad apenas se había asomado antes, como ferrocarrilero y carretonero.

Pronto las ligas sumaron cientos y los ligados rebasaron
los treinta mil; era una amplia masa de militantes entusiastas
pero inexpertos a quienes había que coordinar y dotar de unidad de mando. Se conformó entonces la liga de ligas, el corazón de la red, la Liga Central. Su sede estaba en Mérida, donde el presidente del Partido se reunía con el secretario Felipe

Valencia, el tesorero Ceferino Gamboa y los vocales Peniche, Rivera, Ancona y Pacheco, y adonde concurrían los delegados de los 28 subcomités y los innumerables representantes de las ligas regionales.

Las primeras veces sesionaban entre los martillos, serruchos, cepillos y formones de un modesto taller de carpintería, después se trasladaron a un predio en el cruce de la calle 54 y la 59, y más tarde se fueron al número 518 de la 62, muy cerca del local donde dos años antes se reunían quienes serían fundadores del Partido Socialista Obrero. Para 1918 se habían mudado al 450 de la 59, donde por la continua afluencia de ligados se estableció una cooperativa de consumo que más tarde centralizó las que se impulsarían en todo el estado por acuerdo del Congreso de Motul.

Carrillo Puerto, al frente del Partido desde marzo, concentró sus esfuerzos en consolidarlo en lo ideológico, en lo programático y en lo orgánico, mucho más que en la campaña por la gubernatura y el Congreso como parte de la primera elección constitucional que Alvarado había pospuesto para el mes de noviembre.

Por su parte el presidente Carranza, quien no confiaba en el sinaloense y menos en sus aliados socialistas, había impulsado la creación de un Partido Liberal Yucateco que designó candidato a la gubernatura al coronel Bernardino Mena Brito, que contaba con el apoyo de una parte de los hacendados. A Felipe estos movimientos de la federación no le preocupaban demasiado pues pensaba que por el momento los liberales no representaban un peligro real. Cálculo que resultó correcto en 1917 pero no lo sería tres años después.

Aunque los socialistas la tenían ganada, la campaña electoral fue violenta. Y lo fue en gran medida porque, al irse rompiendo las cadenas que habían aherrojado a los trabajadores peninsulares, también se violentaba en sentido contrario al habitual una vida social que de por sí era terriblemente cruenta, pero donde eran sólo los mayas quienes padecían los atropellos.

En Yucatán la violencia cambiaba de signo; tras ocho años de agitación y gracias al Partido y a sus ligas de resistencia, los campesinos socialistas y sus liderazgos, ancestralmente bocabajeados, sentían que había llegado su momento y hacían valer su fuerza contra unos liberales acostumbrados por clase y raza a la sumisión de los mayas; contra unos criollos para quienes el empoderamiento plebeyo era puro salvajismo, pura barbarie.

Con transparente racismo, la prensa liberal de Mérida calificaba a los activistas del partido contrario de "matones socialistas" y describía a Juan Euan, uno de sus líderes locales, como "un indio salvaje habitualmente borracho cuyo aspecto es tan horrible y cuyos instintos son tan salvajes que nos hacen temblar". En una petición dirigida a Alvarado, los del Partido Liberal balconeaban su clasismo y conservadurismo: "Los socialistas influyen sobre los jornaleros pobres, en su mayor parte analfabetos, con promesas falaces de progreso económico que a la larga no podrán cumplir".

Y como ciertamente el Partido y sus ligas influían —y mucho— sobre los jornaleros pobres, no le valió a Mena Brito el uso como grupos de choque de los trabajadores foráneos que habían sido llevados a la península por Alvarado para enfrentar el *boom* henequenero. En noviembre los socialistas ganaron de calle los comicios: Castro Morales fue electo gobernador y Carrillo Puerto diputado local rápidamente designado presidente de una cámara dominada por los socialistas.

Los candidatos del Partido Socialista Obrero ganaron con 47 494 votos, 2 506 más que sus competidores, cuando las estimaciones que se tenían sobre el número de los ligados era de alrededor de 50 000, de manera que prácticamente votaron todos.

Triunfó el Partido Socialista pese a que Carranza, viéndola perdida, trató de posponer la elección hasta el año siguiente. Pero tuvo que recular para no empeorar la situación. "Compañeros, si llegan a prorrogar las elecciones, nosotros haremos que se lleven a cabo", había dicho Carrillo Puerto el 24 de octubre. Y vaya que lo hubieran hecho.

Aun si *Chalín* Morales resultó más alvaradista que carrillista, lo cierto es que en el arranque de 1918 la izquierda yucateca tenía el gobierno, tenía la mayoría legislativa y tenía un Partido y unas ligas que se fortalecían cada día más. Pero Felipe y sus camaradas pensaban que era necesario poner a discusión lo que veían como un cambio de rumbo en Yucatán. Y para ello había que organizar un gran encuentro donde los temas centrales del Partido y del estado se debatieran con una perspectiva diferente a la del primer Congreso Obrero convocado por Alvarado en 1916.

En esa perspectiva refundadora, a mediados de 1917 se habían iniciado los trabajos preparatorios del Congreso Socialista Obrero que se realizaría casi un año después, en marzo de 1918, en la ciudad natal de Carrillo Puerto. El Congreso era una necesidad de los socialistas y se fue preparando con calma, pero dada la coyuntura en que se realizó puede verse también como un momento de ruptura política y simbólica con el alvaradismo.

Y es que un mes y medio antes, el 6 de febrero, los operadores de Alvarado y Castro Morales habían organizado un deslucido Congreso Obrero donde sólo participaron los sindicatos de Progreso y de Mérida, y donde los debates y conclusiones se quedaron en retórica y generalidades. Felipe aprovechó para destacar el contraste: "La importancia de estas reuniones obreras no está precisamente en las conclusiones de carácter teórico, lo que importa son las resoluciones prácticas". Estipuló también que los miembros de los gremios obreros —que por lo general eran los que iban a los congresos— no eran los únicos trabajadores de un estado donde la enorme mayoría de la población laboraba en el campo. Y efectivamente, casi todos los delegados convocados a Motul provenían de regiones rurales, el primer punto del orden del día fue agrario y los resolutivos resultaron eminentemente prácticos.

Conscientes de que la bifurcación del socialismo se manifestaba también en la base social (ligas agrarias, la del carrillismo; sindicatos obreros, la del alvaradismo), *La Voz*, que era el periódico del gobierno, se refería al encuentro de los socialistas como "Congreso Agrícola de Motul". Ironía torpe, pues precisamente en el sesgo rural que iba adquiriendo el Partido Socialista de Yucatán radicaba su creciente fuerza.

IV. UN NUEVO RUMBO, 1918-1922

"LO QUE IMPORTA SON LAS RESOLUCIONES PRÁCTICAS"

El 29 de marzo de 1918 —jueves santo—, a las diez horas en punto, dio inicio en Motul el Primer Congreso Obrero Socialista. Se realizó en el viejo teatro de la ciudad, a cuyo entarimado habían subido tres mesas corrientes y doce sillas alquiladas a algún vecino. Las paredes estaban limpias: sin adornos, ni retratos, ni letreros alusivos. No hubo música ni confeti. Era una reunión plebeya, un encuentro de trabajadores.

Y en el mismo tono directo, sobrio y austero, Felipe dijo las palabras inaugurales:

> Gracias por haber concurrido a esta población. Yo, como motuleño, me siento orgulloso porque Motul es la primera ciudad del estado de Yucatán que celebra un congreso de trabajadores... Tengo la convicción de que aquí no vamos a pasar el tiempo con discursos llenos de palabras sin sentido y literaturas vanas, sino que venimos con el propósito de trabajar por el mejoramiento de todos los coasociados. Espero que habremos de cumplir nuestra misión trabajando, mientras dure este congreso, dieciséis o más horas diarias si esto fuere preciso.

Lanzada la amenaza sobre la duración de las jornadas, el presidente del partido propuso el nombramiento de una comisión de cinco miembros para coordinar los trabajos. Estos empezaron por revisar las acreditaciones de los asistentes, de lo que resultó que estaban presentes ciento cuarenta y cuatro delegados provenientes de todas las regiones del estado. A continuación, se nombró la mesa directiva del Congreso, cuyo presidente —electo por unanimidad— fue Felipe Carrillo Puerto.

Nueve fueron los puntos destacados en la relación de temas a tratar: el primero se refería a los cultivos de las diferentes regiones del estado, el segundo a la integración de cooperativas, el tercero a la formación de escuelas nocturnas, el cuarto a la constitución de cajas de resistencia, el quinto a la formación de maestros socialistas, el sexto a la aceptación de la mujer obrera en las ligas de resistencia, el séptimo a las cuotas para el sostenimiento de la organización, el octavo a las medidas a tomar respecto de los trabajadores no ligados y el noveno al bienestar social. Puras cuestiones concretas.

El primero y el segundo temas, tocantes a la agricultura, se llevaron más de la mitad de los debates y motivaron las intervenciones más enjundiosas de Carrillo Puerto. Había razones: la mayoría de los delegados venían del campo y la cuestión alimentaria era prioritaria en Yucatán, donde la expansión del henequén había desplazado o inhibido las siembras de maíz, frijol y hortalizas, ocasionando severa dependencia externa de productos básicos.

Cuestiones vitales para la gente del campo, como la restitución de los ejidos y en general el acceso a las tierras usurpadas, también se tocaron. Aunque ciertamente al sesgo.

¿Por qué en Motul la cuestión agraria se encubrió bajo la cuestión agrícola y no se abordó de frente y al modo zapatista, como se haría un par de años después? Quizá porque Alvarado seguía siendo el hombre fuerte de Yucatán y su política era no afectar a los hacendados. Y también porque en un periodo de acumulación de fuerzas no era conveniente asustar aún más a los poderes fácticos, de por sí bastante alarmados por la creciente falta de respeto de los mayas hacia sus amos.

Sobre el primer tema hablaron Buenaventura Lizama, de Dzidzantún, y Enrique Jiménez, de Izamal, quien tituló su ponencia "Tierra y Libertad". Pero como le pareció que divagaban, Carrillo Puerto intervino para centrar la discusión:

> Hasta ahora no hemos comprendido bien lo que este punto significa. En la vida económica de todos los pueblos debe procurarse ante todo que los elementos de primera necesidad no sean importados. Y dado que ahora casi todo lo traemos de fuera, debemos preocuparnos porque nuestro suelo produzca cuanto consumimos, porque de esto depende la salvación de Yucatán... El estado de Yucatán, bien cultivado, será un centro de producción agrícola capaz de bastarse a sí mismo, puesto que se acabará con la tendencia de acaparar todas las tierras para sembrar sólo henequén.

Y tras del tema agrícola asomó la cola el tema social: "No existiendo el acaparamiento de tierra, desaparecerá el acaparamiento de los hombres, que dignificados no volverán a ser vendidos como esclavos o como simples bestias de labor".

Como alguno dijera que en su pueblo no tenían tierras para sembrar, el motuleño reviró:

> Me extraña muchísimo que haya personas que no sepan que se están reconstruyendo los ejidos. La Liga Central de Resistencia ha puesto una circular a todas las ligas del estado diciendo que los trabajadores no tienen que pagar un solo centavo a los propietarios de los terrenos.

Pero a Carrillo Puerto lo que más le preocupaba era dejar clara la importancia de recuperar la autosuficiencia alimentaria y convencer a todos de la necesidad de un cambio tecnológico que aumentara los rendimientos agrícolas a la vez que conservaba los suelos. En su argumentación, demostró que algo había aprendido en su parcela de Ucí, así como en sus meses de convivencia con los agrónomos de las Comisiones Agrarias de Morelos:

> Un mecate de chapeo demanda una jornada de trabajo en el centro y media en el oriente. Y después de pasar días enteros de trabajo sobre nuestras milpas, sacamos una cosecha tan insignificante que apenas alcanza para no morirnos de hambre; mientras que en el sur con el mismo trabajo tienen un rendimiento que da para cinco familias. Por eso cuando hacía propaganda por el oriente pretendí convencer a los trabajadores de que la única salvación para nosotros es procurar los sistemas intensivos. Convencerlos de que no debían quemar los montes en su totalidad y de que era mucho mejor que removieran las tierras, pues obtendrían dos ventajas: la primera es no consumir todas las materias de riqueza que la tierra contiene y la segunda consiste en que no haya un desperdicio perjudicial de madera…

Y Felipe encontró respuesta. Pedro Romero, un viejo y afónico campesino de Pustunich, expuso sucintamente en qué consiste hacer milpa:

Aunque mi voz no me ayuda, procuraré darme a entender del mejor modo. Voy a decirles lo que yo observo al hacer mis siembras de maíz y que siempre me ha dado buen resultado. Se siembra el maíz dejando dos varas de surco a surco y en medio se ponen los espelones, las papayas y otras cosas que son muy útiles. El maíz se siembra de cuarta en cuarta poniendo dos o tres granos en cada agujero y de esta manera veinticinco mecates dejan más provecho que si se sembraran cincuenta de puro maíz.

Enrique Erosa, de Yobaín, aprovechó para argumentar a favor del policultivo. "Yo creo que, al mismo tiempo que se siembra maíz, se puede sembrar el espelón, la papaya, el chile y otras cosas más…" Lo que le dio pie a Carrillo Puerto para insistir en la necesidad de recuperar la autosuficiencia alimentaria, pero con una producción agroecológicamente sustentable:

Hay muchas clases de plantas que se producían en nuestro suelo y que han desaparecido totalmente porque se abandonó su cultivo. En nuestras manos está fomentar de nuevo los cultivos desaparecidos, pero no haciendo lo que hasta hoy: destrozando la tierra, acabando con la que es nuestra madre, pues sin ella nada existiría.

Puestos a hablar de temas que dominaban, los congresistas se explayaron. Rafael de Kopomá recuperó saberes agroecológicos:

Por mi rumbo hay un viejecito que se dedica al cultivo intensivo, así como acaba de decir el señor Carrillo. El primer año se ocupa en cercar el terreno y desmontarlo, después se va haciendo la siembra en surcos y se ponen en cada agujero dos o tres granos de maíz. Cuando se levanta el fruto se procura hacer un chapeo en la época de lluvias, para que todo el *sahcab* o caña de maíz quede en el terreno y reciba la lluvia que ayuda a que se pudra y sirva de abono a la tierra; después se da una ligera quemadita para evitar la humedad que pueda quedar. El terreno así preparado sirve para cuatro o cinco años, dando muy buenos resultados las cosechas; después se deja para que se convierta en *hubché* y así se evita el gasto de dinero de hacer el *nohchac*.

Lo que saben hacer bien los hombres de la tierra es sembrar y las recién formadas ligas de resistencia estaban integradas mayormente por campesinos. ¿De qué iban a hablar en su primer congreso sino de cultivos?

Al entrar al segundo tema, referente al establecimiento de cooperativas, Carrillo Puerto pidió abreviar, pues se tenía poco tiempo, por lo que la comisión presentó directamente sus propuestas: en esencia, planteaba establecer desde ese momento cooperativas de consumo apoyándose en la Liga Central de Resistencia y, paralelamente, darles capacitación económica a las ligas locales para que fueran conformando cooperativas de producción. Entonces pidió la palabra Roberto Haberman.

Haberman era un judío rumano de treinta y cinco años avecindado desde muy joven en los Estados Unidos, país cuya nacionalidad tenía. Estudiante de leyes en la Universidad de Nueva York, en 1906 se había incorporado al Partido Socialista. Objetor de conciencia, cuando su país entró en la primera Guerra Mundial, en 1917, escapó a México como otros *slackers*. A Yucatán llegó comisionado por la Secretaría de Educación y recomendado por Modesto Rolland, a quien había conocido en Nueva York, donde éste radicaba como representante del gobierno de Alvarado en los Estados Unidos. Pronto el recién llegado se vinculó al partido de los socialistas, teniendo una participación destacada en el Congreso de Motul. Roberto contaba con una sólida formación en el marxismo, patente en una oratoria política notablemente ideologizada.

La intervención de Haberman fue muy larga, larguísima —se llevó él solo cerca del 15% del tiempo total del Congreso—, y aunque lleno de ejemplos, su discurso contrastó con los otros por ser extremadamente doctrinario. Sin embargo, los aplausos con que lo interrumpían indican que los delegados lo estaban escuchando.

Primero se refirió al internacionalismo: "Compañeros: ustedes han oído a don Felipe Carrillo hablar del gran peligro capitalista norteamericano. Esto es verdad, pero lo que ustedes necesitan hacer es unirse con el movimiento socialista del mundo entero... Los obreros de los Estados Unidos son también esclavos y están tan oprimidos como ustedes..." Luego habló de explotación:

¿Qué hacen esas gentes con el dinero que les roban a ustedes? Viven en las mejores casas, pasean siempre en automóvil, mandan a sus hijos a los mejores colegios y disfrutan de las mejores cosas que hay en el mundo... Ustedes hacen casas buenas y viven en chozas que no sirven ni para los animales, cortan las pencas del henequén y otros se quedan con las ganancias, pagan las contribuciones y no tienen escuelas para sus hijos, si se enferman no cuentan con doctores y para atenderse tienen que pedirles prestado a los compañeros...

¡Ustedes son el 90% y los que explotan son el 10 y es una vergüenza que siendo muchos más dejen que les roben a su mujer y a sus hijos!

Compañeros: hay un remedio para esta situación, ese remedio es el socialismo. Y un socialismo verdadero está compuesto de dos partes: el socialismo económico y el socialismo político. El socialismo que tenemos en Yucatán es un socialismo político, pero el económico que consiste en que toda la riqueza pública, los ferrocarriles, las tiendas y en Yucatán también los campos henequeneros pertenezcan a los obreros... eso no lo tenemos.

Al final habló de cooperativas, que era el tema a discusión. Dijo que una organización como el Partido Socialista de Yucatán necesita dinero y éste se puede obtener con las cooperativas, si éstas se manejan bien. Y como sería su costumbre, escaló la propuesta:

Así como hay una Comisión Reguladora del Mercado del Henequén, ustedes necesitan formar una Comisión Reguladora del Maíz y de otras cosas que consumen los obreros. Y si el Banco Agrícola tiene bastante dinero, la Liga Central puede comprar las mercancías de consumo cuando el precio es bajo, las almacena y, cuando suban, se las vende a ustedes a precios menores...

Terminó con el consabido fervorín:

El grito de los socialistas de Yucatán es ¡Tierra y Libertad!, y ya les he probado a ustedes que mientras tengan que trabajar para otro, la única libertad que tendrán es la de morirse de hambre.

Los trabajadores no tenemos nada que perder más que nuestras cadenas y, en cambio, ganaremos el mundo. Que se oiga el grito de todos los socialistas:

¡Trabajadores del mundo, uníos!

Haberman fue escuchado y aplaudido, pero, a diferencia de las intervenciones sobre agricultura, su oratoria no generó debate y sí una intervención (¿sarcástica?) del delegado de Kanasín, Manuel Gutiérrez: "Lo que yo he podido interpretar de lo que nos dice el compañero Haberman es que la única cosa que debemos hacer es unirnos".

Al final se leyeron las resoluciones sobre el primero y el segundo temas: la producción agrícola y las cooperativas, cuyo fondo implícito era la restitución de los ejidos y el acceso a la tierra. El último delegado en intervenir lo recordó: "El dictamen del primer tema será aprobado siempre que los ejidos no sean repartidos, pues nosotros queremos que los miembros del Partido Socialista sean como hermanos y no se tornen propiedades que vuelvan a constituir grandes propietarios y explotadores".

Los acuerdos fueron impulsar el cultivo de maíz y otras plantas que son base de la alimentación, empleando los métodos intensivos que aconsejan la ciencia y la experiencia. También se decidió que todas las ligas debían crear estaciones experimentales con parcelas demostrativas. Además de que se establecerían de inmediato las cooperativas de consumo y progresivamente las de producción. Este último resolutivo se recogió como venía en la ponencia inicial, pero añadiendo la frase: "... pues de esta manera se llegará a la finalidad última perseguida por el socialismo, es decir, que no haya explotadores ni explotados". ¿Haberman?

Las propuestas de las comisiones sobre los temas tres y cuatro: escuelas nocturnas para adultos y formación de cajas de resistencia para sostener las huelgas, se aprobaron casi sin comentarios.

La discusión del quinto tema, sobre la formación de maestros socialistas, fue una reedición abreviada y ya sin oposición conservadora de los debates sobre la Escuela Racionalista sostenidos en el Primer Congreso Pedagógico, realizado tres años antes en Mérida. La ponencia introductoria la hizo la maestra guanajuatense Elena Torres, fundadora de la primera escuela con el método Montessori de Yucatán, y aunque había estado ausente el día anterior, para ese tema se presentó en Motul José de la Luz Mena, el mayor impulsor de la revolución educativa en el estado, quien sostuvo que la escuela Normal Socialista que se proponía tenía como base la Escuela Racionalista sustentada en la libertad.

Además de la creación de la Normal, costeada por las ligas, se establecieron lineamientos para los maestros:

> Quedan suprimidas las denigrantes prácticas que se han tenido como buenas hasta hoy, y que consisten en exámenes, premios y castigos, diplomas o títulos obtenidos por esos medios; las aptitudes serán medidas con sólo la competencia que demuestren los alumnos en las prácticas que hagan en los medios normales que existen en la escuela y en la vida.

Luego llegó el momento de las mujeres. "El hombre ha sufrido la tiranía de las leyes y del capital. Pero la mujer no sólo ha sufrido la tiranía de las leyes y del capital, sino también la oprobiosa tiranía de los esposos, de los padres y a veces de los hijos. Sin embargo, los gobiernos anteriores no han querido darles significado a los derechos que tiene la mujer." Así introdujo el secretario de la comisión Gonzalo Ruz, de Valladolid, el tema de la incorporación de las yucatecas en las ligas.

La aceptación de mujeres en la organización de los socialistas se aprobó sin mayor debate, pero el énfasis del resolutivo estuvo en el derecho de ellas a votar y ser votadas. Para el caso se acordó "elevar un ocurso a la honorable Cámara del estado para que decrete que la mujer yucateca tiene derecho a votar y ser votada en las elecciones populares, teniendo en cuenta que si lo hace será el segundo estado que lo haga, pues ya Guanajuato concedió este derecho". La posibilidad de una controversia constitucional pensaban salvarla interpretando la ley. "Dado que no se consigna nada en nuestra Carta Magna, tácitamente se comprende que la mujer tiene derecho a las elecciones, porque expresamente no está prohibido", dijo Ruz.

Y las yucatecas utilizarían el resquicio para ocupar espacios políticos. Elvia Carrillo sería diputada, Rosa Torre regidora y Josefa García Figueroa se desempeñaría como asistente personal de Carrillo Puerto hasta el día en que fue fusilado. Ingreso de las mujeres a cargos públicos que continuó en los años de ascenso de los socialistas, de modo que en la votación de la XXVII Legislatura del Estado, realizada en 1923, fueron electas diputadas Elvia Carrillo, la maestra Raquel Dzib y la poetisa Beatriz Peniche, cuando en el país deberían pasar 30 años más para que por fin se reconociera el derecho de las mujeres a votar y ser votadas.

La discusión sobre el trato que deben dar las ligas a los no ligados se inclinó mayoritariamente por la propuesta de Carrillo Puerto en el sentido de que había que apoyar en sus demandas a los trabajadores, fueran o no miembros del partido, pero que era necesario tratar de reclutarlos. Sin embargo, hubo quien sostuvo que había que hostilizar a los no asociados: "Nosotros impondremos castigos a quienes falten a las ligas y debemos castigar severamente a los trabajadores que quieran permanecer desligados y trabajar en contra", dijo Juan Pablo Canché, de Motul. Y es que muchos delegados venían de comunidades tradicionales donde la democracia no admite minorías discordantes: o se logra el consenso o la minoría debe plegarse a la voluntad mayoritaria. Usos que en la perspectiva de la democracia liberal resultan inaceptables por excluyentes, pero que son habituales donde se vive conforme a usos y costumbres ancestrales.

Conocedor del santoral socialista, Haberman propuso que las ligas celebraran el día del trabajo y el centenario del nacimiento de Karl Marx, iniciativa que fue aprobada.

Al final varios delegados habían retomado en sus discursos la aplaudida crítica que en una de sus intervenciones había hecho Carrillo Puerto al fanatismo y a prácticas religiosas como llevarles velas a los santos. Lo que dio pie a que el encuentro no cerrara con las usuales consignas, sino con ironía y humor socarrón. Y es que al acordarse de que el siguiente Congreso sería en Izamal, alguien pidió que se les explicara a los delegados dónde quedaba ese pueblo, a lo que Felipe reviró: "No creo que haga falta explicarlo, pues tengo entendido que muchos de los socialistas que están aquí hasta hace poco iban a llevar velas y pagar misas a la Virgen que dizque hace milagros en esa ciudad..." Risas.

Dividido entre una cuestión programática: la necesidad de que Yucatán restableciera su soberanía alimentaria, de que las milpas retomaran los espacios que les había quitado el henequén y en última instancia de que los ejidos recuperaran las tierras que les habían arrebatado las haciendas, y ocho temas orientados al fortalecimiento del partido, de las ligas y de sus actividades económico-sociales: incorporar a las mujeres y exigir sus derechos, educar a los trabajadores adultos, capacitar maestros socialistas, formar cooperativas, establecer estaciones agrícolas, fijar cuotas..., el Congreso de Motul fue un éxito para el partido y fortaleció aún más el liderazgo de Carrillo Puerto.

Uno de los acuerdos a los que se llegó en el tema de la educación de los ligados fue la creación de un órgano informativo y formativo, un periódico que finalmente se llamó *Tierra*: nombre caro a los anarquistas, pero también a los zapatistas. El que sería su primer director, Ceferino Gamboa, narra una conversación con Carrillo Puerto en los descansos del Congreso.

—Creo, *Ixpil*, que además de que en nuestro local se hagan reuniones los lunes, donde haya actividades culturales y conferencias, la Liga Central necesita un periódico para los que saben leer. ¿Cómo ves?

—Dale, *boshito*. Y lo vamos a llamar *Tierra*, igual que las revistas de los anarquistas españoles y cubanos.

—¡Lindo nombre, *chel*! Yo me hice libertario leyendo a Ferrer Guardia en la revista *Tierra*, que llegaba de España.

—Y también lo llamaremos así en reconocimiento de los revolucionarios nuestros. No olvides poner en el periódico que de los magonistas y de los zapatistas tomamos el lema del partido: "Tierra y Libertad".

Ceferino se puso manos a la obra y el treinta de mayo de 1918 apareció el primer número de *Tierra*, un semanario de cuatro páginas que incluía caricaturas y a veces un poema, y que salía los jueves. En el primer número Domingo Balam, un ligado que representando a Mérida había participado en el reciente Congreso, escribió: "Tierra. He aquí una palabra verdadera que encierra en sí un ideal, por eso hemos escogido este nombre... Las ligas deben mandar a la administración de este periódico todas las noticias de sus trabajos. Así se pondrán en contacto todas las agrupaciones, dándose cuenta de la marcha de cada una de ellas". Ceferino Gamboa dirigió la publicación durante la primera época hasta el 27 de febrero de 1919, cuando la ofensiva carrancista que abatía al partido no permitió seguirla editando. Ya como revista, *Tierra* reapareció en mayo de 1922.

La preeminencia de lo campesino en el Congreso se tradujo también en el establecimiento de los Jueves Agrarios, días en que Felipe recibía a los ligados rurales en las oficinas de la Liga Central.

Además de presidente del Partido, el motuleño había sido elegido presidente de la cámara de diputados local. La legislatura entró en funciones casi en las mismas fechas en que se celebraba el Congreso de Motul, y, poco antes del encuentro, en febrero de 1918, Carrillo Puerto logró que los diputados emitieran un importante decreto prohibiendo la expansión de las siembras de henequén sobre tierras ejidales.

A fines de ese año solicitó permiso para ausentarse de su cargo legislativo, pues debía sustituir como interino al gobernador Castro Morales, quien había pedido una licencia para viajar a México. La suplencia, que se prolongaría por sucesivas ausencias del titular, duró 42 días, del 5 de septiembre al 24 de diciembre de 1918.

Las jornadas camerales de la XXV Legislatura resultaron muy intensas, pues en ese lapso Felipe se confrontó con el sustituto de Alvarado como jefe de operaciones militares, el general Luis N. Hernández, a quien le reclamó que invadiera la soberanía de la entidad al ordenar la intervención de los soldados en asuntos que no eran de su incumbencia. Era ésta una extralimitación de funciones que se volvió alarmante cuando Hernández empezó a desarmar a los campesinos hasta de sus rústicas escopetas de caza. Acción que, como se verá, resultaría costosa para los socialistas, pero con la que finalmente Carrillo y los suyos tuvieron que transigir porque, meses después, el 6 de enero de 1919, la decretó el gobernador Castro Morales.

Durante su suplencia en la gubernatura, el motuleño también envió al Congreso un proyecto de código laboral con reivindicaciones obreras avanzadas que Alvarado no incluyera en la Ley del trabajo expedida en 1915. Entre ellas se encontraban el derecho de huelga sin necesidad de arbitraje, la jornada de ocho horas, la semana de cinco días… Rápidamente aprobado por el Congreso, Carrillo Puerto publicó la Ley en el *Diario Oficial* el 16 de diciembre.

Lo que no consiguió fue el voto de los legisladores de su propio partido para una filosa iniciativa de Ley que pretendía otorgar a los municipios atribuciones agrarias que les hubieran permitido tramitar expropiaciones y dotaciones territoriales.

Una ley semejante se aprobó tres años más tarde, para escándalo de los hacendados.

"Rodó el precio del henequén"

Más allá de la habilidad de Alvarado para aprovechar la coyuntura internacional favorable al henequén a fin de amarrar acuerdos con los hacendados yucatecos, el hecho es que ya desde el porfiriato la relación entre los potentados de la península y el centro tenía elementos de tensión. Y es que, desde el principio del *boom*, la federación se quedaba con parte de la renta henequenera, exacción que se incrementó cuando el gobierno central fue ocupado por fuerzas revolucionarias urgidas de financiarse. Así, Madero aumentó impuestos e impuso préstamos forzosos y algo semejante hizo Carranza. Y aunque la federación se presentara con diferentes rostros, los finqueros yucatecos se sentían una y otra vez bolseados por los *huaches* del Centro.

No les faltaba razón. Luis Cabrera, que fuera secretario de Hacienda de Carranza, desnuda años después y con una franqueza infrecuente en política la verdad de la relación entre la federación y la península:

> El Centro necesita dinero para la Revolución y, a pretexto de emancipar a los esclavos, vinimos realmente a tomar el dinero de donde lo había, metiendo la mano en el bolsillo de Yucatán. Primero impusimos un derecho de exportación al henequén; es decir, tomamos una parte del trabajo de los esclavos, de quienes no volvimos a ocuparnos y que más tarde serían redimidos por los propios yucatecos.

Y la caída de los precios del henequén en la posguerra agudizó la contradicción entre el estado y el centro federal que las prácticas descritas por Cabrera generaban.

Así, en una coyuntura de crecientes e inocultables antagonismos, se iba desmoronando la estrategia de conciliación de clases con la que Alvarado había logrado imponerse sobre el entramado social yucateco. El fin de la primera Guerra Mundial dio término a la coyuntura favorable al sisal y desde principios de 1919 empezaron a declinar fuertemente los precios de la fibra y, con ellos, la eficacia económica y política de la Comisión Reguladora establecida por el sinaloense. Por consiguiente, casi al mismo tiempo que los trabajadores socialistas se reunían en Motul, los agroindustriales más poderosos se confabulaban en Mérida para conformar la Asociación de Hacendados Henequeneros, organismo patronal que exigía el fin del monopolio y el regreso al mercado abierto.

En respuesta a sus demandas, el sinaloense políticamente en declive propuso una reorganización económica que incluía abatir los costos de la fibra reduciendo las cuotas de transporte y los salarios, es decir, cargando el peso de la crisis sobre los hombros de los trabajadores y de Ferrocarriles Unidos de Yucatán, que era estatal. Propuesta socialmente inviable que ni el gobernador Castro ni Carrillo Puerto y su partido aceptaron. Pero la crisis estaba ahí y dio pie en octubre de 1919 a la inapelable instrucción centralista del presidente Carranza de desmantelar la Comisión Reguladora, reinstalando con ello el control de la International Harvester. Dicha restauración, junto con la recesión y empobrecimiento de los trabajadores, apuntaba a la reactivación del conflicto social.

Y las tensiones sociales estallaron violentamente en octubre de 1919. En el desenlace administrativo, favorable al viejo monopolio en retorno, sin duda fue decisiva la presión de la Asociación de Hacendados Henequeneros, pero la resolución se dio en el contexto de un creciente descontento popular resultado de una caída abismal de los precios de la fibra, que afectaba a todos los peninsulares cuya economía dependía directa o indirectamente de la derrama económica proveniente del henequén... es decir, a todos.

Salvo el grupo ligado a la Harvester y desplazado por Alvarado, tanto ricos como pobres se habían beneficiado en alguna medida de la bonanza henequenera y en la misma proporción fueron abatidos por el desastre. Y buscaron culpables: los productores africanos de sisal que le hacían la competencia a Yucatán, los "mexicanos" que habían sido llevados a la península en tiempos de alta demanda laboral y ahora pujaban por los pocos empleos, la Comisión Reguladora que pagaba con billetes que no tenían respaldo, el general Alvarado, el gobernador Castro Morales, los socialistas...

Escribe el poeta y novelista Miguel Ángel Menéndez, que entonces era niño:

> Rodó el precio del henequén. Hubo momentos en que ni cotización tenía. Todos mostrándose unos a otros billetes que habían sido moneda y que ya no tenían valor. Se iba de aquí para allá en busca de soluciones. Como no fuera vender barato el henequén o quemarlo, no las había. Estábamos en un callejón sin salida. La súbita pobreza, cuando se creía definitivamente alcanzada la prosperidad, produjo una reacción de odio en la colectividad. ¡Todos tenían la culpa de todo!

Lo más incendiario era la no intercambiabilidad del papel moneda, papeles de curso obligatorio respaldados por la Reguladora que desde 1914 se pusieron en circulación por órdenes de Carranza, ratificadas por Alvarado en enero de 1917. De manera que, siempre al servicio del monopolio contrario a la Reguladora que estaba interesado en que creciera el descontento popular, *La Revista de Yucatán* abanicó el fuego. Decía uno de los manifiestos que por esos días publicó:

> Al pueblo yucateco. A los obreros de las ciudades. A los jornaleros de los campos. A los dependientes de comercio. A la sociedad toda. ¡Exigid el importe de vuestro trabajo en moneda metálica! ¡No os dejéis explotar! *La Revista de Yucatán* os defenderá contra todos los abusos y contra todas las explotaciones...

Y en Mérida la gente salió a las calles... para caer en una trampa. Una de las demandas del monopolio henequenero era que el general Luis M. Hernández, quien había sustituido a Alvarado en el mando militar, sustituyera también en el gobierno a su valedor Castro Morales, cuya renuncia se pedía. Pero finalmente *Chalín* logró acuerdos con los hacendados respecto de la Reguladora y el papel moneda, de modo que ya no se le tenía que despedir... y por consiguiente Hernández tampoco necesitaba seguirle dando aire al movimiento. Al contrario, como representante que era de la federación, la nueva tarea del general era aplacarlo. Y para sorpresa de los meridanos del común, que lo habían visto como su salvador, el general lo aplacó. Así lo cuenta Menéndez:

Éramos niños; estábamos en la plaza mayor de nuestra Mérida; había en ella mucha, mucha gente; se pedía al gobierno que cambiara el dinero por algo para comer; salió al balcón del Palacio un general; contempló a la multitud que era un solo grito; hizo una seña; las tropas de la federación rodearon la plaza; de pronto, así de pronto, la balacera, que decimos en México; la balacera sobre el pueblo: Muertos, muchos; heridos, más. Fue el seis de octubre.

La situación económica y social era crítica y la vía diseñada por Alvarado para darle cauce a la cuestión del henequén había colapsado. El reto que enfrentaban los socialistas era conducir a Yucatán por otro camino. Por el camino que había trazado el Congreso de Motul.

Como era ya evidente en la carta que enviara a su hermano Acrelio desde Nueva Orleans, las transformaciones soñadas por Carrillo Puerto eran más profundas que las que estaba dispuesto a impulsar Alvarado. Pero la radicalización del proceso yucateco que se vivió desde 1917 no resultó tanto de la confrontación de sueños divergentes como de la coyuntura, pues con el fin de la bonanza henequenera se agudizaron las tensiones entre el capital y el trabajo. De ahí que la conciliación de clases cuidadosamente tejida por el sinaloense se volviera cada vez más insostenible, mientras que el conflicto se ponía en primer plano.

La crisis hacía evidente que la raíz de la confrontación ancestral entre mayas y hacendados estaba en la tierra y no en el salario —aunque los trabajadores también peleaban por la paga—, de manera que la solución de fondo a la injusticia social no era laboral sino agraria. Y la fórmula emancipatoria no podía ser otra que la de los zapatistas de Morelos: tierra y libertad. Consigna entrañable que el ex coronel de caballería del Ejército Libertador del Sur había traducido al maya: *Lu'um yetel Almehenil*, y adoptado como lema del partido de los socialistas yucatecos.

Alvarado frenaba las acciones agrarias ofensivas, como la toma de tierras que promovió Carrillo Puerto en Motul en diciembre de 1916. Pero desde 1917, en que éste ocupó la presidencia del Partido y de sus ligas, y sobre todo a partir del congreso de marzo de 1918, los socialistas impulsaron decididamente la lucha por la tierra incluyendo eventuales ocupaciones. Tan aumentó la presión agraria que mientras que en el mandato de Alvarado apenas se registraron 14 solicitudes de dotación —menos de cinco por año—, el gobierno de Castro Morales recibió 130, (26 anuales).

En la medida en que la contradicción territorial entre los trabajadores mayas y sus viejos amos se iba poniendo en primer plano, se iniciaba en sentido estricto el proceso revolucionario yucateco. Los acontecimientos peninsulares, que no habían sido más que reacomodos producto de la negociación entre el Centro y la oligarquía regional, con el pueblo como comparsa, derivaron desde 1917 en una efectiva y a veces violenta lucha de clases.

"Una de las principales causas del descontento del pueblo ha sido el despojo de los terrenos de propiedad común", reclamaban en una solicitud al gobernador los campesinos de la Villa de Espita, al noroeste de la península de Yucatán. Esto ocurría en agosto de 1918; un año antes Carrillo Puerto había visitado el pueblo, donde habló por más de una hora del derecho que los campesinos tienen a la tierra. Y los lugareños entendieron que se les autorizaba a ocupar y trabajar sus parcelas sin pagar renta al hacendado, como se hacía antes. Un viejo así lo veía: "Desde que eres miembro de la liga puedes usar la tierra sin pagar nada". Las palabras de Gonzalo Peniche, dirigente local que se había formado como propagandista del Partido Obrero durante el gobierno de Alvarado, expresaban claramente que los tiempos habían cambiado: "A los ricos los van a ver en la miseria y los pantalones de casimir bien planchados que usan los hacendados pronto ustedes los van a llevar puestos".

"EL VIEJO NO NOS QUIERE"

Informado por los terratenientes del ambiente de revolución social que privaba en la península, el presidente Carranza, quien había tenido que aceptar el reformismo de Alvarado con tal de no perder el control sobre el henequén y sus divisas, se fue con todo sobre el radicalismo de Carrillo Puerto.

Lo primero fueron instrucciones perentorias en el sentido de suspender el reparto de tierras. Así, el 7 de abril de 1919 se recibió en Mérida una comunicación de la Secretaría de Agricultura ordenando a sus dependencias de Yucatán que se dejara de fraccionar henequenales "porque dichos terrenos continuarán en poder de sus legítimos propietarios", con lo que el gobierno federal desautorizaba abiertamente la reforma agraria emprendida por los socialistas y sus ligas.

La orden de que no se siguieran afectando tierras con plantaciones de henequén dejó muy claro a los socialistas yucatecos que Carranza, al que llamaban *El viejo,* frenaría todo intento de llevar adelante las transformaciones revolucionarias que demandaban los trabajadores del campo. Los drásticos métodos que *El viejo,* estaba dispuesto a emplear para lograrlo se evidenciaron cuatro días después del comunicado, el 10 de abril, cuando se supo que Emiliano Zapata había sido asesinado en Chinameca. A Mérida la noticia llegó una semana más tarde.

—¡Mataron a Zapata, Felipe! Lo mataron a traición, le pusieron un cuatro... —el maestro Agustín Franco irrumpió en la siempre abierta oficina del presidente de la Liga Central, agitando un periódico—. Aquí lo dice, fue un coronel con mando de tropa, un tal Guajardo...

Carrillo Puerto, que dictaba una carta, saltó de la silla, despidió abruptamente a su asistente:

—Luego la terminamos, Josefa —le arrebató el periódico a Agustín y se puso a leer—. Fue el cabrón barbas de chivo, lo traía entre ojos —y señalando la foto del cadáver que acompañaba la nota, exclamó airado—: los *pelanás* se llevaron el cuerpo a Cuautla para exhibirlo como trofeo.

—¿Tú lo conociste cuando andabas en Morelos?

—No sólo lo conocí; el general Zapata me mostró el camino por el que hoy vamos marchando en Yucatán. Lo sentía como uno más de mis hermanos... —por unos instantes Felipe regresó a la larga plática con el general en Milpa Alta—. Y lo mataron sin que se le hiciera conocer el mar.

—¿Cuál mar?

—Nuestro mar; el Caribe... Un día te explico.

El periódico que contenía la noticia era el habanero *La Discusión,* que como otras publicaciones cubanas llegaba a Mérida antes que las editadas en la capital de la República. Y junto a la nota y las fotos de Mora, traía una carta del general Jenaro Amezcua, donde el representante del zapatismo en Cuba sostenía, después de analizar las imágenes, que todo era una impostura de Carranza, que el cadáver era de otra persona y que Zapata vivía: "Sigo en la firme creencia de que Zapata no ha muerto".

—¿Será cierto lo que dice el general; que ese cadáver es un impostor? —inquirió Franco.

—Amezcua es un buen hombre, participó en la Convención de Aguascalientes en representación de Eufemio Zapata y lo enviaron a los Estados Unidos y luego a Cuba para tratar de conseguir armas. Pero me temo que Zapata sí está muerto... como lo estaremos todos los revolucionarios auténticos si no sacamos pronto al barbastenango de la silla presidencial.

Tres meses después otro coronel, Isaías Zamarripa, era enviado por Carranza a Yucatán con la tarea de acabar con el socialismo peninsular y con su jefe Felipe Carrillo Puerto. El motuleño no fue muerto sino enviado al exilio. En cambio, un año más tarde Venustiano Carranza sería defenestrado y ejecutado en Tlaxcalantongo, con lo que la revolución yucateca tendría un respiro.

No obstante, durante la segunda mitad del año el conflicto rural se tornó violento. Alvarado, que pese a su tibieza había sido un parapeto, se ausentó definitivamente de Yucatán y el gobernador Castro Morales cedió pronto a las presiones de Carranza, dejando al Partido y a las ligas a merced de los comandantes militares, arietes de las políticas restauradoras que venían del Centro.

Y si la acción social de los socialistas era inadmisible para el primer mandatario, más lo agravió el que el 27 de junio publicaran un manifiesto apoyando la candidatura de Álvaro Obregón a la presidencia de la República, cuando el candidato de Carranza era el borroso Ignacio Bonillas: un embajador de México en Washington a quien llamaban "*mister* Bonillas" y de quien se decía que no hacía campaña porque estaba aprendiendo español.

La explícita adhesión del Partido y de las ligas a la candidatura de Álvaro Obregón no impidió que cuatro meses después, el 6 de octubre, en los momentos en que se enconaban los ataques carrancistas al reformismo yucateco, un grupo de obreros socialistas de la ciudad de México que se reunían en un local de las calles de Peña y Peña propusieran a Felipe Carrillo Puerto como candidato a la presidencia de la República. Extraña un poco más que, tres días después, el diario *Tierra*, órgano del Partido y de las ligas, recogiera la propuesta en un artículo al cabecearlo "El líder de los socialistas, Felipe Carrillo Puerto, candidato a la presidencia de la República".

Estas definiciones comiciales se referían a lo nacional. En lo local el encontronazo inminente eran las elecciones de noviembre para renovar la legislatura. Comicios en los que el carrancista y prooligárquico Partido Liberal de Yucatán, que había sido barrido por los socialistas en la elección anterior, esperaba recuperar la cámara montándose en la misma oleada conservadora que en el campo restauraba el poder y el control territorial de los hacendados.

También los socialistas hacían sus preparativos. El 4 de julio Carrillo Puerto emitió un comunicado convocando a que, dada la proximidad de las elecciones, "las ligas de resistencia empiecen a funcionar desde esta semana como partido político". Doce días después se cambiaba la directiva de la Liga Central, quedando Manuel Berzunza como secretario. Las fuerzas estaban dispuestas, pero la postura del presidente Carranza, la parcialidad del gobernador y el encono de la jefatura militar harían abismalmente asimétrica la competencia.

El general Hernández les había quitado a los campesinos las pocas armas que tenían, incluidos rifles de chispa que se usaban para cazar, y, a petición de los hacendados, vigilaba con tropa los henequenales. Pero Hernández quería permanecer neutral en los comicios locales que se aproximaban, mientras que Carranza le exigía que respaldara al Partido Liberal. Así las cosas, el presidente lo sustituyó por su subordinado el coronel Isaías Zamarripa.

Por esos días Carrillo Puerto hizo un viaje a la ciudad de México para buscar interlocutores en el gobierno carrancista dispuestos a desmontar en Yucatán lo que veía como una bomba de tiempo. No encontró respuesta. Así resume su impresión en una carta a su hija Dora:

> Viajé a México para ver de conjurar el conflicto que cada día se hacía más insostenible. Y a pesar de mis esfuerzos y razones, en lugar de mejorar, la situación del Partido Socialista empeoró. Porque los llamados directores de los asuntos públicos no entienden

nada... todo les parece obra de bolcheviquismo... se les ha olvidado que el pueblo los llevó al poder.

Y todo empeoró con la llegada de Zamarripa. El coronel, a
quien llamaban *El chacal*, debutó en Motul azotando públicamente en la plaza a un grupo de campesinos presuntamente re-
voltosos, con lo que adoptaba los tradicionales métodos punitivos
de las haciendas; además de que el ejército siguió expulsando a
los ejidatarios de las pocas tierras que les había entregado Alvarado. Y los afectados no podían ir con el gobernador a pedir
armas, como años antes Carrillo Puerto les había sugerido a
los de Umán, porque frente a las arbitrariedades del coronel el
ex ferrocarrilero Castro Morales volteaba para otro lado.

Así pues, regresaron a las haciendas la fajina, el pago con
vales, los castigos corporales... es decir, la esclavitud sin atenuantes que con Alvarado remitiera un poco. Con todo, en algunos lugares las ligas resistían y endurecían sus métodos de
lucha; así, en marzo de 1920 ardieron las haciendas de Ticopó,
Kantoiná, Nabanché, Hunkanab, Bella Flor, Santa María, Mul-
say, San Juan Kop, Yaxcacab, Itzincab y Tekik, entre otras.

En cuanto al partido, sus líderes fueron perseguidos, asesinados o encarcelados, mientras que los locales de las ligas y de
las tiendas cooperativas eran saqueados o incendiados. El 18
de diciembre, la tropa de Zamarripa tomaba el local de la Liga
Central. Cinco días después, pese a que un piquete de soldados
lo resguardaba, cuatro hombres ingresaban al establecimiento
y le prendían fuego. Las llamas purificadoras devoraron los muebles, la propaganda, los archivos...

Lo llamaron "cacería de socialistas"; un baño de sangre que
llevó a la clandestinidad al Partido Socialista, dejándoles el campo libre a los del Partido Liberal, que en unos comicios inter-
venidos por el ejército ganaron sin real competencia las elecciones de diputados de noviembre de 1919. Lo ocurrido en la
Sección nueve de Mérida es una muestra de cómo se forzaron
las urnas.

En la casilla 12 ubicada en la escuela Quintana Roo del barrio de Santa Ana, la votación era abrumadoramente favorable
a los socialistas, quienes conversaban animados mientras hacían
cola para sufragar. Llegó entonces el licenciado Prieto Tapia,
candidato liberal a la presidencia municipal de Mérida, y, lle-

vando aparte a los funcionarios de casilla, les exigió con amenazas que cambiaran la tendencia o nulificaran la votación. Ellos creyeron que eran habladas y siguieron como si nada. Poco después regresó el licenciado acompañado por Isaías Zamarripa y un piquete de soldados. Con mentadas de madre y a punta de pistola, el coronel amedrentó a funcionarios y votantes obligándolos a abandonar la casilla... En la Sección nueve ganaron de calle los liberales.

Tras la farsa electoral en que los liberales se alzaron con todo se intensificaron las tensiones políticas. Que se enconaban porque, previniendo un estallido, el ejército recorría los pueblos incautando rifles de caza, ilegalizando a las ligas y encarcelando líderes. Así contó *La Revista de Yucatán* lo ocurrido en la Villa de Espita:

> Cumpliendo instrucciones del mayor Isidro Rangel... ayer fueron despachadas ciento cuarenta armas de caza que fueron entregadas por ciudadanos pertenecientes al Partido Socialista. Y aquellos individuos al hacer entrega de las armas entregaban al mismo tiempo sus tarjetas rojas socialistas. La noche del jueves fueron encarcelados buen número de ciudadanos, quienes luego iban quedando en libertad después de entregar sus armas, las que iban a buscar a sus casas acompañados de un soldado de la federación. Con motivo de que la gente no entregó oportunamente sus armas... fueron encarcelados los ciudadanos Anastacio Chávez y José Arias, presidente y tesorero de la liga de resistencia, quienes también entregaron dos escopetas de caza y fueron puestos en libertad.

Antes de que el ejército irrumpiera en Espita, una misteriosa mujer, portadora de una carta de presentación firmada nada menos que por el presidente Carranza, había recorrido los pueblos de la región recolectando dinero para "construir un submarino cuyo modelo fue inventado por un ciudadano mexicano". En vista de lo ocurrido después, la gente pensó que la mujer del submarino había sido una señal, un mal augurio...

Entretanto, *Chalín* se había ausentado de nuevo, quedando como sustituto el socialista Enrique Recio, quien fue removido el primero de enero de 1920 por la nueva legislatura dominada por los liberales. Ésta nombró interino a Pedro Sánchez Cuevas, que el 12 de enero dejó su lugar al titular Castro Morales, quien para entonces había regresado a Yucatán. Pero dos semanas después el gobernador pidió de nuevo licencia, ocupando su lugar Francisco Vega y Loyo...

Decenas de socialistas yucatecos fueron enviados al penal porfirista de triste memoria ubicado en el fuerte de San Juan de Ulúa, en Veracruz, y algunos fueron a parar hasta Chihuahua. En comparación, a Carrillo Puerto le fue bien, pues el 15 de enero lo enviaron al exilio, pero no quedó preso. Escoltado por militares, Felipe fue llevado al puerto de Progreso, de donde salió rumbo a Veracruz y de ahí a la ciudad de México.

"LOS INVITO A DERROCAR EL RÉGIMEN CAPITALISTA Y BURGUÉS"

A mediados de enero de 1920, Felipe arribó a la capital, reencontrándose allí con su hermana Elvia, con exilados del Partido Socialista como Agustín Franco y con viejos conocidos como el rumano estadunidense Roberto Haberman. Particularmente importante fue su encuentro con la maestra guanajuatense Elena Torre, participante en los congresos feministas de Alvarado y en el congreso socialista de Motul y creadora de La casa del Bambini —primera escuela Montessori de Yucatán—, quien, debido a la represión carrancista ejercida desde el año anterior, había cambiado su residencia a la ciudad de México. Desde que llegó a la capital, Elena fungía como representante de los socialistas peninsulares y le sirvió de guía a Felipe en el abigarrado mundo del izquierdismo metropolitano.

Pequeña y frágil pero enérgica y explosiva, la maestra puso en contacto al socialista yucateco con el socialista michoacano Francisco J. Múgica, y a ambos los conectó con Alejo Lens, alias de José Allen, quien poco después, en agosto de 1919, sería uno de los fundadores del Partido Comunista Mexicano, pero que también —como después se supo— cobraba como informante de la embajada norteamericana en México.

Feminista militante, Elena, junto con la periodista suiza Brundin Thorberg Haberman, esposa de Roberto, formaba parte de un Consejo Nacional de Mujeres donde también participaba Evelin Trent Roy, esposa de Manabendra Nath Roy, originario de la India y uno de los principales impulsores de la debutante organización política de los comunistas. De modo que Felipe y sus compañeros pasaron del torbellino político de Yucatán al torbellino político de la capital del país, incorporándose como fundadores al primer partido en forma de los comunistas locales.

Eran días de calentura contestataria y, como muchos de sus camaradas, Felipe encendió su verbo. En una reunión de la Juventud Igualitaria formada por estudiantes y obreros de los barrios de Mixcoac y Tacubaya, pidió la palabra. "Los invito a todos —dijo— a firmar un pacto de sangre en que nos comprometamos a derrocar el régimen capitalista y burgués; a integrarse al Partido Comunista Mexicano; a establecer la dictadura del proletariado, y a realizar todos los postulados de la revolución social."

Una noche en que el abstemio Felipe rechazaba toritos de tequila en la sala de la mansión que Roy tenía en la colonia Roma, donde el indio y su esposa inglesa presentaban el libro *La India, pasado, presente y porvenir* (una apasionada denuncia del imperialismo de John Bull), el motuleño cayó en la cuenta de que sus camaradas —hombres y mujeres— formaban matrimonios en que ambos eran militantes: Roy y Evelin, Roberto y Brundin. "Y también los mexicanos —pensó—. El compañero Laborde, por ejemplo, anda con Concha Michel, la que canta y que es tan aguerrida como él." Su matrimonio, en cambio, era diferente y quizá por eso se había desgastado. "Si Isabel fuera como Evelin, como Brundin, como Concha", caviló, sin tener en cuenta que mientras él se codeaba con los bolcheviques internacionales en la capital, ella permanecía en Mérida cuidando de sus cuatro hijos...

Con la omnipresente Elena, que previamente había sido reclutada por Evelin, Felipe formó parte también del Bureau Latinoamericano de la Internacional Comunista. Aunque él sólo por algunas semanas, pues su creciente vinculación al laborismo y al obregonismo era difícilmente compatible con su militancia en la Comintern. Sin embargo, conoció por entonces a Mijaíl Borodin, representante de dicho organismo global, a quien trató de convencer de que la Rusia soviética, que estaba empeñada en industrializar el campo, debía comprar henequén peninsular para los hilos de engavillar trigo.

Porque Felipe estaba convencido de que la Revolución regresaría a su estado y entre otras cosas consiguió que, pese a que era contrario a la participación electoral, el incipiente Partido Comunista publicara un manifiesto en apoyo al Partido Socialista de Yucatán. El comunicado apareció el 6 de enero de 1920 y ahí, después de denunciar la represión carrancista, los intransigentes se deslindaban de todo asomo de reformismo peninsular: "No estamos de acuerdo, sin embargo, con su política de apoyar a tal o cual partido burgués. La política burguesa nos desvía del camino recto hacia la emancipación social y económica de los obreros".

Fueron definiciones como éstas las que provocaron el distanciamiento de Carrillo Puerto con los comunistas y con su naciente partido, pues él sabía que la recuperación revolucionaria de Yucatán dependía de un cambio en la correlación de fuerzas a escala nacional. Mudanza favorable que se conseguiría si el aspirante a la presidencia, el general Álvaro Obregón, derrotaba a Ignacio L. Bonillas, el candidato de Venustiano Carranza a sucederlo en el ejecutivo federal. Y en esta jugada de ligas mayores el minúsculo y sectario Partido Comunista no contaba. En cambio, la Confederación Regional Obrera Mexicana y su brazo político, el recién fundado Partido Laborista, ambos afiliados al obregonismo, sí podían inclinar la balanza.

—Pero Morones es una fichita —le decía un compañero del Partido Comunista—. ¿Sabes lo que quiere decir CROM?...

—Confederación Regional...

—No. CROM quiere decir Cómo Roba Oro Morones... y, al revés, Más Oro Roba Calles... Obregón roba menos, pero es porque sólo tiene una mano.

—Puede ser, camarada, pero yo pienso en Yucatán. Ahí los reaccionarios nos tienen contra las cuerdas y para cambiar las cosas necesitamos aprovecharnos de los políticos nacionales que pesan... El general Obregón está preparando una revolución contra Carranza. Entonces debemos ir con los obregonistas al campo de batalla, lanzar nuestro plan comunista y transformar la revolución política en revolución social.

—¿Y los principios?

—Éstos son los principios.

Pensando en lo que más convenía a su estado, Carrillo Puerto acudió a recibir al general sonorense a principios de febrero de 1920, cuando éste llegó en campaña a la capital. Y, acompañado por Haberman, participó en el mitin que los cromistas y los laboristas le organizaron en el teatro Hidalgo. Ahí Luis Napoleón Morones, líder de la Confederación y del partido, armó un discurso demagógico y de mal gusto, en el que anunciaba que el día en que el candidato, ahí presente, "volviera su espada contra las aspiraciones populares", los laboristas "se la romperían y lo herirían hasta ponerlo fuera de combate". Obregón, quien seis meses antes había pactado secretamente la adhesión del laborismo a su futura campaña, y lo había convenido precisamente con el líder que tan airadamente lo retaba, simplemente sonrió.

"Se vio mal Napoleón —comentó Felipe con Roberto—, no puedes apoyar a un candidato y al mismo tiempo amenazar con matarlo si te traiciona." En cambio, el discurso de Obregón, quien dijo que "mientras el penal de las Islas Marías esté lleno de hombres cuyo único delito es robar un pan, en México no habrá justicia", le pareció adecuado: "Va a ser un buen candidato. Y en su campaña está recorriendo el país, cosa que no hacía nadie". "Más le vale y más nos vale —redondeó Roberto—, porque *El viejo* está dispuesto a todo con tal de que los sonorenses no lleguen a la presidencia y de paso acabarnos de fregar en Yucatán."

Días antes, aprovechando que Plutarco Elías Calles estaba también en la ciudad de México, Felipe se entrevistó con él exponiéndole con dramatismo la situación que vivían los socialistas peninsulares. "Atentados que no tienen precedente en la historia de México", le comentaría más tarde Calles al también obregonista gobernador de Sonora, Adolfo de la Huerta.

DE SAN FRANCISCO A NUEVA YORK

En la primera semana de marzo de 1920, Felipe fue a Zacatecas, entidad gobernada por el obregonista Enrique Estrada, donde en representación de los socialistas yucatecos participó en la Convención del Partido Laborista que tuvo lugar en el Teatro Calderón. Ahí se encontró con el tabasqueño Domingo Ramírez Garrido, magonista, maderista y cabeza de los revolucionarios de la Chontalpa que libraron a su estado del huertismo. Terminada la Convención, el yucateco y el tabasqueño decidieron viajar a Saltillo, Coahuila, donde el 12 de marzo Obregón, que venía de Piedras Negras, realizaría un mitin de campaña. Después del acto Ramírez Garrido le ofreció al general el apoyo del radicalismo tabasqueño y Felipe el de las ligas de resistencia del Partido Socialista del Sureste.

Definitivamente comprometido con la candidatura del sonorense, Felipe ya no regresó a la ciudad de México, sino que salió de Saltillo rumbo a la frontera para emprender un largo recorrido por los Estados Unidos. Su intención era conseguir apoyos para el socialismo yucateco, pero también para una campaña electoral en curso que se anunciaba explosiva dado que el presidente Carranza había decidido frenar a Obregón a como diera lugar. El viaje fue de costa a costa y de gran intensidad, como puede verse en el diario que por esos días escribió Felipe:

> El veintiuno de marzo llegué a Los Ángeles, California, estando ahí dos días. El veintitrés a las diez de la noche seguí a San Francisco, donde conocí al jefe de la delegación socialista, quien me animó a llegar a Chicago para hablar con la matriz del Partido Socialista de los Estados Unidos. Después de contarles nuestros trabajos a los compañeros de San Francisco, el viernes tomé el tren para Chicago, habiendo llegado el lunes treinta y uno.

En la ciudad industrial norteña Felipe conoció por primera vez la nieve, el frío y el viento cortante que viene del lago Michigan. Una tarde caminó por Hull House, el barrio de los mexicanos que habían llegado a trabajar en el ferrocarril, las empacadoras y las siderúrgicas. Ahí se entrevistó con el antropólogo y reformador educativo socialista Frederick Starr, que conocía México y había escrito dos libros sobre el país. Después conversó con los dirigentes partidistas.

> El dos de abril visité al secretario del Partido Socialista, Adolph Germer, quien escribió dos cartas, una para Obregón y otra para mí, tratando en ellas sobre la realización de una conferencia socialista entre México, Cuba, Canadá y los Estados Unidos. En la noche los compañeros del Club Libished Político de Chicago me obsequiaron con una cena en el restaurante North American. Ahí hablé más de una hora sobre nuestro México en peligro y sobre Yucatán.

Trotando de una reunión a otra y durmiendo poco, Felipe aún se dio tiempo para escribir en los periódicos. Así relata lo que hizo el 3 de abril:

> Para el Partido Socialista de Chicago redacté un artículo de ocho páginas sobre México y sobre nuestras ligas de Yucatán, que se publicará en varios periódicos. En la tarde visité a la señora Maltes, de la Federación de Iglesias Protestantes, habiendo obtenido de ella la oferta de ayudarnos desde sus periódicos a contrarrestar los periódicos intervencionistas. También me dio libros antialcohólicos. Por la noche fui invitado a una cena que se daba al señor Hardihe, quien dio una conferencia sobre las miserias de la India inglesa y pidió ayuda a los estadunidenses para hacer la independencia de su tierra. Luego me suplicaron que yo hablara y no me hice del rogar.

El 7 de abril, Felipe salió de Chicago rumbo a Nueva York, donde lo recibieron Julius Gerbert, secretario local del Partido Socialista, y Dan Hogan, secretario del partido en Huntington Oeste, además de Listen Berg y un tal señor Kansas. Esa tarde visitó las oficinas del periódico socialista *New York Call*.

"Estuve en la noche en el Club Socialista Central Ejecutivo, en donde se reunieron más de doscientos delegados de diferentes asociaciones. Ahí hablé y me aplaudieron en varias ocasiones."

El 9 de abril siguió dialogando con activistas revolucionarios y le dio una entrevista a Paul Hanana para el *New York Times*. El 10 tuvo un encuentro con el cónsul soviético en Nueva York, con quien retomó el tema que ya había tratado meses antes en México con Mijaíl Borodin: la posibilidad de exportar henequén a Rusia: "Estuve conversando con el cónsul y con el jefe del departamento de finanzas por más de hora y media. Tratamos de todo, especialmente del henequén que ellos necesitan porque producen mucho trigo. Les ofrecí la información escrita que tenemos sobre nuestras ligas y expresaron interés en conocer su organización".

El viernes 11 en la mañana no lo dedicó directamente a la política, sino a los recursos técnicos que podían ser útiles para potenciar la propaganda socialista en Yucatán. Felipe conocía lo que Manuel Cirerol había filmado durante el alzamiento de Argumedo y los documentales que había hecho para el gobierno de Alvarado, y pensaba que el cine podía servir para el trabajo educativo en las ligas:

> Salí a buscar los aparatos cinematográficos para dar exhibiciones y tomar películas. No habiendo encontrado exactamente lo que deseaba, resolví que el lunes preguntaría de nuevo por ese equipo, así como por una planta eléctrica pequeña, en las direcciones que un empleado de la Mexican Importing & Exporting Corporation me va a proporcionar.

Después de recorrer comercios especializados en busca del equipo que necesitaba, trató de contactar al presidente de la Asociación Antialcohólica de los Estados Unidos, y al no encontrarlo concertó una cita para el sábado. Después de una mañana poco provechosa, Felipe regresó al hotel a comer y en la tarde, congruente con uno de los temas mayores del Congreso de Motul, se entrevistó con cooperativistas estadunidenses:

> Pasé a las oficinas de la Asociación Cooperativa de América. Tuve ahí una agradable y satisfactoria entrevista con el doctor Warbasse, presidente de dicha organización, con el señor Black, socialista de credencial y gerente de las tiendas cooperativas al por mayor de los Estados Unidos, y con el señor Sivansich, encargado de publicidad, quien quedó de procurarme espacio en la prensa para algunos artículos míos y de entrevistarme personalmente más tarde en el hotel. Salí muy complacido con el ofrecimiento de Warbasse de que nos ayudaría en todo, ya fuera con material de propaganda o de publicidad, y buscaría el modo de que las cooperativas de Yucatán tuvieran intercambios de productos con las de los Estados Unidos. Además, me dio todo el material que distribuyen sobre cooperación y algunas hojas sueltas que me recomendó traducir al español.

Regresó al hotel a cenar y ya había oscurecido cuando se trasladó a una junta de la Unión Federada Central, donde le pidieron que tomara la palabra. Sin embargo, "debido a lo noche que era y para no abusar de los delegados", declinó la invitación. Regresó al hotel y, a pesar de que en su cuarto no había una hamaca, durmió tan profundamente como lo hacía en Motul cuando era muchacho.

En algún momento de su estancia en Nueva York, Felipe abrazó a su hija Dora, que ahí estudiaba. En ese fugaz reencuentro descubrió que la *ninia* ya era grande y se podía hablar con ella de política. El viaje de regreso a México fue más rápido que el de ida, pues lo hizo en barco.

El 23 de abril de 1920 el general Obregón, candidato a la presidencia; Adolfo de la Huerta, gobernador de Sonora; Plutarco Elías Calles, comandante militar de dicho estado, y otros muchos militares y civiles proclamaron el Plan de Agua Prieta, por el que desconocían al presidente Carranza y se alzaban en armas.

Para entonces Carrillo Puerto había regresado a México y estaba en Zacatecas. Y, como era previsible, se sumó de inmediato a la esperada rebelión, incorporándose a las fuerzas que comandaba el general Enrique Estrada. Fue así que, combatiendo al carrancismo por el rumbo del Cañón de Juchipila, tuvo que desempolvar la experiencia militar adquirida como coronel de caballería zapatista.

En una carta a su hija Dora, quien seguía en Nueva York, Felipe relata una de las batallas que tuvo lugar el 27 de abril:

> Las fuerzas del gobierno derrotadas por las nuestras ascienden a mil doscientos soldados muy bien pertrechados, mientras que nosotros con trabajos éramos cuatrocientos, pero eso sí muy animados y entusiastas. Porque estábamos en muy buena posición, sólo tuvimos cinco heridos que ya se encuentran bien. Todos en esta población estamos muy contentos por las noticias de que en toda la República los que desean su libertad se han levantado como en tiempos de las dictaduras de Díaz y de Huerta.

El regreso del optimismo al ánimo de quien meses antes había sido desterrado por Zamarripa se trasluce cuando le comenta a su hija lo increíble que le parece que "en Yucatán estemos haciendo lo que en Europa se está llevando a cabo dolorosamente, al implantarse el gobierno del pueblo para el pueblo que son los soviets rusos". La semejanza entre las organizaciones de base del Partido Socialista del Sureste y los soviets ya la había señalado el agente de la Comintern Charles Francis Phillips en un informe sobre organizaciones obreras en México, donde dice que "las ligas son como potenciales soviets... sólo les faltan las armas". Observación final que en la perspectiva de lo que ocurrirá en 1923 resulta visionaria.

A menos de un mes del inicio del alzamiento, Carranza moría asesinado en Tlaxcalantongo y el Congreso nombraba a De la Huerta presidente provisional. El Plan de Agua Prieta había triunfado. De inmediato, en junio, el nuevo gobierno retribuía el apoyo que había tenido de los remanentes del zapatismo promulgando la Ley de Tierras Ociosas por la que los terrenos de labor que no cultivaran sus propietarios se declaraban de utilidad pública. Por esos mismos días, Carrillo Puerto emprendía el regreso al Yucatán de los henequenales abandonados por incosteables y del generalizado desempleo, donde el tabasqueño socialista Tomás Garrido Canabal había sido designado gobernador provisional por el presidente De la Huerta. En cuanto al otro bando, *Chalín* había escapado a Cuba con un puñado de carrancistas peninsulares.

De paso por la ciudad de México de camino a Veracruz, donde embarcaría rumbo a Progreso, Felipe habló con Haberman de sus reafirmadas convicciones zapatistas y ahora también callista-obregonistas: "De hoy en adelante haremos lo que el general Calles hizo en Sonora —le dijo—. Entregaremos armas y tierras a los indios. Nunca nos arrebatarán nuestros derechos por segunda vez".

"El gobierno se gana en las calles y en las urnas"

El 18 de junio, tras algo más de medio año de ausencia, el exilado regresó a su tierra. Y fue un retorno apoteósico y conmovedor. Decenas de vagones del ferrocarril, movilizados con ese fin y repletos de ligados de Tixkokob, Izamal, Tepakán, Hunucmá, Maxcanú, Umán, Halachó y otros pueblos, se vaciaron en los muelles de Progreso. Ahí una multitud bullente en la que dominaban el blanco de la manta que vestían y el rojo del triángulo emblemático que flameaba en sus estandartes recibió en triunfo a *Yaax ich*, al Carretonero de Motul, a *suku'un* Felipe, al presidente de los socialistas, al dirigente de las ligas, al líder ya indiscutible: Felipe Carrillo Puerto.

Tres años después, cuando con un puñado de compañeros trataba de escapar del general golpista Ricárdez Broca pensando que una vez derrotado el delahuertismo podrían regresar en triunfo a su estado, es seguro que Felipe tenía presente este recibimiento. Pero la historia no se repite y la segunda vez no hubo escape exitoso ni regreso triunfal.

Al tiempo que retornaba a Yucatán, salían de la clandestinidad o de la marginalidad los que fueran candidatos a diputados socialistas y habían sido impedidos por la ofensiva carrancista de llegar a la Cámara, y de inmediato ocuparon las curules aún tibias que los liberales en fuga dejaran vacantes. De la capital del país arribó también Enrique Recio, un socialista alvaradista que había suplido a Castro en la última de sus ausencias. Recio, quien había sido desconocido por los liberales, traía a su regreso un nombramiento de gobernador interino que el Congreso del estado le hizo bueno sin más trámites.

Los socialistas retornaban o se reposicionaban en Yucatán, con todo el apoyo del nuevo gobierno federal y con el respaldo o cuando menos la neutralidad de la tropa local encabezada por el general Antonio Medina. Nada más fácil para ellos que ocupar los espacios desertados por los contrarios creyendo que de esa manera tomaban realmente el poder. Indignado, Carrillo Puerto calificó el oportunista reacomodo de "cuartelazo político", de traición al pueblo: "El gobierno no se arrebata, se gana en las calles y en las urnas", reclamó.

Felipe también había sido candidato a diputado, pero rechazó la curul mal habida que le ofrecían. En cambio, publicó un manifiesto lleno de advertencias:

> El gobernador del estado, Enrique Recio, tiene el apoyo de nosotros los socialistas porque es miembro del Partido Socialista; pero si por cualquier motivo no cumple con la ley, nosotros con mucha pena protestaremos. La vieja amistad y la seguridad de su noble proceder hicieron que yo indicara al señor presidente que el señor Recio era un hombre digno y capaz de coadyuvar a la obra revolucionaria…

El final era una severa admonición: "Recio tiene el ejemplo de cómo fracasan los malos gobernantes, los que se dejan dominar por la adulación de politicastros. Recio sabe que el poder es de la voluntad popular; será, pues, el único responsable de su actuación".

Y como se temía, Recio se dejó seducir por los conservadores de siempre, que habían rebautizado al Partido Liberal Yucateco como Partido Liberal Constitucionalista y ahora en lo nacional apoyaban a Obregón. Lo hizo, entre otras cosas, nombrando unilateralmente autoridades municipales en momentos en que los liberales estaban en posiciones de fuerza e incluso armados, pues Zamarripa les había entregado 3 000 rifles Winchester, mientras que los socialistas golpeados y desarticulados aún no salían de su postración. En esa coyuntura llegó a la alcaldía de Mérida el chapulín Miguel Alonzo Romero, quien había pasado del Partido Socialista al Liberal con el argumento de que el proyecto partidario alvaradista había sido traicionado por Carrillo Puerto.

Pero durante su exilio el motuleño había estrechado su relación política con la plana mayor del obregonismo ahora gobernante. Y la hizo valer. En carta a Obregón, manifestó su rechazo al espurio Congreso local y señaló que Garrido Canabal, que lo reconoció, y Enrique Recio, que aceptó ser reconocido, estaban siendo engañados. "A mí me repugnaría grandemente pertenecer a un Congreso repudiado por la opinión pública: no puedo aceptar esa transgresión al derecho del pueblo, por más que haya sido hecha por nuestros amigos." A Calles le dijo que lo ocurrido era un "verdadero cuartelazo político" y que el mando militar federal mantenía la línea carrancista de acosar a los socialistas. Al senador socialista por Yucatán Antonio Ancona Albertos le pidió que intercediera en la Cámara para remediar la situación.

Y sus gestiones tuvieron éxito, pues el 26 de junio la Cámara de Senadores determinó la desaparición de poderes, designando al senador Ancona como encargado del gobierno y responsable de organizar de inmediato la elección de diputados federales.

Los comicios se realizaron en agosto y esta vez por la vía del voto los socialistas llegaron a las curules. Entre ellos Felipe Carrillo Puerto, quien ganó con 6 419 votos por 1 881 del candidato liberal. Fueron electos igualmente su hermano Benjamín, Manuel Berzunza, Edmundo G. Cantón y Felipe de Ávila, entre otros. Al Senado llegó el también socialista José Inés Novelo.

Desde fines de 1920, en que se incorporó a la XXIX Legislatura del Congreso de la Unión, hasta fines de 1921, en que se postuló como candidato a la gubernatura de Yucatán, Carrillo Puerto marchó por dos carriles: su activismo en la capital de la República como legislador y su activismo en Yucatán como presidente del partido y de la Liga Central.

El 10 de diciembre, Carrillo Puerto llegó a la capital federal en uno de los frecuentes viajes que hacía desde Yucatán, y al día siguiente le pidió audiencia al general Obregón, quien lo recibió una semana después. Uno de los temas que el diputado llevó a la reunión con el presidente fue la inconveniencia de que la federación le cobrara al gobierno de Yucatán los préstamos concedidos por Carranza al gobernador Castro, "que tuvieron como única aplicación favorecer la campaña de Bonilla". Otro asunto abordado fue la pertinencia de reorganizar la Comisión Reguladora del Mercado, con vistas a "defender nuevamente la industria henequenera y por consiguiente los intereses fiscales del estado".

En la Cámara de Diputados federal, en cambio, había enfrentamientos. Los mayores eran con el ex socialista y ahora liberal Alonzo Romero, quien, además de cuestionar la legalidad de la elección de Carrillo Puerto y sus compañeros de partido, insistía en denunciar que habían traicionado el proyecto inicial de Alvarado.

Como es habitual en la derecha, Romero lanzaba acusaciones sin fundamento publicadas en comunicados que reproducían algunos periodistas de los diarios capitalinos. El libelo que con el encabezado *El bochevismo criminal de Yucatán* firma Anastasio Manzanilla es representativo. Ahí se lee: "Como se ve, el canibalismo ha llegado a su máximo grado, los bolcheviques arrancan trozos de carne a dentelladas; los carrillistas beben en jícaras la sangre de los del Partido Liberal..."

Tomando el término de José Ingenieros, quien hablaba de una 'Internacional Capitalista', en una carta al escritor argentino Carrillo Puerto se refiere a la prensa que lo insultaba: "Los periódicos que componen la Internacional Capitalista me atacan de continuo, llamándome bolchevique. Y, sí, bolchevique soy porque detesto el régimen capitalista".

Las acusaciones de traición al alvaradismo lanzadas por Romero dieron pie al motuleño para exponer con notable nitidez su visión del proceso yucateco. Dijo en la Cámara:

La Revolución llegó verdaderamente a Yucatán encabezada por el general Alvarado. El sinaloense comenzó por decretar la libertad de los trabajadores que estaban esclavizados en las haciendas al tiempo que fomentaba la Comisión Reguladora del Henequén, que hizo más ricos a los ricos y transformó en menos de dos años a la península yucateca. Nos aprovechamos de ese momento para implantar el Partido Socialista, que lleva en sus ideales la libertad política pero también la libertad económica. Inmediatamente que nos pusimos a la cabeza de ese partido, todos los trabajadores del campo del estado de Yucatán se nos unieron. Porque hay que advertir, señores diputados, que el Partido Socialista no ha venido de las ciudades de Yucatán, no ha ido de las ciudades al campo sino del campo a las ciudades.

En su desconocimiento del gobierno de Carranza, Obregón había tenido el apoyo de lo que quedaba del zapatismo morelense después del asesinato del líder, de manera que al triunfo del Plan de Agua Prieta los que habían estado cerca del Ejército Libertador del Sur ocuparon espacios políticos relevantes. Uno de ellos era Díaz Soto y Gama, diputado en la misma legislatura que Carrillo Puerto. Y fue él quien hizo público el paralelismo que comenzaba a evidenciarse entre el proceso morelense iniciado en 1911 y el proceso peninsular iniciado en 1917. "Vengo a esta Cámara con el mejor de los títulos: haber sido zapatista —dijo el diputado en su defensa de Carrillo Puerto— Y ser zapatista en Morelos equivale hoy a ser socialista en Yucatán."

También en las calles había debate. El 26 de septiembre de 1920, apenas llegado Carrillo Puerto a la capital, le tocó participar en un mitin que tuvo lugar en el Zócalo, animado por oradores que peroraban desde el balcón del Palacio Nacional, sobre el que ondeaba la bandera roja y negra del proletariado. Lo que convocaba a la gente que se había congregado era protestar por el alto costo de la vida, exigir la formación de una Comisión Reguladora del Comercio y demandar la reglamentación de los artículos 27 y 123 de la Constitución.

En 1913, a su paso por la ciudad de México, Felipe había cruzado una plaza mayor arbolada; ahora en el lugar de los árboles había jardineras donde departían familias y se abrazaban parejas. Domingueros que, junto con los que esperaban el tranvía frente al Monte de Piedad, miraron sorprendidos hacia el balcón donde, bajo una bandera nunca vista en ese lugar, unos gesticulantes oradores arengaban a la pequeña multitud que se había reunido ante la Puerta Mariana.

Desde el balcón y tomándose del barandal, Felipe miró la vertiginosa explanada, mucho más grande que su Plaza Independencia, tomó aire y empezó su discurso en tono mayor, como para que los curiosos se acercaran:

¡Ya basta de palabras! En vez de pedir pacíficamente la reglamentación de los precios hay que romper las puertas de las tiendas y saquearlas. En vez de pedir a la Cámara de Diputados que reglamente el 27 y el 123 hay que dinamitar su recinto y dinamitar el Senado, porque el Congreso es un inútil revolcadero de holgazanes, una cloaca de vividores. Hay que dinamitar el Palacio Nacional, eterna cueva de ladrones y dictadores.

Y como comenzaran a repicar las campanas de la catedral, reviró: "En lugar de tocar esas campanas deberían bajarlas y fundirlas para hacer con ellas monedas de cobre y repartirlas al pueblo". Ya encarrerado, cerró con una ravacholesca convocatoria: "Hay que volar con bombas el Palacio Arzobispal y la Catedral, que son nidos de víboras".

En diferentes versiones, esto es lo que dijeron los periódicos que había dicho Carrillo Puerto en la plaza mayor. No obstante, el motuleño los desmintió días después en una carta aclaratoria publicada en *El Universal*: "Debo decir de una vez por todas que no me retracto ni me retractaré jamás de cuanto diga y haga. Pero igualmente debo advertir que la información dada sobre mi discurso malévolamente hace mías palabras que no he pronunciado".

En todo caso, los discursos de ese día desde el balcón presidencial fueron incendiarios. El también diputado Manlio Fabio Altamirano llamó a "avanzar por los derroteros del comunismo"; Luis N. Morones, del Partido Laborista, atacó airadamente a la prensa vendida, y Luis L. León sostuvo que la única vía revolucionaria era la marcada por Lenin: "Dar un paso adelante aboliendo el capitalismo".

Meses después, Felipe y su oratoria se trasladarían al para él entrañable estado de Morelos. El domingo 3 de abril de 1921 un grupo de activistas del Instituto de Ciencias Sociales convocaba a un mitin en el Teatro José María Morelos, donde se hablaría de "los sistemas avanzados de organización para alcanzar el aniquilamiento de los parásitos sociales". Esto decía el programa, donde entre otros oradores se anunciaba a Carrillo Puerto, a los laboristas Luis N. Morones y Juan Rico, y al "connotado líder ruso Edward Nasech".

A las 10 de la mañana se inició el evento en un teatro medio vacío y con la noticia de que los participantes no eran los anunciados, sino Carrillo Puerto, Roberto Haberman y un estadunidense de apellido Stephens. El primero en hacer uso de la palabra fue Stephens, que no hablaba español y a quien tradujo Haberman, mal y con acento extranjero. El discurso fue largo y a la media hora, cuando argumentaba que en Morelos habían resuelto un problema agrario que ni en Rusia eran capaces de solucionar, uno de los asistentes se levantó de su asiento preguntando a gritos si el orador era ruso. Haberman aclaró que no, que era estadunidense. Pero el provocador, de nombre Nava Rojas, los acusó a gritos de ser extranjeros embaucadores e invitó a los asistentes a abandonar el lugar. En ese momento Felipe tomó la palabra para tratar de meter orden, pero para entonces el salón estaba casi vacío.

Los socialistas no se arredraron y al día siguiente a las 7 de la noche, en el Jardín Juárez, convocaron otro mitin en el que el primer orador ya no sería el gringo Stephens, sino Ricardo Sarmiento, secretario de la Comisión Agraria local. En su intervención Sarmiento exaltó el trabajo agrarista y cooperativista de Carrillo Puerto en Yucatán. Pero en cuanto éste tomó la palabra, Nava Rojas, que otra vez estaba ahí, se subió a uno de los asientos y lo interrumpió a gritos apoyado por sus seguidores, que había distribuido estratégicamente. Felipe le contestó, exhibiéndolo como reaccionario; los concurrentes favorables a los oradores comenzaron a manifestar con insultos su repudio a los que provocaban; se armó la trifulca y las familias que disfrutaban del anochecer en el parque escaparon despavoridas.

El asunto escaló hasta el presidente de la República, a quien el provocador hizo llegar por escrito su denuncia: "En meeting socialista efectuado hoy, Carrillo y Stephens intentaron sedición. Stephens amenazó con intervención y asamblea indignada abandonó teatro y pide la aplicación del 33", es decir, del artículo de la Constitución que permite expulsar del país a los extranjeros indeseables. "La derecha está perdiendo posiciones y por eso provoca y radicaliza su discurso… No sólo se endurece en el sureste, también aquí en el centro", le habrá comentado Felipe a Roberto mientras regresaban de Cuernavaca.

En el cargo desde diciembre, el presidente Obregón necesitaba el reconocimiento de los Estados Unidos y pensaba que el muy moderado Samuel Gompers y su organización sindical, la American Federation of Labor, podían cabildear por su gobierno en el vecino país. Con este propósito, el 10 de enero de 1921 la Confederación Regional Obrera organizó en la ciudad de México un Congreso Panamericano al que asistieron delegados de Puerto Rico, Cuba, Guatemala, El Salvador, Colombia, Santo Domingo y la Federación estadunidense representada por Gompers. Este último habló efectivamente de la conveniencia de que su país reconociera al gobierno mexicano. Que es lo que se buscaba.

Cercano a los laboristas, Carrillo Puerto participó en el Congreso y, en imprudentes intervenciones, sostuvo que lo importante era hacer la Revolución y que si no se podía pacíficamente habría que hacerla por las armas… Exabrupto que no tuvo mayores consecuencias, pues los traductores censuraron prudentemente sus palabras, de modo que el viejo cigarrero inglés vuelto líder sindical amarillo nunca se enteró de lo que ese tipo alto estaba diciendo…

Pese a su evidente cercanía con los obregonistas y con el laborismo, que eran su esperanza para recuperar Yucatán, Carrillo Puerto seguía deslumbrado por la reciente revolución bolchevique y apesadumbrado por las guerras y el hambre que padecía el pueblo ruso, por lo que a fines de 1920 se las arregló para hacer llegar alimentos y medicinas al asediado gobierno de los soviets.

Y en lo local nunca rompió su relación con los comunistas, así que en 1921, cuando llegó a la capital el agente soviético de origen estadunidense Richard Francis Phillips —conocido también como Frank Seaman y como Jesús Ramírez, a quien durante su exilio del año anterior había tratado en su calidad de secretario de Borodin—, Carrillo Puerto aceptó la invitación a reunirse con él en una cena en casa de Diego Rivera a la que también estaba invitado Haberman.

Felipe y Roberto se vieron en el Hotel Royal, donde el primero se alojaba durante los periodos de sesiones de la Cámara de Diputados, y caminaron rumbo al Zócalo, hacia el estudio que el pintor tenía en los altos del ruinoso edificio donde había estado el antiguo Colegio de San Gregorio.

—¿Quién es este Rivera? —preguntó Felipe.

—Es un pintor de Guanajuato que estudió en Europa y hace poco se lo trajo de Italia Vasconcelos... Dicen que anda detrás de *La pingüica* Rivas Cacho, una chaparrita que trabaja en el Teatro Lírico.

—¿Pero es comunista o qué?

—Parece que sí.

La misión de Phillips era impulsar la Internacional Sindical Roja, como alternativa global al claudicante laborismo de Gompers. En México este último movimiento estaba representado por la Confederación Regional Obrera con la que los socialistas yucatecos tenían estrechas alianzas. Una cercanía política que sin duda Phillips conocía. Con todo, la conversación fue intensa, fraterna y con muchas coincidencias... aunque sin compromisos específicos.

—Las intenciones de Phillips y de los rusos son buenas y parece que Sen Katayama se va a hacer cargo de la oficina en México —comentó Roberto en el camino de regreso—. Tú, ¿cómo ves?

—Estoy de acuerdo con que sería bueno que en todas partes hubiera un sindicalismo combativo, radical; un sindicalismo rojo como el de nuestras ligas en Yucatán. Pero, en lo internacional, ésta es una jugada de los rusos contra la corriente de Gompers, contra el "sindicalismo amarillo" del que habló Phillips... Y a nosotros nos conviene seguir aliados con la American Federation of Labor...

—Pues sí. Y aunque Gompers anda coqueteando con Debs y los comunistas estadunidenses, de los rusos no quiere saber nada.

—Tú me conoces, Roberto; entre los amarillos y los rojos mi corazón está con los rojos. Pero nuestra revolución en Yucatán necesita aliados nacionales de peso.

—Es decir, los cromistas y los laboristas...

—Los cromistas, los laboristas y sobre todo Obregón y Calles, que en el mundo del trabajo acuerdan con Morones. Involucrarse en estos momentos con la Internacional Sindical Roja es romper con la Confederación, pero también con el secretario de Gobernación y con el presidente de la República... Y de plano no nos conviene.

—Después de todo, gracias a ellos nos libramos de *El viejo* y de *El chacal* Zamarripa...

—Y con su simpatía o de menos su neutralidad, lo que ya sería bastante, vamos a ganar las próximas elecciones y vamos a hacer la Revolución en Yucatán...

Meses después, cuando en el Congreso de Izamal el Partido Socialista del Sureste discutió la posibilidad de adherirse a la Tercera Internacional, su resolución reflejó la misma postura que Felipe había sostenido ante la propuesta de Phillips de que las ligas se adhirieran a la Internacional Sindical Roja:

> Nuestro partido adoptó como lemas desde hace tiempo nueve de los postulados de la Tercera Internacional y los socialistas simpatizamos con todos los movimientos encaminados a la transformación social, pero por lo mismo preferimos no afiliarnos a una corriente específica. El Partido Socialista del Sureste y el Agrario de Campeche no se adhieren a la Tercera Internacional de Moscú.

Pese a ser diputado federal, Carrillo Puerto seguía presente y activo en la península, para lo que tuvo que pedir cuando menos tres permisos en la legislatura. Y en Yucatán el golpeteo también era intenso. Poco después de las elecciones, el 9 de noviembre, Felipe sufrió el segundo intento de asesinato de su accidentada vida política.

Una noche, Guillermo Pot, también conocido como *El oscuro*, fue sacado subrepticiamente de la Penitenciaría Juárez, donde purgaba una larga pena. Su tarea era matar al presidente del Partido Socialista, quien a esas horas presidía una asamblea de la Liga Central.

Al llegar al lugar del evento *El oscuro* se confundió con la concurrencia y cuando estuvo cerca del estrado sacó una pistola para disparar sobre el hombre alto que moderaba los debates. Felipe, al verlo de reojo, recordó a Arjonilla, y aunque estaba armado se pasmó. Sus compañeros, que también se percataron del gesto y de la pistola, se le fueron encima al presunto homicida... Sin duda detrás de *El oscuro* —a quien años después encontrarían apuñalado en los arrabales de Mérida— estaban otros oscuros: una oligarquía henequenera que ahora sí temía por su futuro. Para 1920 Carrillo Puerto se había vuelto un hombre muy peligroso.

Otros acontecimientos importantes fueron la renuncia de Ancona Albertos a la gubernatura y su sustitución, primero por Hircano Ayuso y luego por Eladio Domínguez. Domínguez sólo gobernó cuatro días, tiempo necesario para que el Congreso local modificara la Constitución reduciendo la edad mínima legal para acceder al cargo de gobernador, lo que le permitió ocupar éste al diputado federal y destacado socialista Manuel Berzunza, de sólo veintiocho años, pero que ya había sido secretario del Partido en los tiempos difíciles de Zamarripa. Llamado por sus amigos *El licenciado*, debido a su talante protocolario y formalista, Berzunza fue el primer gobernador plenamente identificado con el nuevo proyecto socialista; de ahí que en muchos aspectos su gestión se anticipara en cometidos a la de Carrillo Puerto, que lo sucedería en el cargo.

El primero de octubre de 1921 Berzunza convocaría a las elecciones de gobernador y diputados que debían realizarse el 6 de noviembre. Pero antes de estos decisivos comicios el Partido Socialista realizó su segundo congreso; un evento programado en el de Motul y largamente pospuesto por el golpe de Zamarripa y los conflictos posteriores entre socialistas, liberales y alvaradistas.

Felipe, que estaba en la ciudad de México en abril, viajó a Mérida ese mes para una estancia corta, regresó a la capital en mayo y en junio se fue de nuevo a su estado, donde permaneció durante julio y agosto para la preparación y realización del Congreso, que se llevó a cabo del 15 al 20 de este último mes en Izamal. Sin embargo, a diferencia de lo ocurrido en el primer encuentro, en el segundo prácticamente no participó en los debates, que, no obstante, fueron muy relevantes.

"La finalidad comunista…"

Izamatul, la ciudad maya histórica donde están enterrados el brazo derecho, la cabeza y el corazón del sabio Zamná; el lugar al que conducen todos los *sac-bés* del sureste; Izamal, la población sagrada hacia la que van los blancos caminos de piedra caliza que construyeron los antiguos, fue el lugar elegido tres años antes, en el encuentro de Motul, para realizar el segundo encuentro de los socialistas. Pero si el primero significó un mayor distanciamiento entre el alvaradismo declinante y el carrillismo emergente, para el segundo la ruptura ya se había consumado tomando la forma de una expulsión.

En abril, en una magna convención realizada en el Circo Teatro Yucateco, donde estuvieron representantes de todas las ligas, se acordó que Carrillo Puerto sería el candidato del partido para la gubernatura 1922-1926 y que Salvador Alvarado, Enrique Recio y cinco personas más "quedaban expulsadas del seno del Partido Socialista de Sureste, como malos elementos y criminales contra el movimiento obrero, por intentar crear un cisma en nuestras filas".

Depurada la organización, ya podía realizarse en armonía el segundo congreso, que arrancó el 15 de agosto de 1921 a las 9:50 de la mañana en el Teatro Izamal. Se acreditaron ciento setenta y dos delegados, veintiocho más que los que llegaron a Motul.

Entre los asistentes, además de los yucatecos había representantes de ligas de Campeche y Quintana Roo, de modo que el que había sido Partido Socialista de Yucatán ya podía llamarse legítimamente Partido Socialista el Sureste. Sin embargo, al tratarse de tres estados diferentes, se decidió conformar una federación de ligas animadas por un mismo proyecto político, pero provistas de autonomía orgánica. En el caso de Campeche existía un partido con vida propia, el Partido Socialista Agrario, lo que no ocurría en Quintana Roo, aunque en las actas del Congreso hay cuando menos una mención a un Partido Socialista de Quintana Roo.

En sus palabras de apertura y refiriéndose a las críticas de la prensa mercenaria, Felipe comentó que muchos delegados las ignoraban porque no sabían leer ni escribir, y más adelante dijo que intervenía en maya porque "es un hermoso idioma", pero también porque algunos no hablaban español. Lo que deja ver que, si bien en el partido había maestros, unos cuantos profesionistas y un grupo de gente leída que asumía responsabilidades que demandan cierta educación formal, su base mayor eran las ligas integradas mayormente por mayas analfabetas y representadas por ligados del común, muchos de ellos también ágrafos. Hay que tener presente esta condición plebeya cuando se vea lo elaborado, especioso y visionario de las conclusiones a las que estos iletrados llegaron.

Llama la atención sobre la irradiación nacional de un zapatismo que en su origen se había circunscrito al centro y sur del país el que el más importante evento de definición política revolucionaria de Yucatán y del sureste haya tenido en la conducción a dos ex combatientes del ejército zapatista morelense: Carrillo Puerto, que fue electo presidente, y Miguel Cantón, que fue electo secretario. La vicepresidencia recayó en Juan Rico, militante de la Confederación Regional Obrera y principal enlace de los socialistas con el laborismo.

Los temas fueron 14: sobre la fidelidad de los socios, sobre un posible consejo federal de ligas, sobre la reelección, sobre el perfil de los representantes, sobre los preceptos de moral societaria, sobre la política de financiamiento, sobre los fines comunistas del partido, sobre medios para socializar la riqueza, sobre la socialización de los servicios públicos, sobre el tiempo en el cargo del presidente del partido, sobre la autopostulación a puestos públicos, sobre la federación de las ligas del Partido Socialista del Sureste y el Partido Socialista Agrario de Campeche, sobre la elevación del nivel económico y moral de los socialistas y sobre el ingreso a la Tercera Internacional.

Más allá del orden del día, un asunto recurrente fue el deslinde respecto de los falsos socialistas a quienes por traidores acababan de expulsar. En su discurso inaugural Carrillo Puerto se refirió a ellos sin nombrarlos: "Tendremos ocasión de hablar de individuos funestos; de esos individuos enamorados del poder que sólo trabajan para imponerse". En otro momento los llamó "enemigos del pueblo que nos han causado mucho daño". Finalmente se deslindó: "Si bien es cierto que algunos funcionarios públicos olvidaron que las ligas les dieron su voto, otros tenemos la frente erguida y la cabeza en alto". Y es que Salvador Alvarado, Carlos Castro y Enrique Recio habían sido gobernadores presuntamente socialistas que traicionaron el ideal.

Juan Rico fue más prolijo:

El socialismo en la península no ha triunfado. Muy por el contrario, se halla frente a una reacción muy poderosa... Es verdad que en Yucatán se ha logrado ya un principio de mutación social, supuesto que ocupan la dirección de los negocios públicos hombres del partido. Pero se ha cometido un error fundamental, el de suponer muerta la hidra, cuando no está más que ligerísimamente herida. Por si eso no fuese bastante, se permite el acceso al partido a los que por momentánea conveniencia se adhieren a las nuevas ideas, pero que en realidad están dispuestos a la traición... Los líderes obreros no deben seguir de ninguna manera el rumbo de los políticos de profesión... el pueblo emancipado no quiere colocar nuevos amos sobre sus espaldas... Para llegar a la meta los trabajadores no pueden imitar servilmente al Estado capitalista, sino crear otro nuevo.

Una de las iniciativas aprobadas dice al respecto:

En la cuestión política tenemos la convicción de que es necesaria la acción popular encaminada a conservar la unidad de mando. No pasa inadvertido, sin embargo, el cúmulo de ambiciones personales que nace al aproximarse la época electoral, así como las maniobras e intrigas, a veces muy repugnantes, que se ponen en juego para obtener cargos de elección.

En consecuencia, el Congreso estableció que "los socialistas no deben autopostularse para los puestos públicos" y en el mismo sentido acordó "no aprobar las credenciales de compañeros que traten de reelegirse en los cargos de elección popular". El tema reaparecía una y otra vez en la discusión. Un delegado decía: "Es necesario entender que los cargos no son recompensa de servicios prestados a la causa...". Otro abundaba: "Efectivamente, quienes se autopostulan se exhiben como ambiciosos vulgares que se han afiliado al partido para asaltar los puestos públicos y lucrar con ellos..." Los socialistas, que habían comprobado en carne propia lo mucho que el poder deslumbra, seduce y corrompe, trataban de protegerse de esa maldición.

En Motul se habían reivindicado los derechos de las mujeres: el de participar en el partido como en las ligas y en particular el de votar y ser votadas, pero en el de Izamal el tema del género ni siquiera aparecía en el orden de prioridades. Así las cosas,

Elvia, Rosa y sus aguerridas compañeras tuvieron que abrirse paso y prácticamente tumbar la puerta, pues en un primer momento la comisión revisora de credenciales las dejó fuera:

"Después de haber estudiado las credenciales de las delegadas de la Liga Feminista Rita Cetina Gutiérrez, la comisión resuelve: no son de aceptarse dichas credenciales..." Algunas cabezas se movieron afirmativamente, pero en general hubo estupor. ¿Cómo era posible que por una formalidad las mujeres fueran excluidas del mayor acontecimiento político del partido y de las ligas? Y empezaron los gritos: "¡No! ¡No! ... ¡Que se vote!" Puesto a votación, el dictamen que dejaba fuera a las mujeres fue el único rechazado por el pleno: "Por mayoría de votos se acepta como delegadas fraternas con voz y sin voto a la señora Elvia Carrillo y a la señorita Rosa Torre; asimismo, a las señoritas Aurora Albán y Rita Maojeda, por la Liga Feminista de México".

Ganada la primera batalla, siguieron las demás. En el discurso inaugural Felipe había denunciado que a la mujer se la obliga a casarse con un determinado hombre y a firmar un contrato en el Registro Civil, cuando el amor debe ser libre. Pero el presidente del partido no volvió a ocuparse del asunto. En cambio, Elvia y Rosa presentaron una iniciativa en el tema XIII, que los encargados abordaron con sorprendente acuciosidad seguramente porque en la comisión había diferencias.

"Hemos leído detenidamente la iniciativa —dijeron—, y como la comisión considera deber suyo estudiar concienzudamente el problema femenino, acudimos a la ciencia." Para empezar, revisaron el libro *La inferioridad mental de la mujer*, de Hippolyte Taine, donde se concluye que, como el peso del cerebro de ellas es menor que el de los hombres, éstas son mentalmente inferiores; el argumento no los convenció. Luego recurrieron al ensayo de Arthur Schopenhauer titulado *Del amor, la mujer y la muerte*, que les pareció una crítica sesgada que buscando arrancar una sonrisa del lector en realidad denigra a la mujer. En cambio, del libro *La mujer*, del socialista August Bebel, les pareció valiosa la tesis de que, reconociendo sus derechos y mediante una educación integral, la mujer puede aportar tanto como el hombre a las tareas de la emancipación.

En consecuencia, la comisión concluyó que la iniciativa de Elvia y Rosa era "digna de tomarse en consideración". Y esta-

bleció que, "alejándose de lirismos, los hombres que han abrazado las ideas de renovación y reforma social están obligados a
prestar su contingente a la labor de libertar a la mujer de los
prejuicios sociales y de la esclavitud del hombre". Así pues,

> en consideración a las resoluciones del Congreso de Izamal, el Con-
> sejo de las ligas deberá salvaguardar los ideales feministas, pres-
> tando su contingente valioso de ayuda a las obreras del campo que
> por sí mismas tratan de reivindicarse. De modo que se alejen para
> siempre de los hogares y los centros de trabajo los prejuicios socia-
> les y religiosos que forman la cadena con que han sido esclaviza-
> das las mujeres.

No estaba mal para una resolución acordada en un congreso
con ciento setenta y dos delegados y sólo cuatro delegadas (fraternas), y si pasamos por alto la idea —muy notoria en el resolutivo— de que la emancipación de las mujeres es tarea de los
hombres. En fin...

La ruptura con el alvaradismo no era sólo cuestión de personas y de opciones inmediatas, puesto que incluía también la
voluntad de ir más allá de su horizonte político e ideológico: el
de un capitalismo con armonía de clases que en Yucatán se traducía en mantener el régimen de haciendas y con ello —pensaban— las bases del racismo y la esclavitud. El nuevo socialismo yucateco necesitaba un nuevo sueño y de esbozarlo se
ocuparon las ponencias y los debates de los temas siete y ocho:
"Las finalidades comunistas de las ligas y los medios para lograr-
las". Y, como veremos, tanto el planteamiento del asunto como
los resolutivos se inspiraron ampliamente en lo que en términos de reformas estructurales estaba ocurriendo en la debutante República de los Soviets.

Para la comisión dictaminadora, formada por Agustín Franco, Diego Rendón y Negib Simón, era claro que el primer tema
atendía al programa máximo, a lo que llamaron "nuestras utopías". Su objetivo era "forjar el ideal al cual tenderán todos los
esfuerzos del Partido Socialista", sin encerrarse en los límites
del "actual momento histórico" e inspirándose en la "teoría
marxista".

Y en unos cuantos párrafos formularon el altermundismo
maya del siglo xx:

La finalidad comunista que desde el punto de vista agrario deben perseguir las ligas de resistencia es la expropiación de la tierra sin indemnización de ninguna especie, efectuándose la explotación de ella por los habitantes de la misma...

La finalidad comunista desde el punto de vista industrial es la expropiación sin rescate de los elementos de la producción industrial en beneficio del Estado Proletario; estos elementos deberán ser explotados por los trabajadores y para los trabajadores.

La finalidad comunista desde el punto de vista del reparto de la producción es la supresión del intermediario, que deberá ser sustituido por el intercambio entre productores.

En otro punto se agregó: "Que el gobierno socialice los servicios públicos, desempeñados hasta ahora por empresas privadas, como tranvías, luz y fuerza eléctrica".

Pero enunciar los objetivos estratégicos no era suficiente: también hacía falta "estudiar y fijar los medios para que la riqueza agrícola e industrial del estado vaya pasando a manos de las Ligas de Resistencia", es decir, a manos del pueblo organizado. Debatieron entonces "el paso que hoy se puede dar, la aplicación práctica en el actual momento histórico de las finalidades comunistas ya establecidas".

Y resolvieron que el problema económico social más grave que enfrentaba el estado era la crisis de la producción de henequén; un cultivo que, dado su bajo precio a raíz del fin de la guerra, los hacendados iban abandonando, dejando con ello baldías gran parte de las tierras. Era, pues, urgente reactivar una agricultura de la que dependían el empleo y el ingreso de la mayor parte de los yucatecos. Y como eso no era posible mientras las tierras fueran de los hacendados, era necesario recuperarlas por compra o expropiación y entregarlas a las ligas, que con el apoyo del gobierno reanimarían la producción y con ella la vida de la región peninsular.

En el Congreso de Motul se había hablado de la vuelta al maíz y en general de estimular y mejorar la producción de alimentos, mientras que años después, cuando el cultivo agroindustrial estaba de capa caída, el acento se ponía en reactivar al henequén. Sin duda Carrillo Puerto tenía muy presente el ejemplo de Emiliano Zapata, a quien un lustro antes, en Villa de Ayala, había escuchado convocando a recuperar la milpa que nos da

de comer, pero también llamando a potenciar la industria ca-
ñero-azucarera que nos procura ingresos. Y tanto en Morelos
como en Yucatán el fondo del asunto era el régimen de tenen-
cia, la nefasta "propiedad privada de los medios de producción",
como habían aprendido a decir los socialistas peninsulares, la
cual en el campo significaba latifundio y esclavitud.

A eso precisamente había regresado Felipe a Yucatán; a aplicar en la península el Plan de Ayala zapatista. En tiempos de
Alvarado aún no era posible hacerlo, pero en la nueva circuns-
tancia era posible y necesario. La diferencia estaba en que en
1916 el derecho de los campesinos no era ley; en cambio, ahora el artículo 27 de la nueva constitución establecía que la tierra
debe ser de quien la trabaja, de manera que la tarea inmediata
era reglamentar el artículo constitucional a fin de facilitar el
trascendental cambio de manos.

"En la península urge darle nuevo impulso al campo —dice
el resolutivo del tema ocho—, por lo que es de utilidad pública
la ocupación de todas las haciendas que no se cultiven, dentro
de un término que una Ley fijará, para que éstas sean fomenta-
das por los trabajadores bajo la dirección de las ligas de resistencia."

Con todo, la radicalización del artículo 27 era una tarea nacional, por lo que se acordó

> enviar a todo el país propagandistas de los ideales comunistas de
> nuestro Partido Socialista, para conseguir que lleguen al Congre-
> so de la Unión representantes convencidos que reformen el artí-
> culo 27 en el sentido de que puedan ser expropiadas las tierras
> y los elementos de explotación industrial sin rescate de ninguna
> especie, porque debe devolvérsele al pueblo lo que originalmente
> fue suyo y lo que le fue arrebatado.

El resolutivo concluye ratificando, cuatro años después de
la firma de la nueva Constitución, lo que el zapatismo radical
—disminuido tras la muerte de Emiliano— había sostenido antes de 1917: "La reforma de la Constitución debe ser en el sentido de que se puedan expropiar sin rescate todos los elementos
de la producción agrícola e industrial, quedando abolida la propiedad privada. Tierra y Libertad. Izamal, dieciocho de agosto
de 1921".

El último tema del Congreso, acerca de si los socialistas del sureste debían adherirse o no a la Tercera Internacional, se ubicaba en un intenso debate mundial entre diferentes convergencias de izquierda, tanto políticas como gremiales. La Tercera Internacional o Cominterm, constituida en Rusia en 1919 al triunfo de la Revolución, era en 1921 una fuerza emergente y atractiva por provenir de la "patria del socialismo", pero estaban también los socialdemócratas de la Segunda Internacional y en el frente sindical los laboristas. Y para una federación regional de partidos socialistas locales la decisión era difícil.

La comisión formada por Juan Rico, Méndez Blengio y Luis Torregrosa presentó un informe prolijo y documentado de la situación de la revolución mundial: "Rusia iniciando una nueva etapa en la era de las luchas por la emancipación del proletariado", pero también Alemania, donde los traidores "disparaban sus armas criminales sobre la multitud comunista que militaba en las falanges organizadas por el infatigable Karl Liebknecht y la esforzada Rosa Luxemburgo". Y de igual manera se informó sobre Francia: "Hoy un inmenso cuartel", y sobre Italia, Austria, Polonia, Inglaterra, España, los Estados Unidos, la India, Japón, Egipto, Argentina, Uruguay, Chile, Guatemala, El Salvador...

El informe concluía que "la Revolución está en curso. No es Rusia el único país que está sufriendo transformaciones. Entonces, ¿por qué adherirse a la Tercera Internacional y no patentizar un más amplio criterio, diciendo que el movimiento obrero de Yucatán está de acuerdo con todo el obrerismo organizado del orbe?"

Elegante indefinición tras de la que se oculta la política de alianzas de los socialistas, quienes en México deseaban seguir contando con el respaldo de la Confederación Regional Obrera Mexicana, a la que las ligas se habían adherido, y del Partido Laborista, que era su brazo político, mientras que en lo internacional querían conservar el apoyo de la American Federation of Labor, de Samuel Gompers, quien si bien por esos años coqueteaba con el Partido Socialista liderado por Eugene Debs, era francamente opuesto a la línea de Moscú. En Yucatán los representantes del cromismo eran Samuel Yúdico y Juan Rico, este último colaborador cercano de Carrillo Puerto y miembro de la comisión que presentó el informe internacional.

En el gobierno federal en turno, el aliado más próximo de los socialistas era Plutarco Elías Calles, secretario de Gobernación vinculado al cromismo y al laborismo, a quien el Congreso había acordado enviar un telegrama solicitando que "[influyera] en presidente a fin procure cesen atropellos que fuerzas federales hacen víctimas a los trabajadores". A saber si Calles intercedió por ellos, pero es evidente que para eludir los golpes del ejército podía ser más útil el secretario de Gobernación que la Tercera Internacional.

Era pues costoso alinear con la Comintern. Y no lo hicieron: "El Partido Socialista del Sureste y el Agrario de Campeche no se adhieren a la Tercera Internacional de Moscú, sino que declaran enfáticamente estar de acuerdo con todos los movimientos encaminados a la transformación social".

Lu'um yetel Almehenil

Mientras los socialistas se organizaban y deliberaban, Manuel Berzunza materializaba desde el gobierno algunas de las orientaciones programáticas del Partido y del Congreso, como la restitución de tierras a las comunidades. A diez años de iniciada la Revolución en Yucatán sólo se había dotado de ejidos a tres pueblos, mientras que en un año y con un mínimo presupuesto de 21000 pesos Berzunza entregó cerca de 150000 hectáreas a 26 pueblos, en beneficio de más de ocho mil familias. Otras demandas de tierras estaban en curso en la Comisión Agraria local, donde para febrero de 1922, en que entró en funciones el gobierno constitucional, se tramitaban alrededor de 100 solicitudes de restitución o dotación.

Las fuerzas que en Yucatán empujaban la reforma agraria se habían vuelto poderosas: tenían al gobernador interino, la mayor parte de los legisladores federales por el estado, casi todo el congreso local, el Partido Socialista y, sobre todo, las ligas, que ya agrupaban a cerca de setenta mil trabajadores.

Pero también favoreció el avance agrario un fragmentado pero omnipresente zapatismo que después de muerto Emiliano seguía ganando batallas. Felipe Carrillo Puerto y Miguel Cantón, presidente y secretario del Partido, habían militado en el Ejército Libertador del Sur; en el Congreso de la Unión tenían el apoyo del diputado Antonio Díaz Soto y Gama, amigo de Felipe que había formado filas con Zapata y para entonces encabezaba el Partido Nacional Agrario, instrumento político de la reforma rural obregonista; desde enero de 1921 el delegado de la Comisión Nacional Agraria en los estados de Yucatán y Campeche era Marte R. Gómez, compañero del motuleño en las Comisiones Agrarias del Sur, que habían hecho mediciones y planos para las restituciones de tierras mandatadas por el Plan de Ayala. Sin duda un eficaz y solidario círculo zapatista.

Marte fue designado delegado agrario en el sureste cuando Felipe era diputado federal y se dividía entre la capital y el estado. Al reencontrarse en Mérida después de cinco años de no saber el uno del otro, los dos amigos se habrán abrazado y, tras recordar el resacado, las pullas de *El Cristo* y otras aventuras morelenses de los *agrios*, posiblemente intercambiaron información acerca del estado de la reforma agraria en Yucatán, asunto que conocían bien y sobre el que tenían visiones complementarias.

—¿Sabías que el compañero Gustavo Correa, que estuvo al frente de la Comisión Agraria local con los gobiernos anteriores, es campeón de lucha grecorromana?

—Es un ropero el *huach*... Parece turco.

—Pero en su trabajo de nada le valió el título, porque los de arriba se lo paraban todo... Las solicitudes de ejidos se recibían, se publicaban en el Diario Oficial y se les avisaba a los hacendados que por el momento no hicieran trabajos ni sacaran leña. Pero como los cabrones la necesitan para las raspadoras de vapor, le pedían permiso a Gustavo... y al campeón no le quedaba de otra: se los tenía que dar. La comisión quedó reducida a una triste agencia forestal...

—Sí, una vergüenza lo de Correíta... Pero es que eran otros tiempos y otros gobiernos: Alvarado, *Chalín*, Recio...

—Nada agraristas, ellos... Tengo que reconocer que las cosas empezaron a mejorar cuando Berzunza entró de gobernador y Alberto Lizárraga quedó al frente de la comisión local...

—Así es. Con Manuel se están entregando tierras. Aunque sean posesiones provisionales mientras sale la resolución presidencial. Y mucho ayuda que el secretario de la comisión sea Felipe Valencia, un buen amigo que ha fundado ligas y es camarada del partido.

—Aunque te confieso que lo que a mí más me gusta es ir con *El licenciado* a las ceremonias de entrega. Son fiestas; se fleta un vagón de tren *pullman* que te deja cerca del pueblo y ya ahí se hacen recorridos por los alrededores amenizados con cancioneros. Una vez fue Ricardo Palmerín. Luego viene el comelitón, que no te lo acabas, y para terminar, la vaquería: el baile de jarana con indios y mestizas taconeando...

—Los llamamos Jueves Agrarios, y de las que van a mí la banda que más me gusta es la de Chumayel. Tienes que oírla... El otro día me dejaron tocar el saxofón con ellos... Pero lo que importa del festejo es que celebramos la recuperación de la dignidad. Antes esa gente le besaba la mano al patrón mirando el piso, ahora taconean con el gobernador.

—Y recuperan su tierra.

—Y recuperan su tierra.

Por unos instantes los dos callaron.

—Tierra y Libertad es el lema de tu partido, ¿verdad?

— Sí. *Lu'um yetel Almehenil.*

Quizá Felipe le habrá contado, orgulloso, que en Motul su hermano Edesio era alcalde y gracias a la lucha de la Liga de Resistencia "Nachi Cocom", que él ayudó a formar, había logrado que los campesinos pudieran cultivar 300 hectáreas de tierras ociosas.

—Pero sólo las tienen en renta. Si llego al gobierno veré que las dotaciones sean definitivas. Y para eso hay que presionar a la federación...

—Estaría bien. Pero se me hace que la casta divina no se va a dejar. No fácilmente.

—Pues... aunque repelen.

—Deja y te cuento lo que me sucedió. Hace poco me pasaron el proyecto de dotación del ejido Conkal, donde decía que se les dieran terrenos que no tuvieran henequén y que si tenían se indemnizara al propietario por las plantas. Y tenían henequén, de modo que se pagó... Pero los hacendados no quedaron conformes. Como delegado de la Comisión Agraria en el sureste, me tocaba estar en el acto de posesión definitiva. Y qué crees... los cabrestos me ofrecieron 50 000 pesos para que no me presentara.

—Un cañonazo, como los que dice Obregón...

—Un cañonazo de 50 000 morlacos, sí. Pero lo resistí y fui

al acto de posesión. Entonces los tales por cuales promovieron un amparo... Con tan mala suerte que me tocó a mí hacer el informe. Y se los rechacé.

—Estuvo bien, ¿no?

—Pues sí, estuvo bien, pero desde entonces ellos y quienes los cobijan me traen en salsa. Dicen que al apoyar la obra agraria de Berzunza fortalezco la figura de Carrillo Puerto, un *chel* que quiere ser gobernador. ¿Tú crees?

—No, pues sí.

Y soltaron la risa.

Golpeados por la crisis del henequén y con un enorme *stock* de fibra que no se movía, los hacendados habían dejado de sembrar demandando que desapareciera la Comisión Controladora del Mercado. Pero, aunque tuvieran abandonados muchos planteles, los latifundistas rechazaban toda afectación de sus tierras. En abono de su causa mandaban cartas al presidente Obregón denunciando a los socialistas, y a veces contaban con el respaldo de las fuerzas federales al mando del general brigadier Alejandro Mange.

Como gobernador interino, Carrillo Puerto le había tenido que reclamar al gobierno federal que el ejército, entonces encabezado por el general Hernández, se inmiscuyera en asuntos que no le son propios. Ahora le tocaba a Berzunza lidiar con Mange, quien con el argumento de la inseguridad se negaba a mantener a la tropa en los cuarteles. Y, como de costumbre, los soldados carranceaban, robando abiertamente a los campesinos o forzándolos a vender por centavos sus animales de traspatio. Para junio y julio de 1921 los choques de las ligas y los municipios con las fuerzas federales eran de todos los días.

Pero el problema mayor era la previsible intervención del ejército en los preparativos que realizaban las diferentes fuerzas políticas con vistas a las elecciones para gobernador a realizarse en noviembre.

"Triunfo Partido Socialista Sureste asegurado"

Estaban en la contienda el Partido Liberal Yucateco, inicialmente respaldado por Carranza y luego por Obregón, que sólo había podido ganar elecciones dos años antes, gracias a que la tropa de Zamarripa diezmó a los socialistas. También pujaba el renacido Salvador Alvarado, quien, expulsado con sus incondicionales del Partido Socialista de Yucatán, a principios de 1921 había conformado el Partido Socialista Mexicano, que debía candidatearlo a la gubernatura.

El sinaloense regresó a Yucatán en septiembre y en su primer discurso criticó acremente a sus viejos correligionarios, quienes con sus excesos —dijo— ponían en riesgo la paz y estabilidad del estado. Palabras consecuentes con el programa alvaradista, publicado en julio, donde se rechazaban "las huelgas, sabotajes, boicots y demás medidas radicales y extremas que siembran malestar y redundan en perjuicio de la economía". Y Alvarado, que había llamado a los oligarcas yucatecos "casta divina", contaba ahora con el apoyo de connotados personajes de ésta, como Ricardo Molina, sobrino de Olegario Molina. El reformista de 1915 y 1916 era en 1921 el candidato de la reacción.

La amenaza que representaba Alvarado y quizá el interés del presidente Obregón, que jugaba a las dos cartas, favoreció un inesperado acercamiento entre liberales y socialistas que se concretó en un encuentro entre Carrillo Puerto y Mena Brito, ocurrido en el Hotel Royal de la ciudad de México, donde el primero tenía sus oficinas. Ahí Felipe dijo: "Debemos entendernos los que luchamos de buena fe... De hoy en adelante nada de robos, de crímenes ni de incendios... Vamos a salvar a Yucatán". Y se dieron el imprescindible abrazo político.

A la postre Alvarado decidió no participar en las elecciones. Pero sí lo hicieron algunos de los que se le habían acercado, quienes a ese efecto formaron el Partido Democrático, que postuló a Ricardo Molina para gobernador. El sobrino de don Olegario hizo el ridículo al conseguir apenas 401 votos.

Desde septiembre en Yucatán, con el propósito de trabajar directamente en la preparación de la elección, Carrillo Puerto utilizó sus buenas relaciones con Calles, quien era secretario de Gobernación, para conseguir la neutralidad de las fuerzas federales comisionadas en la península, una parte de las cuales favorecía a los hacendados y al alvaradismo.

Y Calles le escribió a Mange:

Con motivo de las próximas elecciones para poderes locales, indudablemente los partidos políticos buscarán el apoyo de usted para conseguir sus fines. Como jefe y viejo amigo, me permito aconsejarle que, dado su carácter militar y la misión que tiene, no invada nunca ninguna de las facultades que competen a las autoridades civiles, así sean cuales fueren las insinuaciones que hagan ante usted para que salga de ese propósito. Creo muy conveniente que se comunique usted constantemente con el gobernador del estado, Manuel Berzunza, para que intercambien impresiones y marchen siempre de común acuerdo.

Y Carrillo Puerto le escribió un telegrama a Miguel Cantón, secretario del partido en funciones de presidente: "Presidente República y ministro Guerra manifiéstanme han dado órdenes general Mange prestar garantías Partido Socialista del Sureste. Alvarado no lleva comisión ni es grato gobierno centro. Cohesión debe existir hoy más fuerte. Triunfo Partido Socialista Sureste asegurado".

Con miras a la cohesión, que debía ser "más fuerte" en la inminencia de las elecciones, Felipe creyó conveniente conformar un núcleo político duro integrado por militantes del partido en quienes confiaba plenamente: Manuel Berzunza, Antonio Gual, Agustín Franco, Miguel Cantón, José de la Luz Mena, Luis Torregrosa, Ariosto Castellanos, José María Iturralde y Eraclio Carrillo, su hermano. Lo llamaron "block" y lo formalizaron firmando un documento en que se establecía que, "para garantizar la hegemonía del Partido Socialista del Sureste, todos los acuerdos serán tomados en juntas celebradas por el block y estos acuerdos serán cumplidos al pie de la letra… los acuerdos de este block serán secretos… Todos los componentes de este block serán considerados hermanos sagrados".

La formación de grupos cerrados en un movimiento político no es novedosa y tampoco lo es el tono del documento, cercano al de las logias masónicas. De hecho, casi todos los protagonistas de la historia de México fueron masones; lo fueron Juárez y Maximiliano, Díaz y Madero, Calles y Cárdenas, y en el entorno de Felipe lo fue Delio Moreno y lo fueron sus hermanos Edesio y Acrelio, quienes, así como habían formado la Liga de Resistencia "Nachi Cocom", en noviembre de 1921 formaron la Logia Masónica "Nachi Cocom". En cuanto a los del "block", cuando menos Mena y Franco eran de la

Gran Logia Oriental. Felipe no estaba entre los integrantes de la Logia de Motul, de manera que quizá él no era masón. A saber.

La propaganda socialista era en gran medida oral, pues en el campo pocos sabían leer. Por su parte, la derecha tenía como bastión inconmovible a *La Revista de Yucatán* y al periódico *La Opinión*, entre otros, así que, viendo la necesidad de difundir sus ideas en tiempos electorales, las publicaciones socialistas se multiplicaban. *Tierra* había dejado de salir en 1919 por el golpe de Zamarripa y no reaparecería sino hasta mayo de 1922, ya con Carrillo Puerto en la gubernatura. Sin embargo, otros medios la sustituyeron. En 1920 Miguel Cantón encabezaba las comisiones de educación y prensa del partido, y en junio de 2021 nació *El Socialista*, órgano de la Liga Central dirigido por Laureano Cardós, cercano al entonces gobernador Benzuza; en octubre de ese mismo año se publicó el vespertino *El Popular*, dirigido por Cantón. Con menos tiraje y penetración aparecieron también *El Látigo, El Grito de la Plebe, Pica-pica, La Razón, Pro-Humanidad, Rebelión, El clamor del pueblo...*

Un mes antes de la elección, Felipe estaba optimista. Su favorable apreciación de la coyuntura es evidente en una carta a Calles, quien en su visita de febrero a Yucatán había constatado la fuerza de las ligas y por esos días estaba en Nueva York atendiéndose de una enfermedad:

> Como a usted le consta —le escribe Felipe—, la gran mayoría del pueblo apoya mi candidatura, por lo que no dude que saldremos triunfantes. Pero como en política dos y dos no son cuatro y pudiera acontecer que los encargados de garantizar la pureza de la elección tergiversaran ésta con el fin de dar el triunfo a determinada persona, ya estamos poniendo todos los medios convenientes para que no pudiera realizarse una imposición. La experiencia que tenemos y lo bien preparado que está el Partido Socialista son factores poderosos para impedir cualquier acto contrario a la legalidad por parte de quienes tienen la fuerza de las armas y el oro corruptor. De todos modos, en el caso desgraciado y remoto de que ocurriera algo de lo que tememos por la experiencia de luchas pasadas, estamos dispuestos a morir antes de consentir una farsa electoral.

No tuvieron que morir, pues el 6 de noviembre se celebraron los comicios y el triunfo de los socialistas fue apabullante: Felipe Carrillo Puerto tuvo 62 801 votos; Bernardino Mena Brito, del Partido Liberal Yucateco, acabaló 2 888; Ricardo Molina Hübbe, del Partido Democrático, recibió 431, y el chapulín Miguel Alonzo Romero, ex socialista que había tratado de escindir al Partido Liberal Yucateco y contendió apoyado por el Partido Liberal Constitucionalista, tuvo que conformarse con 12. En la elección para renovar el Congreso y los ayuntamientos los socialistas también barrieron con la oposición.

Y contra lo que había anunciado la derecha con interesada alarma, los comicios fueron tranquilos.

El Partido Socialista del Sureste ganó las últimas elecciones —escribe Carrillo Puerto a quien había sido su compañero de exilio capitalino Francisco J. Mújica— y dio en el certamen democrático prueba de civismo. No hubo escándalos ni choques sangrientos. La serenidad que dominó en la contienda trae disgustados a los reaccionarios, que no saben con qué cargar sus cañones de injurias y mentiras.

V. GOBERNAR
CON EL PUEBLO, 1922-1923

El primero de febrero de 1922, poco antes de las diez de la mañana, Felipe Carrillo Puerto salió de su casa y, rodeado por una multitud que agitaba estandartes con el triángulo rojo distintivo de las ligas de resistencia, se dirigió al Congreso del estado, donde lo esperaba su presidente, el diputado Ariosto Castellanos Cárdenas.

Ahí debía rendir la protesta de ley como gobernador empleando la fórmula protocolaria: "Protesto guardar y hacer guardar la Constitución política de los Estados Unidos Mexicanos, la particular del estado y las leyes que de ellas emanen, y desempeñar leal y patrióticamente el cargo de gobernador que el pueblo me ha conferido, mirando en todo por el bien y la prosperidad de la Unión y del estado".

Así lo hizo. Pero, violentando el ritual, agregó sin bajar la mano con la que juraba: "Igualmente protesto cumplir y hacer cumplir los postulados de los congresos obreros de Motul e Izamal. Y si así no lo hiciere, que la nación y el estado me lo demanden". El aplauso de los diputados socialistas ahí presentes cimbró las paredes del recinto.

Rodeado por la gente que lo había esperado fuera del congreso y lo llevaba casi en andas, el recién investido se dirigió al Palacio de Gobierno. La bulliciosa multitud lo depositó en la puerta y se posesionó de la Plaza Grande. Lo querían oír. Vestidos de manta, tocados con sus sombreros de palma, llevando su bastimento en el sabucán, muchos de ellos descalzos, los ligados y los no ligados agitaban los estandartes y clamaban porque su gobernador saliera al balcón.

"¡*Suku'un* Felipe! ¡*Suku'un* Felipe!", coreaba el oleaje blanco y rojo que llenaba la plaza. Y el gobernador salió al balcón. Lo conocían, pero ese día fue como si lo vieran por primera vez. El que los miraba, afirmándose con las dos manos en la ba-

137

randa como si fuera a volar, era un hombre alto de cuyos amplios hombros despegaba un cuello largo y poderoso que lo hacía crecer un poco más. Tenía por costumbre vestir con pulcritud y muchas veces de blanco, del mismo blanco que los indios emplean para engañar al implacable sol de la llanura yucateca. Y por más calor que hiciera, no perdonaba la camisa de cuello duro ni la bien anudada corbata. Por lo general se cubría con un chambergo o un fedora, que ahora se quitó para saludar a la plaza. Dominaba el maya como el español. Y hablaba rápido, como si tuviera prisa por decir lo que tenía que decir, de manera que a veces tropezaba con una palabra. También ceceaba un poco, aunque no tanto como su hermano Fido. Y esos ojos de jade por los que lo llamaban *Yaax ich*; esos ojos inauditos que, quieras que no, te obligaban a seguirlos mirando.

Se hizo el silencio y el hombre alto del balcón empezó a hablar:

Utial tu lacal mehimacob, le kin behelae eimac ol tumn dzooc u yuchul le mohoch uayac ti Partido Socialista del Sureste...

Gritos, aplausos, agitar de estandartes...

... tumen muchchucbalon tu lacal le socialistao hahaloob, talhanoob u tzicbentzil le dzoc tux yail, yootzá bucaá bahan kin mukyatic...

Al día siguiente *El Popular* reprodujo en español lo que en maya dijera Carrillo Puerto a los de la plaza:

Compañeros: Para todos los trabajadores debe ser éste un día de alegría, de contento, porque hoy se realiza uno de los grandes sueños del Partido Socialista del Sureste. Aquí estamos reunidos los socialistas de verdad para celebrar el triunfo de la causa por la que hemos luchado tanto tiempo.

Ha llegado el momento de decirles a los señores que somos nosotros los constructores y no ellos. Hay que decirles que sin los trabajadores no existiría esta catedral suntuosa; que sin los trabajadores no existiría este palacio; que sin los trabajadores no existiría ese parque donde vienen a recrearse; que sin los trabajadores no existirían los ferrocarriles, los automóviles...; nada de lo que es útil al hombre existiría sin los trabajadores. Hay que decirles a los poderosos que el trabajo existió antes que el capital, por lo que es de justicia que los que todo lo producen todo lo posean, y no que sin realizar esfuerzo alguno se lo apropie una minoría.

Compañeros: la tierra es de ustedes. De ustedes que han nacido aquí, que aquí han crecido, que aquí han gastado su vida encorvados en el campo cortando pencas para el amo que se apoderó de la tierra. Pero ustedes la van a recuperar gracias a las nuevas leyes que les reconocen ese derecho. Y siendo de ustedes la tierra, y siendo ustedes quienes la trabajan, lo natural es que también las cosechas les pertenezcan.

Compañeros: es mucho lo que tiene que hacer el gobierno; hay que abrir caminos, hay que fundar muchas escuelas, hay que sembrar todas las tierras de Yucatán; sembrar todo lo que podamos y también henequén, pues produce grandes riquezas que deben llegar a manos del pueblo.

Compañeros: deben ustedes exigir a las autoridades que cumplan los acuerdos de los congresos de Motul y de Izamal. Porque ustedes serán responsables si dejan que esos señores bien trajeados sigan engañándolos. De ustedes depende que nunca más vuelvan a gobernar Yucatán los ladrones, los asesinos, los mentirosos…

La referencia del gobernador a los trabajadores como creadores de toda la riqueza se parece mucho a lo que dice Karl Marx en sus escritos económico-filosóficos de juventud y que Haberman había repetido en el Congreso de Motul. Pero más que resonancias marxistas, lo que destaca en el debut de una administración que, según Carrillo Puerto, constituye el "primer gobierno socialista de América" no es tanto el socialismo discursivo como la apuesta del motuleño por la lengua maya, y, más que eso, por la condición maya como elemento cohesionador del pueblo revolucionario en el conflicto social yucateco. Si la casta divina hacía gala de su criollismo, los socialistas peninsulares celebraban su indianidad.

Una indianidad que debía ser socialista… en la medida en que a su vez el socialismo yucateco se asumiera indianista.

La característica particular del socialismo en Yucatán —le escribió Felipe a José Ingenieros— es el resurgimiento de la raza maya, cuyo valor fue tan grande que los vestigios de su civilización aún pasman, pero cuyo pasado inmediato ha sido la esclavitud y el servilismo. Antes de la Conquista fueron los únicos dueños de estas tierras y su esclavitud fue la esclavitud del estado, de modo que su resurgimiento será el resurgimiento de Yucatán… Los mayas se han dado cuenta de las mejorías que trae el socialismo y también de la independencia económica que les ha aportado el agrarismo y que es la base de todas las demás independencias. Pero todavía no ha desaparecido en ellos el resabio producido en sus espíritus por los años de esclavitud y de humillación. Saben que tienen derecho a vivir como todos los demás. De lo que no están aún bien impregnados es de la idea de que pueden ser sujetos tan activos como los otros en el funcionamiento de la sociedad.

Y a la tarea de acompañarlos en su conformación como activos protagonistas de su historia constructiva —que de la resistencia ya lo habían sido— dedicó Felipe su corto pero intenso gobierno.

El mayismo de la nueva administración no era retórico: en 1923, inscritos por el Partido Socialista, llegaron a diputados locales indígenas mayas como José Ceh, Pedro Crespo, Braulio Euán, Demetrio Yamá… Y en el orden simbólico, el gobierno debutante inauguró en Kanasin un monumento dedicado a líderes indígenas satanizados por la oligarquía.

Este monumento, que simboliza la redención del indio maya —dijo Felipe al develarlo—, tiene en su pedestal dos triángulos en que hemos vindicado la memoria de Jacinto Can Ek y Cecilio Chí, jefes revolucionarios mayas a quienes la historia asalariada tenía como símbolos de ferocidad y salvajismo, pero que de hecho fueron dos grandes héroes que, durante la tiranía colonial y las que continuaron, tuvieron la suprema valentía de dar el grito de redención en los campos de Oriente.

Más allá de los monumentos, Carrillo Puerto reconoció y abrió espacios de reconciliación a lo que quedaba de los *cruzoob*, de los rebeldes mayas que se habían alzado contra los *dzules* en la llamada Guerra de Castas. El general Francisco May, aún atrincherado en la selva de Quintana Roo, se entrevistó en varias ocasiones con el nuevo gobernador.

Con la misma orientación que el primer Museo Arqueológico fundado por Manuel Gamio en la ciudad de México, Carrillo Puerto estableció el segundo de esa naturaleza en Mérida. El Museo Arqueológico e Histórico de Yucatán se inauguró a principios de 1923, estando a cargo del escritor Luis Rosado

Vega. La institución debutante se agregaba al llamado Museo Yucateco, que dirigía Ricardo Mimenza y exhibía objetos prehispánicos junto a piezas más recientes. En su primer año el nuevo museo fue visitado por diecisiete mil personas.

En noviembre de 1922 se había hecho público que arqueólogos estadunidenses, entre los que estaba Sylvanus Griswold Morley, solicitaban permiso del gobierno para hacer exploraciones en el país. El célebre arqueólogo mexicano Leopoldo Batres se opuso enérgicamente argumentando el riesgo de destrucción y saqueo, mientras que en *El Popular* los socialistas yucatecos, coincidiendo con el explorador de Teotihuacan en la necesidad de evitar daños y robos, argumentaban a favor de las expediciones científicas que no afectaran el patrimonio.

A principios de 1923 Morley, William Parson, John Merrian y otros *huaches* a quienes los nativos empezaron a llamar "yucatólogos" visitaron Yucatán, trotando entusiasmados por cenotes y ruinas. Finalmente, en julio de 1923 se dio a conocer la firma del convenio de colaboración entre el Instituto Carnegie y la Secretaría de Agricultura y Fomento para la exploración de Chichén Itzá y la reconstrucción de ese centro arqueológico, en lo que fue una de las primeras obras de este tipo realizadas en México.

Morley se instaló en Yucatán, acampando dentro de las ruinas de Chichén Itzá, y el Carnegie le rentó a Thompson —viejo conocido de Carrillo Puerto y ya para entonces denunciado como saqueador— las tierras colindantes. Fiel a su mayismo, Felipe invitó al futuro autor de *La civilización maya* a dar una conferencia sobre la ancestral cultura en el local de la Liga Central.

En la misma línea, una de las primeras obras físicas del nuevo gobierno fue la carretera que une a Dzistás con Chichén Itzá. Vía construida con mano de obra comunitaria en cuyo monumento conmemorativo se lee: "Caminante: esta carretera que une el presente con el pasado de la tierra yucateca es obra del gobierno socialista del C. Felipe Carrillo Puerto".

En la fiesta inaugural, que duró dos días y a la que asistieron cinco mil personas, el gobernador pronunció otro discurso en maya, esta vez con resonancias del *Popol Vuh*:

> Compañeros: El corazón de los mayas, la sangre de los mayas, se levantan hoy con este nuevo sol, en este nuevo día, porque ya

se han hecho verdad todas las cosas que decían los hombres antiguos.

Compañeros: así como los antiguos mayas hicieron Chichén, igualmente ustedes han hecho una carretera. Este día nos enseña dos cosas: nos enseña las grandes obras de los antepasados y nos enseña el camino que, ahora, han hecho sus descendientes con su corazón y su sangre.

Hablando también de la obra, en una carta a José Ingenieros, Carrillo Puerto escribió: "La carretera de Chichén Itzá, más que una mejora material, representa para mí un puente sociológico tendido entre el pasado esplendoroso de los mayas y las condiciones actuales de sus descendientes".

Carrillo Puerto buscaba cimentar en el pasado grandioso el orgullo de los mayas, pero también pretendía difundir a través del mundo el esplendor de la antigua civilización... y de ser posible atraer turismo a la península, económicamente quebrada por la caída del precio del henequén. Pero para que llegaran visitantes a Yucatán era necesaria la participación de la iniciativa privada.

En 1921 Francisco Gómez Rul y Manuel Amábilis habían constituido una Compañía Impulsora del Turismo, y en junio de 1922 se fundó la Asociación Conservadora de los Monumentos Arqueológicos de Yucatán, que agrupaba a escritores, periodistas, funcionarios públicos y también comerciantes y hacendados. Sus objetivos eran: "Procurar por todos los medios posibles la conservación de las obras de arquitectura, escultura, grabado y demás manifestaciones de la antigua civilización maya". Pero también "gestionar el mejoramiento y conservación de las vías entre las principales ruinas, la ciudad de Mérida y el puerto de Progreso", es decir, desarrollar la infraestructura necesaria para que pudieran llegar visitantes.

La proyección de la antigua civilización maya como emblema cultural que enalteciera a un país que apenas salía de una cruenta revolución y necesitaba urgentemente cambiar su imagen internacional fue impulsada también desde el gobierno de la federación. En esta perspectiva, la Dirección de Antropología de la Secretaría de Agricultura y Fomento había presentado una importante muestra con el tema del estudio arqueológico emprendido en Teotihuacan, y cuando Edmundo Bolio le propuso a Manuel Gamio que la siguiente fuera una gran exposición sobre los mayas, de inmediato éste hizo suya la idea. El proyecto debía llamarse "Exposición Regional de Yucatán" y se desarrollaría tanto en la ciudad de México como en Mérida. Además de las muestras, se planeaban conferencias, publicaciones y exhibiciones cinematográficas.

Como parte de este lanzamiento, que impulsaba el propio presidente Obregón, un grupo de intelectuales nacionales y extranjeros, entre los que figuraban Manuel Gamio, José Vasconcelos, Diego Rivera, Gerardo Murillo (Doctor Atl), Roberto Haberman, Frank Tanenbaum, Carlton Beals y otros, comenzó a preparar un número dedicado sólo a México de la revista *The Survey*, que se editaba en Nueva York. Ahí se hablaría de historia, de cultura y también del gobierno socialista de Carrillo Puerto. Especialmente para esta publicación Felipe escribió un especioso texto titulado "El nuevo Yucatán", que sería póstumo, pues el volumen 52 de la revista *The Survey*, *Edición Especial México*, apareció el primero de mayo de 1924, tres meses después de que fuera fusilado.

Con el mismo objetivo de restitución y exaltación, el gobierno de Carrillo Puerto decretó que todas las construcciones nuevas de Yucatán deberían tener estilo maya: "Que en lo sucesivo no se dé permiso para ninguna construcción si no vienen los planos con dibujos de nuestra arquitectura maya", decía la circular. De hecho, la intención de remedar ese estilo era anterior a su gobierno, como se aprecia en el diseño y los decorados del Sanatorio Rendón Peniche, construido en 1919.

Igual orientación estética se dio a los alcaldes: "El gobierno socialista de Yucatán, perfectamente compenetrado de la necesidad moral que los pueblos tienen de revivir las grandezas de su pasado como la base más sólida para su progreso, instruye a los ayuntamientos para que utilicen estilizaciones en membretes, sellos, decoraciones, monumentos... La Liga Central enviará modelos".

En artes plásticas, la Escuela de Bellas Artes impulsó en pintura y escultura el estilo neomaya, constatable en la obra del maestro Víctor Monsalvo y de sus discípulos Daniel Buendía, Manuel Cáceres y José D. Aguilar.

Carrillo Puerto también procuró por todos los medios el conocimiento y uso de la lengua maya: "En las escuelas oficiales

la enseñanza del idioma tradicional es obligatoria, los profe-
sores y los propagandistas hablan maya y yo espero en breve
decretar ese idioma como oficial en la península".

En la vasta obra editorial de la administración carrillista
abundan textos en maya como las *Cartas desfanatizadoras*, ocho
opúsculos dirigidos a un indio y escritas por un viejo conocido de Felipe, el profesor Santiago Pacheco Cruz, alias *Zez Chi*.
Como parte de lo que aquél entendía como la biblioteca básica
del Partido Socialista, se publicó el *Popol Vuh*, un texto clave
por entonces sólo conocido por expertos que se acompaña con
estudios de Ricardo Mimenza y del doctor Barberena; se imprimió también una edición yucateca del *Chilam Balam de Chumayel* y comenzaron los trabajos de la que hubiera sido una
tercera edición en español de *El viaje a Yucatán entre 1841 y
1842*, del viajero John Stephens, con los dibujos de Carther-
wood que contiene la edición inglesa. Luis Rosado Vega, director del Museo de Arqueología, emprendió la magna empresa,
pero sólo alcanzó a imprimir hasta el capítulo XV del primer
volumen. Tras el golpe delahuertista los pliegos existentes fueron vendidos como papel para envolver.

La preocupación del gobernador no sólo por recuperar la
cultura maya para los mayas sino también por proyectarla fuera de la península venía de atrás. A principios de 1921, durante
su estancia en la ciudad de México, Felipe había cenado en casa
de Diego Rivera con un enviado del Comintern. A fines de noviembre el motuleño y el pintor se encontraron de nuevo cuando
Diego visitó Yucatán acompañando a José Vasconcelos, flamante secretario de Educación Pública que iba aponer en marcha la
Universidad Nacional del Sureste. Formaban también parte de
la comitiva los poetas Jaime Torres Bodet y Carlos Pellicer, el
ensayista Pedro Henríquez Ureña y los pintores Roberto Mon-
tenegro y Adolfo Best Maugard. A su llegada a Mérida los recibió una multitud que agitaba los estandartes con el triángulo
rojo de los socialistas peninsulares, destacando sobre los ligados
su líder Carrillo Puerto.

Ya electo, aunque todavía no siendo gobernador en funciones, Felipe les ofreció un baile "revolucionario" donde, en lugar
de la tradicional sociedad criolla, departían hombres y mujeres indígenas: ellos con calzón de manta y ellas de hipil blanco.
Días después los miembros de la comitiva visitaron Motul, don-

de el secretario ofició de mala gana uno de los vistosos bautizos socialistas con flores rojas. En Chichén Itzá conocieron la pirámide, el observatorio y el juego de pelota, y Diego permaneció un buen rato en la cámara interior del Templo de los jaguares, extasiado con la compleja composición geométrica y los vistosos detalles anecdóticos de los frescos mayas del siglo XII; una "Capilla Sixtina de las Américas" que no palidece frente al muralismo renacentista europeo, habría dicho.

"Nuestro arte —argumentó Felipe dirigiéndose al pintor— se enloda y atasca en el mal camino que le trazó Europa. Yucatán tiene admirables ruinas mayas que atraen hoy la atención del mundo por su originalidad maravillosa. Que ese arte sea para el pueblo. El arte de las clases superiores ha sido un arte egoísta."

Diego, Adolfo y Carlos asintieron, José frunció el ceño.

Ese mismo mes, Vasconcelos decidió que se realizara un mural en el anfiteatro de la Escuela Nacional Preparatoria. Al año siguiente Rivera comenzó a pintar los muros públicos, como antaño lo hicieran los antiguos mayas en el Templo de los jaguares. La utopía socialista de Yucatán se corrompería, pero el indianismo revolucionario de los primeros veinte del siglo pasado pervive como uno de los ríos profundos del muralismo mexicano y en general de la cultura posrevolucionaria.

Cinco años antes, el triunfo de la Revolución rusa, protagonizada socialmente por el *mujik*, había puesto de manifiesto la relevancia de los campesinos en todas las grandes convulsiones sociales del siglo XX. Tiempo después, las revoluciones en China y en la India evidenciarían la importancia de la cuestión étnica. Pero ya antes la Revolución mexicana, en su versión zapatista y, sobre todo, en las modalidades que en su ocaso le imprimió el socialismo peninsular, había puesto en primer plano la cuestión indígena: el peso que en las gestas libertarias de Nuestra América tienen los pueblos originarios en rebeldía contra una colonización que los oprime desde hace más de 500 años, pero no ha podido borrarlos. En el discurso del nuevo indianismo revolucionario que en el cruce de los milenios conmueve Sudamérica, sobre todo en la franja andinoamazónica, se escuchan los ecos del centenario socialismo maya.

Esta idea seminal, que se traspapeló durante los años de la modernización del subcontinente, fue expuesta inmejorable-

mente por Carrillo Puerto en el texto ya mencionado y publicado en 1924 en la revista *The Survey*:

> Yucatán es maya. Nuestro pueblo tiene una larga historia: un pa-
> sado grande, una tradición rica, una memoria tenaz y una pacien-
> cia infinita. Pero durante cuatrocientos años nuestro pueblo ha
> sido un pueblo de esclavos.
>
> Fuimos físicamente conquistados por el español, pero nues-
> tra vida cultural persistió en nuestro lenguaje, nuestras costum-
> bres, nuestra religión bajo un nuevo nombre; también nuestras
> relaciones sociales, que han seguido realizándose a pesar de la
> negación. En otras partes el mestizo imita al blanco, en Yucatán
> usa nuestro vestido y canta nuestras canciones. Los indios con-
> quistados han conquistado a su conquistador.
>
> El indio maya conquistado pasó a ser esclavo. Por cuatro-
> cientos años no fue dueño del suelo que cultivaba, de los frutos
> que cosechaba, de los jardines que plantaba. Y cuando el conquis-
> tador despojó al indio de sus tierras también le quitó su libertad,
> porque en un país agrícola tierra y libertad son sinónimos. Esto
> explica nuestro lema revolucionario: "Tierra y Libertad".
>
> Todo Yucatán estaba en manos de unos doscientos propie-
> tarios. El indio fue arraigado como un árbol y era vendido junto
> a la tierra que cultivaba. El lugar del indio maya en la comuni-
> dad como ciudadano libre, autosuficiente y seguro de sí mismo,
> determinará la medida en que los sacrificios de la Revolución
> tendrán que ser justificados. Todo lo demás es asunto sin im-
> portancia.

"El último habitante de un mundo desquiciado"

Durante el gobierno de Carrillo Puerto se fundó la Universidad
Nacional del Sureste de México. La idea venía persiguiendo a
Felipe desde que fuera diputado local durante la gubernatura
de Castro Morales, cuando con otros legisladores socialistas
presentó una iniciativa de ley destinada a crear una universidad.
Los promotores lograron la aprobación del Congreso, pero el
gobernador nunca sancionó la ley, de modo que la institución
de educación superior tuvo que esperar para nacer a que el motuleño ocupara el cargo.

Con las facultades de medicina, jurisprudencia e ingeniería, el Instituto Literario, o Preparatoria, la Escuela Normal Mixta, la Escuela de Música y la de Bellas Artes, a las que un año después se añadió la de Homeopatía, la flamante universidad inició labores el primero de marzo de 1922, siendo su primer rector un hombre multifacético al modo renacentista como los que se daban entonces: el cubano yucateco Eduardo Urzaiz. Urzaiz, *El chivo*, que así le decían, era médico psiquiatra y obstetra, historiador, ensayista, dibujante, maestro y escritor de novelas de ciencia ficción. Sobre la Universidad declaró Felipe a los periodistas que "estará orientada principalmente a las clases populares y muy particularmente hacia las mujeres".

Sin embargo, aún en el segundo intento, sacar adelante el proyecto de la Universidad resultó ir cuesta arriba. Y es que, para transformar al Instituto Literario en Universidad Nacional, el gobierno de Yucatán necesitaba el respaldo de la federación, que a ese efecto envió a la península al secretario de Educación. Esto significaba que Carrillo Puerto tendría que lidiar durante diez días con José Vasconcelos, un hombre que no apreciaba la cultura maya y se sentía agredido por los modos extrovertidos del socialismo peninsular. Y hubo que hacer filigrana, pues el difícil personaje encabezaba la Secretaría de la que dependía el proyecto.

Felipe y José se habían conocido meses atrás en el Café Colón de la ciudad de México, donde entre otros asuntos coincidieron en la necesidad del control natal. El yucateco porque, a su ver, la mujer tenía derecho a decidir si se embarazaba; el oaxaqueño porque consideraba que los pobres tienen demasiados hijos. Así pues, cuando, seguido por su comitiva, Vasconcelos llegó a Progreso la tarde del 27 de noviembre de 1922 en un barco de la Ward Line, el secretario y el inminente gobernador se saludaron con un fuerte abrazo. En el muelle no sólo estaba Felipe, también cientos de campesinos de las ligas que agitaban estandartes y gritaban consignas. El visitante no saludó a la bulliciosa concurrencia y, al contrario, torció el gesto.

Vasconcelos fue llevado a la casa del doctor Eduardo Urzaiz, quien lo alojó durante su estancia en Mérida y con quien desde el principio simpatizó: "un mirlo blanco", decía de él, quizá porque el psiquiatra tenía por costumbre vestir de ese color y con un gran lazo negro a modo de corbata. Al día siguiente,

Carrillo Puerto recogió a los visitantes para llevarlos a un recorrido por las escuelas de la ciudad, donde invariablemente los
recibían con música, cantos y discursos flamígeros.

Y el secretario de Educación seguía poniendo mala cara.
Desagrado patente que aumentó cuando, en un mitin con los
docentes, el maestro José de la Luz Mena hizo una apasionada apología de la Escuela Racionalista, destacando su carácter
libertario y laico. Vasconcelos no aguantó más y en su discurso calificó de bestias a los renovadores de la educación, a
quienes llamó "profesionales del ateísmo".

En la noche hubo una velada en el teatro Peón Contreras,
donde hablaron Pellicer y Henríquez, y Torres Bodet leyó un
poema, Vasconcelos dijo en su discurso que para la obra educativa era necesario el concurso de todas las clases de la sociedad, sobre todo las educadas. Y que, para evitar en el futuro
"represalias del pueblo pobre contra los ricos", como las que
años atrás habían enlutado a Yucatán, "era necesario educar a
las masas llevándolas a la vida civilizada". Y continuó: "Al indio
que ha sido la amenaza de los blancos se le vence instalándolo de
propietario; incorporándolo a la cultura de la nación". La concurrencia, en parte formada por "incivilizados", guardó silencio.
Felipe, que estaba junto al orador, le agradeció sus palabras.

Una noche en que el secretario de Educación se retiró temprano, Felipe invitó a Diego a conocer la Liga Central. Terminado el recorrido fueron a cenar panuchos y salbutes en la venta de Petrona Ake, La mulix, que estaba cerca.

—Oye, Diego, veo a Vasconcelos muy reaccionario. Yo pensaba que si Obregón lo había nombrado... —le empezó a decir
a su amigo el pintor, mientras se despachaba la primera tanda
de panuchos y Diego pedía la segunda.

—No pienses nada, Felipe, Pepe es reaccionario, muy reaccionario... Pero es el secretario de Educación. Qué le vamos
a hacer... —y el futuro muralista pidió una tercera ración.

—¡Maaare, Dieguito!, por eso engordas.

—Qué quieres, en México no voy a encontrar panuchos
como éstos —dijo el pintor, al tiempo que chuleaba a *La mulix*,
quien era de muy buen ver—. ¿Viste qué *chuchú* gobernador?

—Ya aprendiste la maya, *chel*.

Terminado el último panucho, y mientras iban al sitio de
Marcial por unos granizados, Diego regresó al tema:

—Además, Pepe tiene algunas buenas ideas en cultura...

—Tendrá, pero no se mide: alaba a los de la casta divina, le disgustan los indios, desprecia la cultura maya, está en contra de la Educación Racional...

—Y es hispanista, anticomunista y mocho... Pero yo quiero un muro para pintar y tú quieres una universidad... cosas que sólo Pepe nos puede autorizar.

—¿De modo que hay que consecuentarlo?

—Así es; al secretario de Educación hay que cultivarlo, como dicen aquí. Mira, tú quieres que todo Yucatán conozca el *Popol-Vuh*; Pepe quiere que todos los mexicanos lean *La Odisea* y yo quiero que me dejen embadurnar paredes. Pues adelante, la Revolución da para todo.

—Pero si vuelve a decir que Haberman es un judío de gueto, que Obregón me puso de gobernador por sus pistolas y que el maya es un dialecto...

—Te muerdes un huevo. Para hacer política, como para pintar murales, hay que aprender a tragar sapos... Al fin que en unos días se regresa a México y te lo quitas de encima... ¿Qué te cuesta, Felipe? Al señor secretario le gusta la buena comida; trátalo bien, consiéntelo...

Y lo consintieron.

Mientras Best Maugard explicaba sus métodos para la enseñanza del dibujo y Henríquez Ureña disertaba sobre el estudio de la literatura, Vasconcelos paseaba por la "ciudad blanca" admirando su pasado esplendor. Años después en *El desastre* escribiría:

Dentro de las casas meridanas había habido un lujo fastuoso. Una aristocracia viajada por Europa mantenía un tono de vida que al desbordarse en los carnavales convertía a Mérida en el rival de Nueva Orleans. El tipo fino de la criolla, el aplomo que da la riqueza, el trato que enseñan los viajes había producido una sociedad digna de estima... Pero la Revolución no llevó allá sino el apetito desenfrenado de aquellos agitadores enriquecidos en la simulación... Un asalto de forajidos; en lugar de aprovecharlas, expulsamos nuestras aristocracias sin otro propósito que robarles la herencia, y ocurre, en consecuencia, que la mejor sangre del país ha emigrado a los Estados Unidos.

Juicio lapidario que confirmó en el baile celebrado en honor de los visitantes, pues las mujeres ahí presentes no eran criollas "de tipo fino" —ésas se habían ido al exilio—, sino "mestizas totalmente incultas asombradas de poder bailar con altos funcionarios". Y aunque arrugando la nariz, también Vasconcelos bailó con las rústicas que le parecieron más presentables.

Mientras tanto, Carrillo Puerto perfeccionaba con el secretario sus artes de seductor: le daba por su lado, guardaba silencio ante sus exabruptos, lo escuchaba inclinando el cuerpo hacia adelante y con exagerada atención… Y Vasconcelos cayó en sus redes. "Dicen que es un tirano sanguinario y ciertamente está rodeado de agitadores bolcheviques, pero en lo personal Carrillo no es malo ni corrupto. Tampoco es un exaltado fanático; sabe escuchar y se deja aconsejar por mí… Nuestras relaciones son de afecto recíproco", escribió años más tarde. La conclusión de sus recuerdos, incluidos en su libro autobiográfico *El desastre*, documenta el éxito de Felipe en envolver a un hombre que odiaba todo lo que estaban haciendo los socialistas en Yucatán, pero estimaba a su máximo dirigente: "Carrillo le da apariencia de revolución social a una tiranía explotadora y despiadada, estéril y destructora".

Vasconcelos había estudiado en Campeche, pero llevaba años sin regresar a la ciudad, de manera que aprovechó el viaje. El 5 de diciembre el secretario y su comitiva fueron con Carrillo Puerto al estado vecino en un tren especial y acompañados por conjuntos de Trova Yucateca que Felipe había invitado. Por cierto, esta vez el motuleño erró el tiro, pues Vasconcelos exigió que los músicos se callaran y lo dejaran dormir.

Llegados a Campeche, los visitantes fueron a Lerma, donde se bañaron desnudos y Diego exhibió sin pudor su "panza prematura". En la tarde los recibió el rector del Instituto de Artes y Letras, quien había sido maestro de Vasconcelos y habló del "regreso del hijo pródigo", para de inmediato pedirle veinte máquinas de escribir que la escuela necesitaba con urgencia, pues se sostenía de dar clases de mecanografía.

Durante la opípara cena, el secretario, por lo general comunicativo, estuvo callado y ausente. Henríquez Ureña, que se había percatado, le preguntó si le pasaba algo. "Tengo ganas de llorar, Pedro", contestó. "¿Por qué?", inquirió el dominicano. "No lo sé." Poco después Vasconcelos le dijo en corto a su amigo que se iba a ausentar por una hora y que si alguien preguntaba dijera que se había ido a dormir.

El atardecer sorprendió a Vasconcelos caminando por las calles solitarias rumbo a la casa familiar donde había transcurrido su infancia. La vieja residencia ahora vacía estaba ahí, esperándolo junto al mar. El retornado se sentó en una banca de lo que había sido el jardín y se dejó llevar por los recuerdos.

"Regresé al pasado y escuché la voz de mi madre que me llamaba para la cena y que yo gritaba 'Voy', como solía… Y entonces los sollozos estallaron irreprimibles, profundos, desgarradores… No sé cuánto tiempo estuve con la cabeza entre las manos convertido otra vez en el niño grande desamparado."

Ahí, frente a su pasado, el hombre conservador y nostálgico a quien la Revolución en la península le parece destructiva del mundo y de la vida que ama admite desolado su incapacidad de entender lo que está ocurriendo y su condición de remanente, de reliquia, de mueble viejo.

"El silencio de la playa desierta, las casas sin luz, la ciudad en ruinas, me hacían sentir el último habitante de un mundo desquiciado, que llora el gran desastre y no lo comprende."

Así fue. José Vasconcelos recorrió el Yucatán revolucionario sin comprenderlo y regresó al lugar de su infancia solo para llorar lo que había amado y ahora se perdía para siempre como sus lágrimas en el mar… Alguien tenía que expresar este sentimiento y el autor de *El Ulises criollo* lo hizo bien.

De regreso a Yucatán, el 7 de diciembre de 1921 Carrillo Puerto los llevó a Uxmal y Chichén Itzá, adonde viajaron primero en tren y luego a caballo. Ahí visitaron El Templo de los jaguares, La casa de las monjas, El caracol, El juego de pelota. Diego admiró los murales, Leopoldo hizo apuntes de las grecas, Carlos pensó en los restos olmecas de su natal Tabasco, a Vasconcelos lo que vio le pareció tosco, primitivo, feo… "Todo es uniformemente bárbaro, cruel, grotesco. Decoración utilitaria que no nos causa emoción estética alguna; sólo el asombro de los tanteos y aberraciones del alma humana", pensó el secretario. Pero no lo dijo. En cambio, ante unas hileras de piedras cilíndricas labradas y puestas en posición vertical, disertó sobre el "culto al falo propio de los primitivos".

El 8 de ese mes Vasconcelos y su cauda emprendieron el regreso a la ciudad de México en un barco de la Ward Line. Felipe los despidió en el muelle. La Universidad Nacional del Sureste estaba amarrada y su primer rector sería Urzaiz, el *mirlo blanco*, el médico y escritor que había alojado en su domicilio al secretario.

"Mejorar la vida de la gente"

Por esos meses se inauguró también la Biblioteca "Zamná", manejada por el Departamento Cultural de la Liga Central y dirigida por el poeta Ricardo López Méndez, pero además el gobierno socialista llevó impresos a las comunidades. Hombre de poca escuela, pero muchas lecturas, Felipe creía en el papel formativo de los libros. En un balance de su gestión realizado en diciembre de 1922, decía: "He repartido libros a todos los pueblos del estado por valor de más de treinta mil pesos y seguiré haciendo lo mismo conforme vayamos teniendo dinero".

Felipe practicaba el béisbol desde principios del siglo en su pueblo natal, donde organizó el Club Motul. En los dos congresos obreros peninsulares se acordó impulsar este deporte como componente estratégico de la movilización de las bases populares. Ya como gobernador promovió aún más un juego que consideraba social y políticamente formativo por cuanto combina la responsabilidad personal con el trabajo en conjunto. En un informe de sus avances de gobierno a menos de un año de haber tomado posesión, destacaba esa vertiente: "He estado fomentando los deportes, especialmente el béisbol". Y efectivamente, durante el primer año de su gestión distribuyó 114 equipos para otras tantas escuadras y encargó otros 150 a repartir en el segundo año; además, se construyeron 5 diamantes para practicar ese deporte. En pocos meses el béisbol había llegado al 70% de los pueblos y comunidades del estado y en el Programa de Educación Física 1923-1924 del Consejo de Educación Primaria se declara "deporte oficial al béisbol".

"Ahí está uno muerto en vida", escribió Carrillo Puerto a Carlos R. Menéndez, en 1911, comentando sus mutuas experiencias en los calabozos. Y es que Felipe había vivido en carne propia la indignidad de las cárceles yucatecas: por breve tiempo en Motul y durante casi dos años en la Penitenciaria Juárez de Mérida.

"Si para algo sirve gobernar es para mejorar la vida de la gente; también la que está presa", decía. Y ya como gobernador modificó los reglamentos para humanizar las cárceles. Gracias a esta decisión se derruyeron las bartolinas, se permitió que la luz entrara a las celdas, se eliminó el traje de rayas, se prohibió que a los reclusos se les identificara con un número, se permitió que los presos pasearan por los patios, se creó una biblioteca, se hizo un pequeño teatro, se empezó a construir una alberca, se impulsó el trabajo agrícola al aire libre y se autorizaron las visitas de las familias hasta el interior de las celdas, incluyendo la visita conyugal, práctica que según Felipe favorecería "el funcionamiento normal de sus cuerpos". Una auténtica revolución carcelaria.

También en las prisiones era necesario impulsar la educación y promover la cultura. En la Penitenciaría Juárez, por ejemplo, se impartían talleres de oficios y funcionaba una primaria nocturna. Y fue precisamente en uno de los salones de dicha escuela donde meses después se instaló el Consejo de Guerra, donde Felipe y sus compañeros fueron condenados a muerte.

En cuanto a la cultura, se buscaba que la comunidad penal funcionara como cualquiera de las ligas. Así lo plantea Felipe en una carta a José Ingenieros:

> A propósito de reuniones culturales, tengo que comunicar a usted una magnífica noticia. Todos los domingos por la noche en el interior de la Penitenciaría Juárez se verifican fiestas de esta índole, tomando parte en ellas los mejores elementos artísticos que tenemos, procurando intercalar en los programas números a cargo de los reclusos. Éstos se muestran gratísimos con estas actividades y nos alegramos de que desde el inicio de los programas se note un gran cambio ventajoso en la conducta que observan. Esto es parte del plan que tenemos para adaptar la penitenciaría a las modernas tendencias criminalísticas.

Felipe había estado en la cárcel y también había vivido del comercio, de modo que cuando fue gobernador buscó solución a problemas en apariencia menores, pero recurrentes y socialmente sensibles. Los baratilleros meridanos de la calle 65, entre la 56 y la 60, ponían sus carros en la calle y, tantas veces como las autoridades municipales los sacaban, regresaban al lugar donde se ganaban la vida. Felipe había pasado junto a ellos en repetidas ocasiones y ya como gobernador, en acuerdo con el alcalde de la ciudad, Manuel Berzunza, regularizó la situación de los ambulantes y les buscó acomodo.

Admirador de la cultura tradicional de los antiguos, Felipe apreciaba igualmente otras formas de arte, en particular la música. Durante su gestión, continuó la política de impulso a la canción yucateca iniciada por su antecesor Manuel Berzunza, quien en 1921 había enviado a la ciudad de México una misión de trovadores integrada por Ricardo Palmerín Pavía, Luis Augusto Basulto Pérez y Enrique Galaz Chacón *El Curro*, entre otros, quienes participaron en las fiestas del Centenario de la Consumación de la Independencia y ampliaron notablemente la difusión e influencia de los bambucos, las claves y los boleros yucatecos. Como ejecutante de flauta, flautín y saxofón, sabedor de lo caros que son los instrumentos de aliento, Felipe los distribuyó gratuitamente en los pueblos con la intención de conformar cuando menos 15 bandas.

Un recurso moderno de comunicación que Felipe siempre quiso fomentar fue la radio. Cuando menos desde 1913 había en Mérida radioaficionados y para 1923 algunos armaban receptores e instalaban bocinas en sitios públicos donde se podía captar música proveniente de emisoras extranjeras. Ya gobernador, Felipe concurrió con tres de sus hijos a un restaurante situado en los altos de la céntrica Panificadora Yucateca, donde gracias a un equipo montado por Juan Monsalvo escucharon con otros invitados piezas para piano y una conferencia en maya del profesor Eligio Erosa.

"¿Se fijaron lo bien que se oye? Mucho mejor que los gramófonos de cilindros. Si transmitimos desde la Liga Central y ponemos equipos receptores en los locales de todas las ligas, los compañeros no necesitarán llevar bandas para oír música. Y las conferencias que tenemos en Mérida se podrán escuchar al mismo tiempo en todo el estado", comentó Felipe emocionado. "No sólo en el estado, papá, en toda la península", rectificó el joven Felipe, que por sus ojos de alcancía era llamado *Sikilich*, y a quien desde chico le interesaba la electrónica.

Por esos días, gracias a un receptor ensamblado en la Quinta San Pedro, se pudo escuchar un saludo de la estación estadunidense WSB, de Atlanta; se trataba de un mensaje radiofónico promovido por un tal Hudson, quien trataba de venderle al gobierno un transmisor de la Curfing Washington Corporation. Felipe no se lo compró, pero dio todas las facilidades para que se establecieran en Yucatán radios comerciales y envió a Juan Martínez Cantón a los Estados Unidos para adquirir en Cleveland los elementos necesarios para armar en Mérida el transmisor de la que sería la radioemisora CYY, del Partido Socialista. Medio que, entre otras cosas, difundiría en las ligas locales —dotadas para ello de receptores— las conferencias que semanalmente se impartían en la Liga Central. A fines de octubre de 1923 la revista *Tierra* informó que ya se habían mandado pedir al extranjero los aparatos de radiotelefonía necesarios para recibir la señal. Se deben haber quedado en el camino o en la aduana, pues dos meses después ocurrió el golpe delahuertista.

En 1923, último año en que Carrillo Puerto gobernó Yucatán, la CYY realizó algunas transmisiones irregulares, que se interrumpieron, según unos, porque un rayo derribó la antena y, según otros, porque las tropas de Ricárdez Broca la desmantelaron. El hecho es que Felipe no pudo ver —ni oír— realizado su sueño radiofónico y no fue sino en octubre de 1924, diez meses después de su muerte, que el senador socialista Arturo Cisneros Canto solicitó a la Secretaría de Comunicaciones y Obras Públicas la autorización para instalar una radiodifusora en el local de la Liga Central y 16 repetidoras en cada uno de los distritos administrativos del estado.

En el tiempo en que, como colaborador en Motul de la *Revista de Mérida*, Felipe viajaba con frecuencia a la capital del estado, le llamó seguramente la atención que en el concurrido Circo Teatro Yucateco del barrio de Santiago —local techado donde se realizaban corridas, charreadas, representaciones teatrales, eventos deportivos y donde en una magna reunión el partido lo había designado candidato a gobernador— se anunciaran las "vistas" que con un equipo Lumière proyectaba Enrique Rosas. Y quizá le tocó ver en el mismo lugar la cinta *Los carnavales de Mérida,* que los hermanos Alva habían filmado en la propia ciudad.

Ya no estaba Felipe en Yucatán cuando Manuel Cirerol Sansores, con una cámara Ensing, filmaba al rebelde Lino Muñoz en el rancho Tacubaya, donde se hizo fuerte, y más tarde el hundimiento del cañonero *Progreso*, atacado por las tropas de Argumedo. Sí conoció, en cambio, los documentales titulados *Noticiero peninsular*, que Cirerol, Carlos Martínez y Edipo Castillo le mostraron al gobernador Alvarado, y también pudo ver filmaciones que el sinaloense les encargó, como la de una cena ofrecida a las familias notables del estado —ágape que para su registro cinematográfico tuvo que ser iluminado por veintenas de velas romanas sostenidas por decenas de voluntarios— y la reconstrucción histórica *La independencia de México*, para la que el gobernador y comandante militar proporcionó tropa.

Como jefe del ejecutivo estatal, Carrillo Puerto fue invitado a la inauguración del Cine Bosque en la nueva colonia San Cosme, fundada por el cubano Joaquín García Ginerés en las afueras de Mérida. Operada por Rafael García Comas, la sala de proyecciones, donde también se presentaban obras teatrales y otros espectáculos, fue la primera de este tipo fuera del centro de la ciudad, y la película que vio el gobernador fue *Los amores de una reina*, con Norma Talmadge. Ahí Felipe se encontró con Manuel Cirerol.

—¿Qué haciendo, *boshito*? ¿Viniste a la inauguración?

—Por aquí vivo, en lo que llaman "La Toluca", entre la 18 y la 25. Y vine a acechar cómo le quedó su cine a mi vecino Rafael. Fui yo quien lo embarcó en el proyecto... Por este rumbo no hay otras salas y a la gente le gusta tanto el cine.

—¿Tú sigues filmando?

—Sigo. Con el ingeniero Carlos Martínez Arredondo formamos una empresa Cirmar, y acabamos de terminar la edición de *Los amores de Amparito*.

—¿Y no quisieras volver a hacer documentales para nosotros, como los que hiciste para Alvarado?

—Lo que usted ordene, gobernador —dijo cuadrándose.

Y Cirerol compró una flamante cámara Edison Universal y, haciendo equipo con Santos Badiá, filmó testimonios cinematográficos promocionales para el Partido Socialista del Sureste y la Liga Central, entre ellos *Las jornadas agrarias*, *Las visitas de Obregón*, *Calles*. Sería Manuel Cirerol quien en 1923, enviado por su amigo a los Estados Unidos a conseguir armas y una embarcación, haría el último e infructuoso esfuerzo por salvar a Carrillo Puerto y su gobierno del golpe de los infidentes delahuertistas.

La radio y el cine eran lo nuevo, pero las representaciones a las que los peninsulares estaban acostumbrados ocurrían en vivo y habían sido popularizadas por las compañías itinerantes o radicadas en Mérida que animaban lo que se conoció como Teatro Regional Yucateco. En el ámbito teatral destacaba la Compañía de Zarzuelas Regionales de los Herrera, familia de histriones que originalmente se inspiraba en los "guarachudos" de la compañía cubana *Bufos de Salsas*, *troupe* que a fines del siglo xix hiciera reír a los yucatecos del común y repelar a la gente decente.

En Motul había un teatro que de joven Felipe frecuentaba, y ya como gobernador impulsó las artes dramáticas, con obras representadas tanto en el Peón Contreras como en una sala propia, el teatro Fanny Anitúa, amplio local al aire libre para el que los socialistas habían habilitado uno de los patios del edificio de la Liga Central, una espaciosa construcción ubicada donde había estado la estación de tren a Valladolid, en el tradicional barrio de Santiago.

"En Mérida acaba de inaugurar la Liga Central de Resistencia un teatro en el que se seguirá un programa decididamente de tendencias colectivistas para la ilustración societaria", escribió Felipe en un balance de su gestión. Y en una carta a José Ingenieros de febrero de 1923, le informa que han "inaugurado un teatro en la sede de la Liga, donde en breve iniciaremos una serie de representaciones". Y así lo hicieron, con dramaturgia, entre otros, de Manuel Cirerol, Eduardo Urzaiz, el maestro Pacheco Cruz —quien para el caso escribió *La voz del amo*— y Edmundo Bolio, de quien se representó *Los ladrones*.

Entre los teatreros de entonces comenzaba a figurar un joven delgado y bajito —"¿No serás un *alux*?", le decían—, quien vivía por el rumbo de La Mejorada y que en los días en que Felipe era corresponsal en Motul había publicado algunas cosas en *La Revista de Mérida*, de modo que posiblemente se conocieron en las oficinas de Delio Moreno. En 1918 el joven dramaturgo vio representada en Mérida su obra *La montaña*, y en 1919 publicó *Xtabay. Leyenda en un acto*. El hijo de don Lorenzo Abreu se fue a la ciudad de México al año siguiente, pero en 1924 escribió y publicó un recuento del Teatro Regional Yucateco, que destaca su importancia en la reivindicación identitaria de los mayas: "Los indios, los esclavos de siempre, llenos de alegría, se levantan y exclaman con una lumbre en los ojos: ¡*Ilé!* ¡*jach jatzútz!* El teatro regional yucateco está hecho". Años después Ermilo Abreu Gómez escribiría un relato indispensable que le hubiera gustado a Felipe: *Canek.*

Como parte de esa corriente y siempre apoyados por la experiencia de Héctor Herrera Escalante en las lides del teatro popular, los socialistas transformaron al Fanny Anitúa en un espacio caliente al que los meridanos y los ligados de los pueblos que visitaban la capital concurrían con el mismo entusiasmo con el que iban a las carpas y los teatros en forma de Progreso, Motul, Valladolid, Izamal, Tixkokob, Espita, Calkiní... ¡*Ilé!* ¡*jach jatzútz!*

La efervescencia yucateca y en especial meridana era política y cultural, de manera que también se publicaba, se leía y se hablaba apasionadamente de literatura. Al inicio de los años veinte había en Mérida numerosas imprentas, muchas de ellas editoras de libros: Talleres Gráficos Manzanilla, Compañía Tipográfica Yucateca, Imprenta Universal, Editora Mayab, Imprenta Modelo, Imprenta Espinosa, Talleres Gráficos de la Revista de Yucatán... Había también abundantes librerías: Al Libro Mayor, Librería Burrel, Librería ABC, Librería Espinosa...

Cuando tenían tiempo, Felipe y Eduardo Urzaiz se iban a tomar un café a Ambos Mundos, de Juan Ausuaga, que estaba en los arcos de la plaza mayor, precisamente junto a Palacio. Esta vez habían pasado antes a recoger unos libros a la librería de Justo, hermano de Juan, que ocupaba el local adjunto, y al entrar al café se cruzaron con el loco Estanislao, quien se marchaba acompañado por el pasodoble que cada vez que entraba o salía *Tamix* tecleaba con brío el maestro Martínez, pianista del local.

—Ahí están *El Chato* Duarte y Héctor Herrera —comentó Felipe, saludando al libretista y el teatrero.

—Como siempre. Pero si nos sentamos con ellos, *El Chato* va a empezar con sus bromas. Y yo quiero saber qué te pareció mi novela. Mejor nos vamos con Mimenza y Rosadito, que están hasta el fondo y lejos del piano.

—Hola, gobernador; hola, *Chivo*. Siéntense —dijo Mimenza.

—¿No te molesta que te digan *El Chivo*? —le pregunto Rosado a Urzaiz.

—Lo prefiero a que me digan *El Tuerto*, que también lo soy —dijo el médico mesándose la barbita.

Después de informarse unos a otros sobre la marcha de sus responsabilidades: la Universidad, el Museo de Yucatán, el Museo Arqueológico y la gubernatura, los amigos entraron al tema que le interesaba a Eduardo, su reciente novela titulada *Eugenia*, un relato de ciencia ficción publicado en 1919, que Felipe acababa de leer.

—Me interesaron mucho las partes en que describes el mundo futuro. Pero pronosticas una masacre mundial más grande que la que apenas concluyó. ¿De veras crees que viene lo que llamas "la generalización de la guerra"?

—Sí, eso creo. Pero más adelante digo que será la última. Después habrá paz y se borrarán las fronteras.

—También me gustó lo que escribes de los yanquis. Y tú conoces al monstruo por dentro, viviste allá más de un año. Mira, lo tengo subrayado para enseñárselo a Roberto, que ya se regresó a su tierra.

Felipe buscó la página y leyó: "Los Estados Unidos, aquel conglomerado de mercaderes en que el obrero tenía vendido al patrono hasta su voto de ciudadano, en que los negros eran peor tratados que los animales y en que el capital gobernaba hasta al Gobierno mismo".

—Y lo de la eugenesia, ¿qué te pareció? —preguntó Eduardo—. ¿Cómo ves que nosotros pudiéramos parir y los machos fuéramos los reproductores?

—Te confieso que la idea me da ñáñaras. Pero me sirvió para ponerme en el lugar de las mujeres.

—De eso se trata.

Seguían hablando de libro cuando Antonio Cortés, chofer y ayudante de Felipe, pasó a avisarle que lo buscaban de urgencia. Rosado y Mimenza se quedaron en el café y el gobernador salió tras de Antonio, mientras Urzaiz se encaramaba en la alta silla que el limpiabotas Juan Palomino tenía a la entrada de Ambos Mundos y le pedía que le boleara los zapatos.

—Pero sin mancharme los pantalones, que son blancos —encareció el médico arremangándolos.

—Siempre son blancos, *Chivo*. Creo que no tienes otros —reviró Palomino, arrimando su silla de ruedas y esgrimiendo el amenazante cepillo.

"No más escuelas cárcel"

Durante corto tránsito por las aulas donde cursó la primaria, Carrillo Puerto debe de haber sido buen estudiante, pues su maestra lo designó "alumno príncipe", pero sospecho que le fastidiaba la rigidez disciplinaria de la escuela. Y en cuanto a aprender, sin duda recibió más lecciones de la vida hablando con la vieja Xbatab y con Pancho Caamal, o trabajando como agricultor, como comerciante, como rielero, como carretonero... que en el salón de clases. Por esa experiencia, y también por las buenas ideas pedagógicas del maestro José de la Luz Mena, en cuanto llegó al gobierno Carrillo Puerto se propuso cambiar radicalmente la enseñanza en Yucatán.

Desde 1915, cuando aún estaba en Morelos, algunos maestros yucatecos habían iniciado la revisión crítica de los principios autoritarios y métodos represivos de una "escuela cárcel" que impartía enseñanzas verbalistas y alejadas de la vida. Esto ocurrió en el Primer Congreso Pedagógico, cuya voz más destacada fue la de José de la Luz Mena, profesor del Instituto Literario. Ahí, bajo el concepto de "enseñanza racional", se estableció que en educación "el principio básico es la libertad" y que el maestro, más que "instruir", debe "incitar". En el Congreso de Motul se retomaron estas definiciones y se acordó crear una Normal Socialista para formar al nuevo magisterio, y en el de Izamal se ratificó todo lo anterior.

En 1921, siendo Berzunza gobernador, el Congreso local aprobó la Ley de institución de las escuelas racionalistas, que Carrillo Puerto promulgaría el 6 de febrero de 1922, en los primeros días de su administración. Dicen los considerandos de la Ley:

En nuestras aulas el niño permanece atendiendo, inmóvil, de tres a cinco horas diarias durante varios años, las lecciones que le da el maestro; éstas son para él con frecuencia un fastidio y carecen de sentido. La escuela como tal parece que sólo persigue realizar la herencia de dominio que privó en tiempos pretéritos y hacer

del futuro ciudadano un ser dócil, sin iniciativa y sin responsabilidad... En cambio, la escuela que educa por la acción es una institución que refleja y reproduce los principios en que descansa la
vida social. La educación por la acción evita el antagonismo entre la vida escolar y la vida social. En las escuelas que educan por
la acción o por el trabajo existe una verdadera comunidad de maestros y alumnos. Las decisiones que se toman sobre asuntos escolares son resoluciones de la asamblea.

Los tres breves artículos de la primera Ley que promulgó
Felipe pretendían ser el marco de una amplia revolución educativa:

La adquisición de los conocimientos descansará sobre bases de
libertad... La recapitulación de las nociones científicas que se mi-
nistre a los educandos será resultado de experiencias y aplicacio-
nes que se hagan en los talleres y de observación de la naturaleza... La recapitulación o adquisición científica no seguirá el orden
lógico hasta ahora dispuesto en los programas, sino que el conocimiento será asimilado porque se presenta la posibilidad de adqui-
rirlo o porque los alumnos lo soliciten... La cultura política no se
concretará a la explicación de los poderes públicos, los derechos
y las prerrogativas del ciudadano sino también al conocimiento
de las reglas de bienestar social contenidas en el artículo 123 de
la Constitución y la noción moral de que la propiedad privada
debe reprimirse las veces que ataque a la sociedad, contenida en
el 27 constitucional... Los sacerdotes no podrán en ningún caso
ser agentes de instrucción...

Y de la norma se pasó a la realidad. En ese año el gobierno
de Carrillo Puerto fundó escuelas racionalistas donde no había
premios ni castigos, no se hacían exámenes, no se entregaban
diplomas ni títulos... Escuelas donde se aprendía en campos,
talleres, laboratorios... Escuelas donde se estudiaba historia
del trabajo o economía política y se revisaban los artículos 123
y 27 de una Constitución federal que tenía apenas un lustro de
promulgada.

Apasionado de la renovación de los procedimientos agrícolas, el motuleño que había aprendido a cultivar la tierra en
Ucí creó escuelas granja, pero igualmente escuelas industriales.

Y también escuelas nocturnas especiales, tanto para formar a los trabajadores urbanos como para capacitar en conocimientos de administración a los mayocoles y encargados de las haciendas.

El método educativo era revolucionario: se enseñaba a leer y escribir a partir de "experiencias centrales" en la vida del trabajador y, en el caso del campo, a partir de su relación con la naturaleza. ¿Paulo Freire? Sí, Freire antes de Freire.

En una carta a Calles de abril de 1922, Felipe le comentaba al secretario de Gobernación las novedades yucatecas: "Se ha implantado en el estado la Escuela Racionalista, que es la única que viene a llenar las necesidades más urgentes del proletariado, desterrando de una vez por todas los carcomidos y arcaicos sistemas antiguos basados en el fanatismo religioso y las conveniencias de la burocracia".

La Revolución yucateca fue un socialismo maya *sui generis* sustentado en un gran vuelco cultural que, sin negar los aportes de la modernidad —en lo técnico los nuevos procedimientos agrícolas, en lo político-social el marxismo—, reivindicaba a la antigua civilización del sureste no como patrimonio inerte sino como herencia viva que confiere identidad al pueblo peninsular, mestizos incluidos.

"UNA ORGANIZACIÓN QUE ALCANZA HASTA LA ÚLTIMA ALDEA"

La etnicidad es siempre de base comunitaria. Sin embargo, en la península la expansión de las haciendas y el reacomodo de la población en función del henequén habían reducido y desgastado los asentamientos ancestrales; poblados mayas que, para liberarse del yugo, necesitaban nuevas y superiores formas de cohesión. Y éste fue el mayor aporte del Partido Socialista del Sureste y del breve gobierno de Carrillo Puerto: un partido y un gobierno donde se combinaban virtuosamente el socialismo y el indianismo, la organización política y la organización gremial, el activismo electoral y el movimiento societario.

El Partido Obrero de Yucatán, luego Socialista de Yucatán y más tarde Socialista del Sureste, surgió de arriba para abajo, como iniciativa del gobierno militar de Alvarado, que necesitaba respaldo de un grupo político local. Y al principio no fue muy distinto de otros institutos forjados al calor de la lucha armada o en la inmediata posrevolución, que eran apéndices político-corporativos del poder estatal local y en ocasiones desarrollaban prácticas caciquiles.

La "vanguardia política" de la Revolución yucateca en los tiempos de Alvarado fue una organización fuertemente centralista y marcadamente clientelar, cuyo rápido crecimiento (se funda en 1916, en 1918 tiene ya 26 000 miembros) se explica, en parte, porque para conservar su empleo los servidores públicos tenían que hacerse "socialistas" y porque a los trabajadores del campo y las ciudades les convenía ser miembros del partido para dar cumplimiento a sus demandas.

Pero esto comenzó a cambiar en 1917 y sobre todo después del Congreso de Motul de 1918. Si el respaldo del Centro constitucionalista y la alianza con el sector no monopolizado de la oligarquía le habían permitido a Alvarado estabilizarse en el poder local y crear una fuerza política propia, fue la oposición activa del Centro carrancista, la ruptura del acuerdo con la gran burguesía henequenera y la pérdida del gobierno estatal lo que permitió —y obligó— a Carrillo Puerto y su grupo a transformar un partido de discurso avanzado pero corporativo y clientelar en el instrumento sociopolítico de un amplio movimiento de masas. Una insurgencia popular cuya fuerza mayor venía del campo, pues, paradójicamente, en los tiempos del motuleño y cuando el proceso se radicalizaba, algunos organismos sindicales que habían sido base primera del Partido Socialista Obrero, como la Liga Obrera Ferrocarrilera, se dividieron y parte de sus miembros viraron a la derecha alineando con la oposición.

De 1917 en adelante y sobre todo en las cruentas batallas de 1920, el Partido Socialista del Sureste y sus ligas de resistencia se refundaron como movimiento social mayormente agrario, fuerza de base que ya no era recurso político del gobierno impuesto por el Centro, sino instrumento de los mayas para hacerse del poder —tanto el social como el administrativo— y ejercerlo con prestancia y en su beneficio. "La clase obrera sin un partido político organizado no es sino un cuerpo sin cabeza…Toda lucha de clases es una lucha política cuyo fin es la conquista del poder político", eran algunos de los conceptos tomados de los de la Tercera Internacional que inspiraban al Partido. En esta perspectiva, es verdad que las ligas representaron en la revolución yucateca un papel semejante al de los soviets en la rusa.

En "El nuevo Yucatán", Carrillo Puerto explica lo que son las ligas y la importancia que tienen:

> El poder que ha hecho posible la repartición de tierras en Yucatán es la liga de resistencia; una organización que alcanza hasta la última aldea, que está en todas las ciudades, caseríos y haciendas. Esta organización es la que ha cosechado los frutos de la Revolución y los ha guardado para los indios. Actualmente tiene alrededor de ochenta mil miembros.
>
> La liga es más que un partido político; es más que una institución educativa; es más que un instrumento para gobernar: Es todo esto combinado. La liga es un instrumento que está rejuveneciendo al indio maya y dándole el poder que necesita para llevar a cabo un amplio programa social. Las ligas son Yucatán. Sin ellas no podríamos hacer ninguna de las cosas que estamos haciendo y los indios no tendrían el instrumento de educación y autodesarrollo que tienen.
>
> Porque esto es una liga, un instrumento para el crecimiento espiritual. Es el medio donde se desarrolla la vida social, política y económica de las pequeñas comunidades. Cada liga verifica una vez por semana su asamblea, donde se discuten asuntos locales y se obtienen soluciones; allí se debaten problemas relacionados con la tierra; en ellas se organizan equipos de béisbol y competencias atléticas.

Carrillo Puerto entendía que no es lo mismo ser opositor que ser gobierno. "Una cosa es revolucionar y otra gobernar", escribió en una carta de 1922 a José Ingenieros. El que gobierna, argumentaba, tiene un compromiso con la transformación de la "realidad concreta"; en cambio, "el conductor de multitudes" busca "propagar ciertas doctrinas". Pero también tenía claro que el poder político no es un fin en sí mismo. "El gobierno del estado de Yucatán no es sino uno de tantos medios o vehículos que utilizaré con el fin de enraizar en la sociedad en que vivo las nuevas disciplinas sociales que buscan senderos menos tristes para la humanidad", decía en la misma carta. Y en cuanto a la relación entre el Partido Socialista y la sociedad, concluía: "Los intereses del partido deben ser sacrificados a los de la comunidad entera... Hay que ganar consciencias más que posiciones materiales".

Otro aprendizaje derivado de la experiencia de ser gobierno fue el de pasar de la resistencia, la oposición y la crítica de la realidad existente a la ardua construcción de nuevas y más amables realidades; transitar de ser reactivos a ser proactivos desplazándose del "no" al "sí" pero también "cuándo", "dónde", "cómo", "con quién"... "Algo hemos avanzado en la tarea de echar abajo las viejas instituciones, pero lo difícil es ir construyendo al mismo tiempo que se derriba."

Pese a que estaba familiarizado con la operación burocrática del aparato estatal, pues había sido alcalde y gobernador interino, Carrillo Puerto entendió siempre que gobernar es mucho más que administrar; en particular cuando se trata de conducir una revolución. En la tarea de dar cauce a un cambio profundo, lo que cuenta es la dirección política que se ejerce desde donde está el poder real; desde el lugar donde se conjugan el poder del gobierno y el poder de la sociedad. Ensamble que en el caso de Yucatán ocurría en la Liga Central; de modo que era en su modesta y siempre abierta oficina de la Liga y no en el suntuoso Palacio de Gobierno donde habitualmente se podía encontrar al gobernador Carrillo Puerto recibiendo comisiones y dando instrucciones a los propagandistas, mientras que en Palacio su secretario de Gobierno se ocupaba de las cuestiones administrativas.

Eso si el gobernador no andaba de gira o entregando tierras en los esperados Jueves Agrarios. Porque a Felipe lo que en verdad le gustaba de la política era estar con la gente: hablar con todos y escucharlos a todos, tentarle el agua a los camotes para de esta manera medir la temperatura social. Como carretonero, como propagandista, como líder del partido, como diputado o como jefe del ejecutivo local, nunca flotó, nunca perdió piso, siguió siendo un hombre sencillo. "No me llames 'ciudadano gobernador', *boshito* —les pedía a los mestizos que le hablan con reverencia—. No soy 'el ciudadano gobernador' ni soy 'el señor Carrillo Puerto', soy Felipe y quiero que me tutees, compañero; que me tutees como yo te tuteo a ti."

Los Lunes Rojos, las reuniones vespertinas semanales de la Liga Central, reunían entre ochocientas y mil personas; en las poblaciones medianas como Acanceh, Tixkokob o Maxcanú se congregan entre cuatrocientas y quinientas, y alrededor de doscientas en poblaciones menores. El Yucatán de Carrillo Puerto era una asamblea permanente y también una fiesta.

Eran los encuentros socialistas festivales sincréticos donde el Yucatán profundo se entreveraba con la variopinta imaginería revolucionaria. Las reuniones nocturnas de los lunes parecían carnavales contestatarios donde se discurseaba, se escuchaban conferencias, se declamaban poemas y se interpretaban piezas musicales idiosincráticas.

En los llamados Lunes Rojos —relata Edmundo Bolio— se fomentó el feminismo y se teorizó sobre la homnicultura, las Universidades Populares, el *birth control*, la eugenesia y el anticlericalismo. En estos lunes culturales se celebraban con frecuencia unos bautizos socialistas que consistían en la presentación social del niño o de la niña que siempre iba desnudo, a quien luego se cubría con flores rojas, por medio de un discurso que generalmente pronunciaba el apóstol Felipe Carrillo Puerto, cuyas palabras de igualdad, fraternidad, amor y trabajo eran epilogadas con acordes de *La Marsellesa*, *La Internacional* o *La Cucaracha*, siguiendo después los poetas o las personas que con pensamientos revolucionarios les ofrendaban a los padres del niño una flor roja.

Para 1923 había numerosas ligas, alrededor de medio millar, con nombres que en muchos casos remitían a los emblemas de la izquierda: Liga Nanchi Cocom, Liga Carlos Marx, Liga Ricardo Flores Magón, Liga Máximo Gorki, Liga Emiliano Zapata, Liga Mártires de Chicago... Y hacían de todo: la Máximo Gorki estableció una granja agrícola experimental; la Edmundo G. Cantón de Mérida formó un equipo de béisbol que realizaba giras por toda la península jugando con los locales; una liga del puerto de Progreso integrada por estibadores fundó una escuela nocturna, experiencia que se replicó en otras poblaciones grandes.

Las ligas participaban igualmente en el cuidado de la salud. La pandemia llamada "influenza española", que se desarrolló entre 1918 y 1919, causó millones de muertos en el mundo y cientos de miles en México; pero Yucatán también era asolado por otras enfermedades como la epidemia de fiebre amarilla, que se prolongó hasta 1920 y fue estudiada por el experto internacional Hideyo Noguchi en el Hospital O'Horan. Como siempre sucede, las enfermedades infecciosas se ensañan con los pobres y una de las acciones sanitarias del gobierno de Carrillo Puerto fue la asistencia médica y la distribución gratuita de medicinas a las comunidades a través de la Liga Central y de las ligas locales. Práctica que se había iniciado antes de su administración y por iniciativa del partido.

Las actividades locales se financiaban con las cuotas de los ligados, 20% de las cuales se destinaban a sostener la Liga Central. A los empleados públicos socialistas se les pedía que aportaran parte de sus salarios a sostener los trabajos del Partido.

Así como las organizaciones gremiales eran parte del organismo político de los socialistas, las ligas y el Partido eran en la práctica aparatos de la administración que encabezaba Carrillo Puerto, quien ya gobernador siguió siendo secretario general de la Liga Central hasta mayo de 1923, en que ocupó el cargo su hermano Benjamín.

"Vivir sin amos"

Quien camina, de vez en cuando tropieza, y los socialistas yucatecos trastabillaron más de una vez. Asociado con los usos y costumbres premodernos propios de todas las sociedades rurales y con los acendrados hábitos caciquiles consustanciales a un orden secularmente autoritario como el peninsular, el entrevero por una parte de lo gremial y lo partidista, y por otra de lo gremial, lo partidista y lo gubernamental, fueron quizá necesarios para gobernar, pero dieron lugar a prácticas viciosas y ocasionaron numerosos conflictos.

La intención era ordenar y centralizar lo más posible la gestión, procurando que en vez de negociarlos directamente las ligas locales tramitaran sus asuntos a través de la Liga Central para que ésta los resolviera o canalizara. Pero vehementemente empoderadas tras de luchar de manera encarnizada por más de un lustro, las ligas buscaban a como diera lugar sacar adelante tanto sus demandas como el derecho a que sus personeros ocuparan los cargos públicos: los de elección y los designados por el gobierno central. Y de no conseguirlo de inmediato amenazaban con abandonar el Partido. Así, inconforme con la persona a la que se había puesto al frente de la Agencia de Hacienda de Temax, la Liga Dzilam González concluye su alegato: "Si esto que pedimos no se nos concede renunciaremos a ser socialistas".

En otros casos las organizaciones gremiales se tomaban atribuciones propias de los municipios. Despojado por la liga de los instrumentos musicales de la escuela, el ayuntamiento de Tinum apeló al gobierno central, quien le dio la razón: "Este gobierno, en acuerdo de hoy, mandó decir a usted que las directivas de las ligas de resistencia nada tienen que ver con los asuntos administrativos; que los instrumentos de música a que se refiere pertenecen a la escuela y por tanto sólo el gobierno puede disponer de ellos".

Algunos suponían que ahora que eran gobierno, quienes participaron en la lucha tenían derecho a ser recompensados. En agosto de 1922, Ariosto Vázquez Delgado, de Muna, le escribió al gobernador Carrillo Puerto una carta perentoria: "Querido Felipe, creo que ya es hora de que tu administración me favorezca en compensación a mi trabajo que muy bien conoces. Este servicio deseo que sea una inspección escolar".

Otro fenómeno que se extendió durante las administraciones de Berzunza y de Carrillo Puerto fue la violencia. Incendios de henequenales y cañaverales, asaltos carreteros, homicidios con saña, venganzas políticas, robos, abigeato, comercio clandestino de alcohol... acciones delincuenciales a veces instigadas por los hacendados y la derecha que buscaban desestabilizar a los gobiernos socialistas, aunque provocadas también por el desquiciamiento revolucionario de un orden secularmente injusto, pero por centurias establecido y previsible.

Despojos, saqueos, desplazamientos forzados ocasionados por gavillas de asaltantes a los que algunas ligas respondieron creando guardias comunitarias integradas por voluntarios que buscaban mantener el orden que la fuerza pública era incapaz de preservar. En algunas ocasiones el gobierno entregó armas a las guardias "para prestar garantías contra cualquier acto que se pretenda o cometa contra las autoridades municipales o contra la liga de resistencia".

Pero a veces el remedio resultó peor que la enfermedad, pues muchas guardias se incorporaron a la delincuencia que debían combatir o en el mejor de los casos resultaron inútiles. En julio de 1923 el presidente municipal de Kantunil le escribía al gobernador Carrillo Puerto: "Le suplicamos mande a la brevedad posible si a bien lo tiene un destacamento de policía para poder reprimir los desórdenes que a diario existen, sin que esta presidencia pueda evitarlo porque los que hacen la guardia se dedican a la embriaguez en los momentos en que más se necesita de ellos".

Felipe sabía que el agandalle, la corrupción y el patrimonialismo se intensifican cuando se tiene el poder, y una de sus preocupaciones mayores fue controlarlos. En una carta al secretario de Gobernación en que le anunciaba que había tomado posesión del cargo, ponía el acento en la honestidad: "Nuestros elementos están yendo ya al gobierno y creo yo que haremos una administración verdaderamente honrada". Y reitera: "Necesitamos una administración que tenga por base la honradez y la actividad".

Pero honestidad es también rendición de cuentas y, para ello, las ligas de resistencia realizaban todas las semanas "asambleas populares", establecidas en sus estatutos, en las que se valoraba el desempeño del cabildo y, de ser insatisfactorio, se le removía. Revocación de mandato por voluntad popular que era signo de una democracia participativa con derecho a enmendar la delegativa, aunque que con frecuencia hacerlo ocasionara conflictos.

Como toda mudanza profunda, la de Yucatán tuvo claroscuros, pero algunas experiencias de entonces aún son inspiradoras. En un texto de 1922, Juan Rico celebra la trasformación de Muxupip:

> El ignorado pueblo de Muxupip es una paradoja: la población más adelantada del mundo y a la vez la más atrasada.
>
> Muxupip es un pueblecito de escasos quinientos habitantes que viven de la agricultura. No hay edificios de muchos pisos, ni autos, ni tranvías eléctricos, ni periódicos, ni militares, ni políticos... Sólo hay gente de bien y casas humildes.
>
> Cuando en Yucatán mandaban los hacendados los hijos de Muxupip eran todos esclavos. Pertenecían al señor de la finca. Las reformas de los "salvajes" revolucionarios los liberaron.
>
> Una vez rotas las cadenas resolvieron que nunca más servi-

rían a los viejos amos y pidieron que se les devolviera la tierra de que habían sido despojados para trabajarla para ellos mismos.

Al cumplir la Revolución su deber de restituir lo usurpado tocó a Muxupip extensión bastante para que cada uno de sus habitantes pueda tener una milpa y una casa de techo de palma. Varias veces al año levantan sus cosechas y llevan una parte al mercado.

Con sus propios esfuerzos sostienen una escuela a la que asisten casi todos los habitantes del poblado; van alumnos de cuarenta y cincuenta y chamacos que apenas levantan tres cuartas del suelo.

La biblioteca se abre todas las noches durante dos horas que son aprovechadas sobre todo por los jóvenes.

Establecieron una novena de béisbol que practica tres veces a la semana y ya ha sostenido encuentros con equipos de segunda fuerza.

Organizaron una banda de música que ensaya todas las noches con instrumentos que les dio el gobierno.

Tienen una liga de resistencia mixta a la que pertenece la totalidad de los habitantes adultos, quienes concurren a las asambleas y a las actividades culturales que se celebran los lunes.

Cura, no lo necesitan. Cantina, no la necesitan. Juego, no lo necesitan. Cárcel, no la necesitan.

Me parece oír las felicitaciones a los hombres de Muxupip. Pero ellos no merecen los parabienes.

Las mujeres eran las que más sufrían. Ellas eran víctimas por partida doble. Cuando el hombre llegaba borracho su primera ocurrencia era darle a su compañera pruebas de amor a estacazos y al otro día no había ni un centavo para comprar de comer. Era necesario recurrir a la tienda del amo donde había quedado el dinero de la raya a cambio de unos tragos, y comprar a precio de oro unos cuartillos de maíz picado o unos metros de manta corriente. Y la carta cuenta aumentaba remachando los eslabones de la cadena de la esclavitud. La mujer ahogaba su dolor en lágrimas. El cura recomendaba resignación, prudencia, bondad...

Un día las mujeres de Muxupip resolvieron vivir sin amos, sin tienda de raya, sin cantinas, sin cura y practicando la religión verdadera: no hagas a otro lo que no quieras para ti.

Y así viven bien.

¿Cuándo habrá muchos pueblos como Muxupip?

"Reactivar la única industria que hay en el estado"

Con los tropiezos, raspones y desviaciones propios de toda trasformación inédita, las ligas, el partido y el gobierno tenían un enorme respaldo popular. Pero el fin de la primera Guerra Mundial y la subsecuente caída de los precios del henequén habían puesto en crisis a la economía peninsular; lo que, vinculado a los quiebres políticos, las cruentas incursiones militares, y la violencia e inseguridad, sumieron en la penuria a la enorme mayoría de los yucatecos.

El gobierno de Carrillo Puerto tenía mayor legitimidad que cualquiera de los anteriores, pero si no resolvía el problema económico social el apoyo no duraría demasiado. Así lo reconocía el gobernador en una carta de febrero de 1922 a Calles, entonces secretario de Gobernación:

> Manuel Berzunza hizo prodigios aquí en el gobierno de Yucatán. Sin embargo, yo que estoy acostumbrado a toda clase de calamidades veo que tendré que luchar muchísimo para salir avante, pues la cuestión económica no se resolverá tan fácilmente como creía y estamos tropezando con muchísimos inconvenientes. En los Estados Unidos se nos hace una guerra abierta por parte de los banqueros y quizá vayamos a tener un fracaso a pesar de los esfuerzos que hacen Tomás Castellanos y Roberto Haberman.

La caída de la demanda, la baja de los precios y la acumulación de existencias no vendibles ya habían provocado la desaparición de la Comisión Reguladora y el regreso de la International Harvester. La situación de la agroindustria era insostenible, pero para Berzunza y Carrillo Puerto resultaba claro que en tiempos de vacas flacas cualquier intervención de sus gobiernos supondría beneficiar a un sector de los productores y enajenarse a otro. Había que elegir y los socialistas lo hicieron.

En diciembre de 1921, dos meses antes de que Felipe tomara posesión, se creó una nueva instancia de control, la Comisión Exportadora del Henequén, que de inmediato implementó una reducción de la producción de la fibra conforme a una tasa variable según el volumen, que iba de 15% para los productores menores a 50% para los mayores. El saldo político fue que los

grandes hacendados le declararan la guerra al gobierno del motuleño, mientras que los modestos, agrupados en una Liga de
Pequeños y Medianos Productores de Henequén, lo apoyaban.

Pero para que la reducción de la producción permitiera regular el mercado aumentando los precios, era necesario primero recuperar el *stock* de fibra que la Erick Corporation tenía
en los Estados Unidos y cuya sola existencia tumbaba las coti-
zaciones, y solventar las deudas de la Comisión Exportadora
que no le permitían acceder a créditos. Se trataba de asuntos que
tenían que ver con el mundo del gran dinero y de las empresas
trasnacionales, un terreno poco frecuentado por Felipe y sus
compañeros, pero en el que se movía con prestancia el camarada Haberman.

Inesperadamente, el aferrado comunista que había dado cá-
tedra de marxismo en el Congreso de Motul y que en la ciudad
de México había acompañado a Felipe en sus acercamientos
tanto a la Comintern como al laborismo resultó un excelente
gestor de los intereses económicos de Yucatán y su gobierno.
Desde los Estados Unidos, donde cabildeaba a favor de la presidencia de Obregón y tratando de contrarrestar la campaña
antimexicana de la extensa cadena de periódicos de William
Randolph Hearst, Haberman le escribió a Calles comentándo-
le la naturaleza del "trabajo que me encomendó Felipe Carrillo
con los lobos de Wall Street". Un mes y medio después, en otra
misiva, el rumano estadunidense reportó que el *stock* de la Erick
había sido comprado y el problema mayor estaba resuelto, lo
que —dijo— derivaría en "la resurrección económica del estado de Yucatán".

La parte comercial del informe es minuciosa:

El resultado inmediato de esta operación, además de habernos ganado la ayuda moral y material de los banqueros, ha sido el alza
del precio del henequén, así como habernos captado la confianza
de todos los compradores en los Estados Unidos, especialmente de
la International Harvester Company, que es la más grande compañía y que también ha sido siempre el más grande enemigo de
Yucatán… En mayo pasado se vendía el henequén puesto en Nueva York a 0.2-3/4 centavos la libra, un precio que no pagaba siquiera los gastos de transporte de las haciendas hasta Nueva York.
Todo el henequén que se ha vendido durante el mes de marzo ha

sido al precio de 0.6-1/2 en el Golfo y 0.6-3/4 en Nueva York; y creemos que pronto podremos subir precio hasta 0.7-1/4, en cuyo caso no habremos sufrido ninguna pérdida pecuniaria en la adquisición del *stock*.

Empero, hay también en la carta un balance político:

Debido a la injerencia que tuvo el gobernador Felipe Carrillo, la Exportadora está manejando el negocio del henequén de una manera honrada y satisfactoria, que no hay un solo hacendado que no esté apoyando a este "muy abusador y temido" gobierno, exceptuando a algunos que estaban trabajando mano a mano con los compradores americanos y explotando a los pequeños hacendados.

Y termina con una conclusión sobre la moralidad administrativa del gobierno de Carrillo Puerto:

Como usted sabe, hay una ley en Yucatán que restringe la producción en un 50% hasta que se agote el *stock* en los Estados Unidos. Es natural que una ley de esta clase dé cabida a muchos abusos, porque como se gana mucho dinero vendiendo el henequén a 0.4, se comprende fácilmente que todos los hacendados quieran vender lo más posible. Es verdaderamente notable ver cómo se ha moralizado este departamento del estado debido a la labor efectiva de Felipe Carrillo: ni los consejeros de la Exportadora ni las personas más influyentes pueden vender una paca más del 50% de su producción. Además, se están publicando diariamente las listas de compras de la Comisión.

Yucatán exportaba fibra de henequén y era indispensable mejorar su inserción en el mercado, asunto en el que Haberman había hecho un muy buen trabajo, pero el sueño de Carrillo Puerto era transitar de una economía exportadora de bienes primarios con poca transformación —hoy dirían "extractiva"— a una economía exportadora de manufacturas. Se trataba de dejar atrás el rentismo henequenero sustentado en las ventajas geográficas y agroecológicas de Yucatán (privilegio que además se había desgastado al multiplicarse los países productores de sisal), procurando una inserción más estable en el mercado mundial basada en la competitividad técnico-industrial.

Con este propósito, y quizá pensando en las Fábricas Nacionales cañero-azucareras de Morelos, Felipe decidió reanimar la quebrada fábrica de cordeles La Industrial, que estaba parada desde los tiempos en que Alvarado había intentado que la fibra se comercializara con más procesamiento.

En febrero de 1922, apenas iniciado su gobierno, asediaba de preguntas al gerente de La Industrial: "¿Qué capacidad de producción tiene la fábrica y cuántos obreros podría emplear? ¿Cuánto capital hace falta para reactivarla? ¿A qué precio se podrían vender los cordeles? ¿Somos competitivos con los productos estadunidenses? ¿Necesita maquinaria? ¿Necesita técnicos expertos?"

La intención era "industrializar la fibra henequenera", de manera que, además de echar a andar La Industrial, el gobierno subsidió el establecimiento de nuevas cordelerías como la de Mayapán y la de San Juan, buscando que trabajaran los tres turnos.

Pero también era necesario diversificar los mercados. En 1919, refugiado en la ciudad de México, Felipe había conocido al agente de la Comintern Mijaíl Borodin, con quien había hablado de exportar henequén a la Unión Soviética, y ya en el gobierno exploró la posibilidad de vender la fibra a ese país, o quizá a Europa, o a Sudamérica.

A fines de 1922 el precio del henequén comenzaba a recuperarse, reafirmando en Carrillo Puerto la idea de que la fibra podía ser una de las palancas del desarrollo de Yucatán. En su informe al Congreso de enero de 1923, había dicho:

> Las duras pruebas y los triunfos ocasionales de nuestra industria henequenera reflejan el sudor, el sacrificio y el esfuerzo de los trabajadores que la crearon. Teniendo esto en mente, mi gobierno hará todo lo que esté a su alcance para mantener y fortalecer la industria y no vacilará en redistribuir en favor de los trabajadores una porción creciente de sus beneficios.

El alza de los precios de las materias primas que hoy llamamos *commodities* se traducía en el incremento del ingreso de los hacendados, no sólo de las ganancias provenientes de la

inversión sino también de utilidades extraordinarias origina-
das en la propiedad de la tierra y en la ubicación estratégica de
Yucatán. Y Carrillo Puerto consideraba que esta renta, nacida
sobre todo del usufructo de un bien natural que es propiedad
de la nación, debía ser recuperada por el Estado y transferida a
los trabajadores.

El 28 de noviembre de 1923, emitió el ya mencionado decreto que permitiría la expropiación de tierras ociosas, iniciativa de Ley que colmó la paciencia de los hacendados porque
amenazaba su propiedad. Pero el 4 de diciembre emitió otro,
quizá más importante, que establecía que el 25% de los ingresos
henequeneros canalizados por la Exportadora se entregara a
los trabajadores en forma de créditos y otros recursos destinados a fomentar las cooperativas.

Atajar las rentas territoriales que habitualmente enrique-
cen a los hacendados y otros grandes usuarios privados de recursos naturales y redistribuirlas en beneficio de los trabajadores, no para que las destinaran al consumo, sino para que las
emplearan en la producción asociativa y solidaria, era una política ciertamente revolucionaria que Felipe ya no pudo aplicar.

"Volver al maíz"

"Sin maíz no hay Mayab. Los yucatecos fuimos un pueblo mil-
pero y mientras no recuperemos nuestra capacidad de producir
lo que comemos no seremos soberanos", repetía una y otra vez.
Lo había planteado en el Congreso de Motul, y lo reiteraba ahora que era gobernador.

El motuleño había visto cómo los hacendados controlaban
a sus trabajadores porque dependían de ellos para comer. Pero
se había percatado también de la debilidad de Yucatán en las
negociaciones internacionales, resultante de su dependencia
respecto de la importación de productos básicos. Ya en 1918,
cuando caía la cotización del sisal y la Comisión Reguladora
negociaba los precios con los Estados Unidos, los yucatecos se
habían topado con los chantajes de su contraparte, el poderoso
Herbert Hoover, de la Administración de Alimentos, quien uti-
lizaba los envíos de granos a la península como letra de cambio y elemento de presión. "No hay de otra: o regresamos al maíz

o seguiremos de rodillas ante los potentados de adentro y de afucra."

El desempleo y la hambruna son recurrentes en ámbitos donde dominan monocultivos de materias primas cuya demanda es fluctuante. Y en la península se agravaron por el notable incremento que durante el auge había tenido la población dependiente de la fibra. Decenas de miles de trabajadores del campo se encontraron de pronto sin trabajo, pero la habitual estrategia rural de refugiarse en la economía doméstica y la producción de autoconsumo resultaban cuesta arriba en la zona henequenera, donde las tierras calizas y pedregosas son poco adecuadas para la agricultura de subsistencia, y donde la milpa —de por sí rala— había sido erradicada casi del todo por el agave. En un estado como Yucatán que, entre mediados del siglo XIX y la primera década del siglo XX, había reducido a un tercio la superficie maicera pasando de 15 000 hectáreas a 4 500 y que importaba masivamente alimentos, entre ellos unas 40 o 50 000 toneladas anuales de maíz, que representaban casi el 60% del consumo, la crisis de la economía agroexportadora era sinónimo de hambre, hambre sin atenuantes.

De 1916 a 1923, a raíz de la caída de la demanda, los henequenales se habían reducido en casi un 40% al pasar de 36 000 a 22 000 hectáreas, provocando una contracción del empleo y el ingreso que con los esfuerzos de las ligas por preservar el monto de los salarios no se podía contrarrestar, pues lo que se reducía drásticamente eran los días trabajados. En este contexto no sólo era inviable la lucha de corte proletario por más trabajo y mayor sueldo, sino que ésta chocaba con la única política posible para enfrentar la mermada demanda, que era reducir la oferta y la producción. Tampoco tenía sentido expropiar y pasar a manos campesinas las plantaciones, entregándoles un negocio en quiebra. Cuando el precio de la fibra se reducía 80% en sólo cuatro años, resultaba evidente que el henequén no podía sostener a la totalidad de la fuerza de trabajo que absorbía en tiempos de auge.

Alvarado nunca creyó en el maíz y, de haber podido, durante su gobierno hubiera desalentado aún más su siembra. "Los ejidatarios —decía— sólo quieren sembrar sus milpas miserablemente pequeñas, no comen más que maíz y no se les puede convencer de que produzcan algo útil para la sociedad en su conjunto."

En cambio, ante un problema que era literalmente de vida o muerte, Carrillo Puerto razonó como lo había hecho Zapata cuando tuvo el control sobre Morelos: para evitar la hambruna hay que recuperar la tierra usurpada por las haciendas y producir nuestros propios alimentos. "Hagamos milpa", había demandado el suriano; "Volvamos al maíz", demandará el motuleño.

Pero para eso era necesario que los mayas tuvieran tierras. Paradójicamente, el trágico retroceso del henequén ocasionado por la crisis de precios abría la posibilidad de dotar de parcelas a los campesinos sin golpear centralmente a los hacendados en una confrontación política y económicamente impertinente que, en la medida de lo posible, era necesario evitar o cuando menos posponer.

Así, apelando al paradigma que subyace en las estrategias de sobrevivencia de los campesinos, los socialistas diseñaron una salida básicamente agrarista: sin abandonar la defensa de los intereses laborales de los jornaleros y acasillados, las ligas debían impulsar la expropiación, dotación y siembra de nuevas tierras, avanzando así en la deseada seguridad alimentaria.

Si querían, los campesinos podían cultivar henequén por su cuenta. Y, de hecho, algunos lo sembraron. La liga de Cansahcab, por ejemplo, decidió establecer 400 mecates del agave, cuyo producto serviría para capitalizar su cooperativa agrícola. Pero con crisis henequenera, desocupación y hambre no tenían sentido las "haciendas sin hacendados" que años después quiso impulsar el presidente Lázaro Cárdenas en todo el país. La intención de los socialistas peninsulares era recampesinizar a los mayas en un sentido radical, lo que suponía devolver la tierra, restituir la milpa, regenerar la comunidad, reanimar la cultura y recuperar la dignidad, y todo en el ejercicio de una libertad recién conquistada. Nada más y nada menos.

Y les llovieron críticas. Los hacendados rechazaron el "regreso al maíz" con argumentos en apariencia contundentes. Su alegato no era nuevo: ya en 1918 Manuel Torre, un administrador de fincas y cabildero de la "casta divina", afirmaba en un folleto titulado *La ruina y el hambre o una guerra intestina amenazan a Yucatán* y salpicado de enfáticas mayúsculas:

Yucatán tiene una gran ventaja adquirida con ser MONOCULTOR. El haber inducido a los braceros de las fincas al CULTIVO DEL MAÍZ ha sido uno de los motivos principales por los que han abandonado el henequén, y hay que convencerse de que nuestra fibra siempre ha dado y seguirá dando para importar no sólo maíz sino todos aquellos productos de los que carecemos. El tiempo que un hombre invierte para producir una carga de este cereal es el mismo que invertirá para producir una paca de henequén de 200 kilos, y el valor que se obtiene por ésta es cuatro veces mayor que el que se puede obtener por una carga de maíz. El cultivo de maíz no sólo es perjudicial sino ANTIPATRIÓTICO.

Más inquietante es que veinte años después, en *El problema agrario de Yucatán*, Sigfried Askinazy, quien, según dice en su libro, había sido militante del "gran partido agrarista ruso, el Partido Social Revolucionario", participante en 1917 en el sóviet de Petrogrado, y que se felicitaba por reencontrar en México la bandera Tierra y Libertad que enarbolaban sus correligionarios rusos, coincidiera con el argumento finquero:

En la zona henequenera, que da irrisorias cosechas de 200 a 300 kilos por hectárea, el maíz no es actividad económica sino más bien ritual. Sembrando su milpa, el maya obedece inconscientemente a sus antiguas creencias cosmológicas según las cuales el maíz es la vida. Es una fantasía pensar siquiera en transformar en milpas los áridos campos de Yucatán. Plantear el problema agrario es hablar del henequén.

Transcurridas otras dos décadas, en *Revoluciones y crisis en la economía de Yucatán*, un estudioso progresista como Antonio Betancourt sostenía lo mismo: "La solución del retorno al maíz, como medio para resolver las consecuencias de la crisis henequenera que afectaban a los campesinos mayas, era de un efecto regresivo".

Veinte años más tarde, en *El socialismo olvidado de Yucatán*, Francisco Paoli y Enrique Montalvo remachan la misma crítica:

El Partido Socialista de Yucatán pretendía lograr la autonomía evitando la necesidad de importar alimentos. Trataba de crear una infraestructura agrícola suficiente para autoabastecimiento de maíz y frijol. Desarrollaba la estrategia trazada en el Congreso Obrero de Motul, expresado por Carrillo Puerto en estos términos: "El estado de Yucatán, bien cultivado, será un centro de producción agrícola capaz de bastarse a sí mismo, puesto que acabará con la tendencia de acaparar todas las tierras para sólo cultivar henequén". Esta posición de Carrillo Puerto en 1918 es bastante utópica y próxima a los ideales tradicionales aprendidos en los campesinos zapatistas y en las lecturas anarquistas.

Tal parece que la teoría de las "ventajas comparativas" es un dogma de fe que unifica a derechas e izquierdas contra la utopía carrillista del "regreso al maíz". Pero primero habría que atender a los argumentos del motuleño y sus compañeros.

El 27 de diciembre de 1920 la XXVI Legislatura local había aprobado una Ley de tierras ociosas, en cuyos considerandos se establece que:

> Yucatán es de carácter monocultor en la actualidad; pero históricamente está comprobado que sus tierras producen algodón, higuerilla, chicle, maderas preciosas, maíz, frijol, caña de azúcar y otros bienes cuyo cultivo se ha reducido o abandonado. Es indudable que si la dirección económica del estado estuviera entregada en manos competentes se hubiera hecho ya una división de zonas agrícolas. Naturalmente el sistema capitalista aleja la posibilidad de la distribución de la propiedad agrícola e industrial por regiones, lo que sólo es factible cuando el interés comunal está sobre el particular o privado; pero nuestro estado requiere urgentemente tener un granero, es decir una región dedicada exclusivamente al cultivo de cereales de primera necesidad para evitar, o mitigar, los rigores del hambre por carencia de estos productos básicos en la alimentación indígena.

O sea, lo que hoy llamamos planeación territorial del desarrollo.

Éstas son razones agroecológicas y económicas. Pero hay otras. En el artículo "El nuevo Yucatán", Carrillo Puerto escribió:

> La distribución de la tierra tiene grandes consecuencias políticas, sociales y económicas. La más obvia y difícil de alcanzar es la diversificación de los cultivos como resultado de la distribución de los

ejidos. Yucatán ha sido por muchos años un estado monocultivador. Todo nuestro esfuerzo se ha ido en el cultivo del henequén.
Cosas que podríamos producir en Yucatán están siendo importadas. Una de las razones para esto es que es más fácil administrar
una plantación de un solo producto que tiene asegurado el mercado. Otra razón es que la importación de comida para dar a los
indios pone a éstos en desventaja mayor que si ellos mismos la
produjeran en su casa. Nominalmente el indio era libre; pero en
realidad estaba siendo endeudado por su comida y, en tanto siguiera debiendo su comida, no podía abandonar la plantación.

Hasta hace cuatro años importábamos todo lo que comíamos.
Importábamos maíz, que es la principal comida del indio; importábamos pollos y huevos. Ahora cosechamos el maíz que necesitamos y cosechamos algunos otros comestibles, incluso para exportar una pequeña parte. En lugar de importar leche enlatada
estamos propiciando la importación de vacas. Cosechamos, pues,
nuestros propios frutos y esperamos que pronto cada población
será sostenida por los bienes que generen sus propias tierras. Todo
está dando al indio independencia económica y mayor confianza
en sí mismo.

Para los carrancistas, Alvarado incluido, liberar era sinónimo de emancipar a los peones de las labores forzosas mediante
la reglamentación del trabajo, mientras que, para el zapatista
Carrillo Puerto, era claro que la contratación libre y la sindica-
lización son inviables en un mundo de haciendas, en un capitalismo canalla como el del sur y el sureste mexicanos donde
pretender la emancipación de los mayas sin que recuperaran la
tierra era simple demagogia.

La perspectiva de cambio del constitucionalismo era pro-
letarista y apuntaba hacia un capitalismo armónico y equi-
tativo; en cambio, la visión del zapatismo morelense y el indianismo yucateco era campesinista y vislumbraba un orden
de comunidades, cooperativas y productores libres. Por esto
Carrillo Puerto fue calificado de utópico, tanto por la derecha
cuyo paradigma es el capitalismo, como por la izquierda cuyo
modelo es un socialismo ortodoxo al que sólo se llega por la
vía de la proletarización de los campesinos y la civilización de
los indios.

El "regreso al maíz" era una propuesta social y económica,

pero tenía un sustento agroecológico que bien cabe destacar en tiempos como los nuestros de crisis ambiental y alimentaria. Carrillo Puerto había sido campesino en Motul y en las Comisiones Agrarias de Morelos convivió con agrónomos que se preocupaban por las cuestiones del cultivo. En el primer Congreso del Partido Socialista había dicho sobre la producción agrícola: "Hasta este momento no hemos comprendido bien lo que este punto significa. En la vida económica de todos los pueblos debe procurarse primeramente que los elementos de primera necesidad no sean importados". Pero no se quedó en la generalidad: después de cuestionar los bajos rendimientos que había encontrado en algunas zonas del estado, expuso su labor de extensionismo agronómico: "En la región de oriente procuré convencer a los trabajadores del campo de que no debían quemar los montes en su totalidad y de que era mucho mejor que removieran las tierras, pues obtendrían dos ventajas: no consumir todas las materias que la tierra contiene y que no haya un desperdicio de madera".

Si bien Felipe sabía por experiencia propia que el sistema de cultivo ancestral es el familiar, también pensaba que cuando es posible hay que impulsar las formas asociativas. Así se había planteado en el Congreso de Motul y así lo explica en una carta de febrero de 1923 a José Ingenieros:

> Los primeros ensayos los vamos a hacer en la organización de cooperativas agrícolas de las ligas de resistencia. Estas cooperativas deberán estudiar e implantar los planes necesarios para conseguir que los campesinos que han recibido sus ejidos aseguren de una manera mejor el producto de sus labores para irles apuntalando cada vez más la independencia económica, germen de todas las demás. Se fundará un Consejo de las Cooperativas, que ejercerá el control directivo, y con el cual estarán en contacto directo todas las organizaciones estatales.

En su informe a la legislatura de enero de 1923, el gobernador Carrillo Puerto pudo reportar con satisfacción que, rompiendo la tendencia de la década anterior, en que la producción local de maíz había disminuido sistemáticamente, en el primer año de su administración se habían sembrado y cosechado con milpas 640 hectáreas adicionales, con lo que para 1923 se podía esperar una cosecha aún mayor del cereal. La soberanía alimentaria de Yucatán se iba robusteciendo.

"Nuestra primera tarea ha sido restituir las tierras"

Carrillo Puerto consideró la posibilidad de operar la producción henequenera mediante cooperativas de trabajadores. Pero éste era un asunto menor que podía esperar; lo esencial y urgente era "dar al indio maya su estatus de hombre libre", emanciparlo de la sumisión y el envilecimiento en el que lo habían sumido un régimen de explotación-dominación donde la opresión económica de clase se entreveraba con el sometimiento étnico y de casta. Y esto no se lograba normalizando la posición del indio como fuerza de trabajo de las haciendas ni tampoco instruyendo que algunas fincas se transformaran en cooperativas. La única posición políticamente liberadora era la zapatista, aunque pudiera parecer una "utopía" o un "retroceso".

Carrillo Puerto lo sustenta inmejorablemente en "El nuevo Yucatán", un artículo escrito hace casi un siglo que, como los buenos aguardientes, mejora conforme pasa el tiempo:

> Nuestra primera tarea ha sido distribuir las tierras comunes a nuestra gente. La apropiación de la tierra por las comunidades indígenas es hasta ahora la contribución fundamental de la Revolución. Estamos tomando esas tierras de las propiedades de los hacendados, dejando a éstos por lo menos 500 hectáreas.
>
> Esta tierra no se da a ningún individuo, las tierras pertenecen a la comunidad; cada quien tiene solamente el derecho a trabajar la tierra y disfrutar los frutos que produzca. En conjunto, cerca de ochenta mil jefes de familia obtendrán sus parcelas en tierra común.
>
> Esta distribución está teniendo consecuencias de largo alcance. La primera es que los indios se están mudando de las grandes propiedades donde vivían y están construyendo sus hogares en pequeños pueblos. Los hombres viejos que no han conocido la libertad, que nunca han tenido el disfrute de la posesión, que nunca han plantado y cosechado por ellos mismos, están empezando a vivir la vida de los hombres libres.
>
> Pero lo más importante ha sido el surgimiento de una nueva

vida, una nueva existencia política, con organizaciones y problemas comunales. El futuro de Yucatán pertenece a los mayas.

Devolución de tierras a los pueblos, robustecimiento de lo comunal y recuperación de la dignidad y la autoestima: cuestiones decisivas para los pueblos mayas que el gobierno de Carrillo Puerto impulsó en todo Yucatán. Y con particular dedicación en su terruño, Motul, donde el único avance previo había sido la entrega en renta a los campesinos de 300 hectáreas de tierras ociosas que le habían sido solicitadas al ayuntamiento en 1921 cuando lo presidía su hermano Edesio.

Ya en el gobierno, Felipe cambió de categoría a Motul, que de ser ciudad pasó a pueblo en una degradación puramente formal que en cambio le permitía reivindicar tierras. Argucia legal que, excepto Mérida, se utilizó en todas las poblaciones yucatecas que habían perdido tierras debido a la expansión de las haciendas.

En los meses siguientes se dotó en Motul a siete ejidos. El 18 de marzo de 1923 se entregaron 680 hectáreas al ejido Kopté, tomadas de las haciendas Kulinché, de Raimundo Cámara Palma, Uitzl, de Alberto Pompeyo, y Dzemul, de José Castellanos Guzmán; el 18 de mayo fueron 1 000 hectáreas al ejido Mesatunich, tomadas de las fincas Kulinché y Kambul, del mismo Raimundo Cámara Palma, y de la anteriormente afectada Dzemul, de José Castellanos; el 25 de ese mismo mes se dotó al ejido Kankabchén de 540 hectáreas, tomadas una vez más de Kalinché, de Raimundo Cámara Palma, de Katichén, de Narciso Campos Sabido, y de Dzununkán, de Victaleano y Álvaro Campos; el primero de junio se dotó a Tanyá con 810 hectáreas tomadas de la misma Szununkán; el 7 de ese mes se dotó al ejido Kankabal de 495 hectáreas tomadas de las fincas de Victaleano y Álvaro Campos, y el mismo mes se dotó a los ejidatarios de Kiní de 3 144 hectáreas.

A Ucí, donde el joven Carrillo había aprendido a cultivar la tierra, le tocó la dotación el 13 de julio. Día de celebrar, en que los ejidatarios recibieron 3 144 hectáreas tomadas de las haciendas Santa Teresa, de Ramón Palma y Hermanos, de Komchén, de Francisco Martínez, de Kankabchén, de Juan Campos Palma, y de Ticopó, de Herberto Gutiérrez.

Las familias más pudientes de la región fueron también las

más afectadas: a los Campos se les tomaron 2 381 hectáreas en cinco expropiaciones y a los Palma, familiares de Isabel, esposa de Felipe, se les quitaron 2 189 en seis expropiaciones.

Sin embargo, y viéndolo desde una perspectiva estatal, las tierras del latifundio finquero yucateco no cambiaron drásticamente de manos. Ni era tal el propósito inmediato de la reforma agraria que emprendió la administración de Carrillo Puerto, quien prefirió entregar terrenos nacionales o incultos a expropiar henequenales. Lo que quizá hubiera cambiado de aplicarse el último decreto de su gobierno, donde se establece que las fincas abandonadas podrán ser incautadas y entregadas a los campesinos a pedimento de las ligas.

Aun así, los Jueves Agrarios fueron productivos: en menos de dos años, que es lo que duró el gobierno de Carrillo Puerto, el reparto de tierras fue el más importante de México después del que se consiguió en Morelos a resultas del zapatismo. En 22 meses se entregaron algo más de 500 000 hectáreas que, sumadas a las casi 140 000 que dotó Berzunza, dan un total de 664 835 hectáreas, en beneficio de treinta y cuatro mil setecientas noventa y seis familias, la cuarta parte de lo que en cuatro años dotó la administración obregonista en todo el país.

"Hasta ahora, más de la mitad de las villas y pueblos del estado han recibido sus tierras y son más de ochenta —escribía Carrillo Puerto a fines de 1923— Cada jueves, y a veces dos días por semana, se distribuye tierra en alguna población. Esta parte de nuestro programa debe ser completada dentro de un año. En conjunto, cerca de ochenta mil jefes de familia obtendrán sus parcelas en la tierra común." Quedó a deber a cincuenta mil, pues, siendo fusilado el 3 de enero de 1924, ya no tuvo el año que necesitaba para cumplir sus metas.

En noviembre de 1923, Carrillo Puerto había decidido radicalizar el reparto agrario y con este fin envió al Congreso local una Ley de incautación y expropiación de haciendas abandonadas. Aprobada el 28 de noviembre, la norma se publicó el 11 de diciembre, horas antes de que el general Ricárdez Broca se insubordinara en Yucatán por cuenta del alzamiento delahuertista. Es razonable suponer que la intención manifiesta en la iniciativa de ir más lejos en la reforma agraria fue lo que motivó el apoyo que dieron los hacendados al golpe. El *César Rojo* debía ser eliminado.

Hasta que el alzamiento de Ricárdez lo hizo imposible, Felipe estuvo entregando tierras a los ejidos. Con todo, para salir de la postración en que estaban los campesinos yucatecos no bastaba la posesión territorial: hacía falta el aprovechamiento productivo de las parcelas; siembras y cosechas, sobre todo de alimentos, que amortiguaran la desocupación y el hambre devolviendo a los mayas el orgullo de producir su propia comida.

Apenas reintegradas las tierras a los ejidos, llegaban a la comunidad dotada equipos de agrónomos que promovían técnicas novedosas para la siembra de alimentos en policultivos tipo milpa. Pero también trataban de convencer a los campesinos de que se estableciera de nuevo la caña de azúcar en las tierras del sur y sureste, adecuadas para ese tipo de plantaciones, y de que otra vez se fomentara la ganadería bovina en el centro y el oriente, ricos en pastizales, recuperando así no sólo la soberanía alimentaria, sino también la diversidad de explotaciones comerciales que antes del *boom* del henequén caracterizaron al estado.

"HACIENDO TANTO CON TAN POCO"

Felipe había sido introductor de ganado en pie a Motul, sabía de bovinos y le preocupaba la creciente reducción del hato ganadero por obra del abigeato y también porque la penuria forzaba a los campesinos a deshacerse de becerras y pies de cría. "Los ganaderos se ven obligados a vender lo poco que tienen para cubrir sus más urgentes necesidades, incluso piezas de corta edad. Esto ha sido en beneficio del pueblo porque el precio de la carne ha bajado, pero debe preocuparnos que este beneficio lo obtengamos a costa de la destrucción de la industria pecuaria." Y desde el gobierno buscó reducir la tasa de extracción y recuperar el hato.

La caña y el ganado se prestan para el trabajo colectivo, y los promotores del gobierno trataban de organizar cooperativas cañeras y ganaderas palanqueadas al principio con apoyos estatales. En el caso de las milpas, que son de manejo familiar, se alentaba la comercialización colectiva de los excedentes.

La escasez y carestía de los granos básicos y su consecuencia, el hambre, no asediaban sólo a Yucatán. A principios de la tercera década del siglo, el descontrol resultante de la lucha armada y la mortandad por la influenza española habían desarticulado productivamente al país y desplomado la producción de maíz y frijol. Informado por Carrillo Puerto de la gravedad que tenía ese problema en Yucatán, que traía sus granos de Campeche —también en crisis—, de los Estados Unidos y de Argentina, el presidente Obregón asignó una inversión de siete millones de pesos "para construir caminos carreteros en las regiones verdaderamente fértiles que en la actualidad se encuentran abandonadas y cultivar ahí productos que sostengan la vida de Yucatán". A Campeche, que enfrentaba una situación semejante, se le canalizaron 300 000 pesos para incrementar la producción de maíz, sembrar arroz y promover los aprovechamientos forestales.

Carrillo Puerto también hizo obra caminera con recursos locales:

> La carretera a Chichén Itzá —escribía en un balance a 11 meses de gobierno— está ya muy avanzada y tengo la seguridad de que a fines de este mes llegaremos al pueblo de Xocempich, que es la mitad del camino hasta las ruinas. La carretera a Chuburná la debemos inaugurar esta semana. El año entrante comenzaremos la carretera de Uxmal y también la de Motul al pueblo de Telchac. Así es que nuestros trabajos están tan adelantados que muchas personas se sorprenden de que estemos haciendo tanto con tan poco.

Meses después, en febrero de 1923, en una carta a José Ingenieros, reportaba lo logrado y anunciaba nuevos proyectos:

> En el ramo de mejoras materiales se ha terminado la carretera Kanasín-Mérida, que se encuentra abierta al público desde septiembre del año pasado. Se terminó también la carretera Chuburná-Mérida, abierta al servicio público el primero de enero. Y en el próximo mes de marzo probablemente quedará terminada la más larga y más importante carretera de Chichén Itzá que hará fácil el acceso hasta el grupo máximo de nuestros monumentos arqueológicos. Además de lo anterior, se han iniciado los trabajos de la carretera Motul-Telchac y de la de Chumayel que contará con el concurso comunista de los habitantes de este pueblo, que, como

los de Kanasín, se han ofrecido espontáneamente a trabajar un día de la semana sin estipendio alguno.

Más adelante, su gobierno emprendió la construcción del camino carrero de Telchac Pueblo a Telchac Puerto, pero ya no lo pudo terminar.

Como rielero que había sido, Felipe tenía planes para desarrollar las vías férreas:

> Hace tiempo se proyecta hacer un ferrocarril de Hunucmá a Sisal; entroncar el de Valladolid con Puerto Morelos; el de Izamal con todo el resto de los pueblos que están al oriente de esta ciudad; y el de Peto con Guatemala. Pero ha sido tan mal administrada esta compañía, que materialmente se han dilapidado millones de pesos que no sabemos ni a quiénes ni a dónde han ido a parar.

Desde 1922, había considerado la posibilidad de que en el subsuelo de Yucatán hubiera petróleo. "Varios geólogos americanos vinieron a estudiar el asunto del petróleo; veremos si se consigue algún dinero para comenzar las perforaciones, pues tenemos aquí un buen taladro que sólo falta moverlo." Ya como gobernador, y respaldado por el gobierno federal, Carrillo Puerto creó la Compañía Peninsular Exportadora de Petróleo, S. A. El primer paso era saber si debajo de los muchos chapopotales que se veían en la península había realmente depósitos significativos del hidrocarburo. En Yucatán se exploró en Ticul, Peto y Tekax; en Campeche se hicieron estudios en los terrenos de varias haciendas: Nahchi, Nachejá, Santa Rita, Chichmué, Monte Bello, Kambul, Cayal, Holkatzin...

La posible existencia de petróleo en el subsuelo de la península era una oportunidad, pero también un riesgo; un serio peligro del que Carrillo Puerto se percataba. En México las compañías extranjeras extraían petróleo desde los tiempos de Porfirio Díaz, cuando las concesiones territoriales les daban derecho a apropiarse de lo que hubiera "desde el infierno hasta el cielo". En el artículo 27 de la Constitución de 1917 se establece que los recursos del subsuelo son de la nación y que el Estado puede darle a su aprovechamiento las modalidades que convengan al bien público, pero las petroleras extranjeras que venían trabajando desde antes alegaron "derechos adquiridos" y a principios de los años veinte empezaron las tensiones y los litigios. Enconados diferendos de los que seguramente sabía Felipe. Así lo sugieren sus reflexiones en una carta a José Ingenieros:

> En nuestras relaciones internacionales con los Estados Unidos veo siempre el petróleo como un peligro, como el origen de nuestra mayor riqueza y también nuestro mayor desastre posible. ¿Recuerda usted que Kruger, exilado de su patria, exclamó dolorosamente que la desgracia del Transvaal fue haber tenido su cuna sobre minas de diamantes? Tal vez México llorará algún día la desgracia de alzarse sobre yacimientos de petróleo.

¿Son los de Felipe los mismos "veneros que nos escrituró el diablo" que preocupaban a López Velarde? Posiblemente sí, pues el poeta escribió *Suave patria* en 1921, y Carrillo Puerto se refirió a la "desgracia de alzarse sobre yacimientos de petróleo" un año después. Y podemos suponer que ambos habían leído en los periódicos acerca del conflicto por los amparos que había ganado la Tamiahua Petroleum Company para evitar que se les aplicara lo establecido en el artículo 27 constitucional. Recursos jurídicos que la favorecieron por tres veces, de modo que causaron jurisprudencia.

Felipe le escribía a José Ingenieros sobre los riesgos de tener petróleo en julio de 1922, cuando México ya producía cerca de 200 millones de barriles diarios. Tres lustros más tarde, aunque la producción era menor, el "peligro" pudo derivar en "desgracia" cuando en la inminencia de la segunda Guerra Mundial Cárdenas tuvo que enfrentarse a las trasnacionales petroleras y a sus países de origen para poder hacer efectivo el derecho de la nación sobre los hidrocarburos.

Es natural que un hombre como Felipe, que leía mucho, quisiera fabricar en Yucatán el material sobre el que se imprimen los libros. Al retirar la fibra de las pencas de henequén queda un bagazo que puede emplearse como materia prima para hacer papel, y a fines de 1922 estaba muy entusiasmado por la visita que había hecho a Yucatán un representante de la fábrica Papelera San Rafael, y sólo esperaba que llegase la maquinaria.

Carrillo Puerto impulsó en primer lugar la soberanía alimentaria de Yucatán fomentando la milpa, pero exploró consistentemente todo lo que pudiera ayudar a la recuperación económica de una entidad en quiebra y a la regeneración productiva de un pueblo sumido en la desocupación y la hambruna. Henequén, caña, ganadería, agroindustria, petróleo, carreteras, ferrocarriles, turismo, industria papelera... El socialismo maya nunca fue maximalista. Si bien desde el Congreso de Izamal tenían claras sus "finalidades comunistas", Felipe y sus camaradas sabían que en política hay que proponerse lo que parece imposible a la vez que se hace lo que en cada momento es posible. Y mientras les dio la vida, así lo hicieron.

No obstante, los hacendados y su prensa, que no bajaban a Carrillo Puerto de "tirano rojo", "falso apóstol", "socialista frenético" y "bolchevique irredento", le atribuían los problemas económicos de la península, ocasionados en realidad por la caída de los precios del henequén, y lo acusaban una y otra vez de haber llevado a Yucatán a la bancarrota. Un periódico de la capital del país escribía en agosto de 1922: "Felipe Carrillo Puerto ha convertido la riqueza de un estado antes opulento en un montón de ruinas y fango..."

Así les contestaba el gobernador:

Dicen que arruiné Yucatán, pero no puede estar en bancarrota un estado donde los hacendados están girando sus utilidades a los Estados Unidos por valor de no menos de tres millones de pesos... ¿Podrá estar en bancarrota un estado que ha repartido a todos los trabajadores del campo tierras bastantes para laborar, al grado de tener actualmente más de 500 millones de kilos de maíz, así como otros muchos granos que produce la tierra peninsular? ¿Está en la ruina un estado donde los trabajadores de las empresas del gobierno como Ferrocarriles Unidos de Yucatán y la cordelería La Industrial reciben reparto de utilidades, lo que en ninguna otra parte se da?

"¿Es o no la mujer dueña de su cuerpo?"

Nunca sabremos si doña Adela, la madre de los hermanos Carrillo Puerto, deseó tener los catorce hijos que le nacieron, o si Isabel, la esposa de Felipe, tuvo seis —de los que le vivieron cuatro— porque así lo quiso. Pero lo más probable es que no les dieran la posibilidad de elegir. En el Yucatán de entresiglos las mujeres no eran dueñas de su cuerpo. Sin embargo, en su militancia primero ácrata y luego socialista, Felipe se fue aproximando al feminismo y tanto su partido como su gobierno defendieron con firmeza el derecho de la mujer a decidir sobre su sexualidad, al control natal y al amor libre. Así, Elvia, su hermana feminista, si bien se casó a los catorce años, sólo tuvo un hijo, Marcial, revolucionando el paradigma familiar al uso.

Ni en la sociedad yucateca ni en las comunidades mayas privaba entonces lo que hoy llamamos *equidad de género*. Si los indígenas sufrían opresión de "raza" y de clase, las mujeres padecían una carga adicional por el simple hecho de serlo. Por fortuna, algunas de ellas y unos cuantos socialistas yucatecos eran sensibles a una urticante contradicción que cruza los órdenes civilizatorios.

En el sueño de Alvarado el protagonismo de la mujer no pasaba de "sociedades altruistas" para satisfacer el "hambre material y espiritual de los pobres"; un feminismo que no debía caer en "ningún extremo ridículo ni contraproducente". Pero en los tiempos de Carrillo Puerto las mujeres comenzaron a empoderarse en serio.

"No tengas miedo, hermana. Tú trabaja con las mujeres, que yo lo haré con los hombres. Y adelante", dijo Elvia Carrillo que le había dicho Felipe. Y así lo hizo la motuleña: en 1912 fundó en su pueblo natal la primera organización femenina de campesinas y participó activamente en el Partido Socialista del Sureste, donde ella y Rosa Torre, las dos maestras, impulsaron con muchas enaguas las cuestiones de género en los congresos abrumadoramente varoniles de Motul e Izamal.

En el primero se argumentó que: "El hombre ha sufrido la tiranía de las leyes y del capital y la mujer no sólo ha sufrido la tiranía de las leyes y del capital, sino también la oprobiosa tiranía de los esposos, de los padres y aun a veces de los hijos. Los gobiernos anteriores no han querido darle significación a los derechos que tiene la mujer, como individualidad humana" y se acordó: "Elevar un ocurso a la honorable Cámara del estado para que se decrete que la mujer yucateca tiene derecho a votar y ser votada". En el segundo se asumió como tarea del partido la "emancipación integral de la mujer".

Con estos resolutivos era previsible que el partido agrupara a numerosas organizaciones de mujeres, entre ellas la Liga Obrera Feminista, formada por vendedoras del mercado y trabajadoras de la Cooperativa Nueva Industrial de productos de henequén. Ya establecido el gobierno de Carrillo Puerto, las ligas femeninas pasaron de 18, en 1922, a 45, en 1923. Y precisamente en 1922 Elvia fue la primera mujer diputada en la cámara local, mientras que Rosa era regidora del ayuntamiento de Mérida. En noviembre de 1923 fueron electas a la XXVII Legislatura las socialistas Elvia Carrillo Puerto, Beatriz Peniche de Ponce y Raquel Dzib Cícero, quienes ya no pudieron ocupar su curul por el golpe militar delahuertista.

En junio de 1923 Elvia participó representando a México en el Congreso Panamericano de Mujeres. En una carta al socialista argentino Alfredo L. Palacios, Felipe encomia su labor:

> El Congreso Panamericano de Mujeres celebrado en la Capital de la República fue presidido por Elvia y, a decir verdad, el trabajo que desempeñó en México fue de lo más satisfactorio y sobre todo de lo más difícil por las condiciones demasiado estrechas del medio. Con firmeza sostuvieron las iniciativas que presentaron por instrucciones de la Liga Central, y que como se referían al divorcio y a las soluciones avanzadas de otros problemas, levantaron una gran polvareda en todas partes. El asombro de la mayoría de las mujeres subió de punto cuando la delegación declaró orgullosamente que todos aquellos adelantos que proponían eran ya cosa conocida y aceptada por todo el mundo en Yucatán.

En 1914 se había emitido una ley federal del divorcio, que Carranza amplió en abril de 1917. En Yucatán Alvarado adoptó la primera desde 1915, y en enero de 1918 hizo aprobar un nuevo Código Civil que facilitaba la separación de los cónyuges si había acuerdo en ello. En marzo de 1923, Carrillo Puerto emitió una Ley del Divorcio que simplificaba más las cosas: "Siendo el matrimonio la unión voluntaria de un hombre y una mujer, basada en el amor y para formar un hogar, éste es disoluble por medio del divorcio, que podrá decretarse a solicitud de ambos cónyuges o de uno solo de ellos". Y como el trámite tenía un costo que presuntamente desalentaba a los pobres, el gobernador modificó el código de contribuciones para que a las personas de recursos escasos que quisieran divorciarse se les descontara el 75% del pago.

Cuando menos *de jure*, en Yucatán el matrimonio había dejado de ser un contrato destinado a perpetuar la unión por mucho que se hubieran deteriorado las relaciones de pareja. "Si el amor esclaviza... ¡Maldito sea el amor!", se titula un artículo publicado en la revista *Tierra*.

Escandalizada por una ley que consideraba anticristiana, la gente decente puso, literalmente, el grito en el cielo. O. Gaylord Marsh, cónsul de los Estados Unidos en Yucatán, se erigió en su portavoz: "El nuevo Código es una pieza legislativa tramposa e inmoral. Es un golpe de parte de una agencia de Lenin, contra el fundamento moral mismo de la civilización". La *Revista de Yucatán* despotricó contra el amor libre; *La Lucha*, también de derecha, publicó varios artículos con el título de "Las mentiras del feminismo".

Por desgracia, una institución tan arraigada y patriarcal no se reforma por decreto, de modo que las parejas yucatecas mal avenidas siguieron juntas y la mayor parte de las mujeres casadas siguieron atrapadas en el matrimonio y responsabilizándose ellas solas de los hijos y los viejos. Los únicos que aprovecharon las facilidades fueron algunos varones que de este modo se deshicieron de esposa y prole. También arribaron a la península extranjeros que querían aprovechar la comodidad; en su mayoría venían de los Estados Unidos, pero llegaron igualmente ingleses, canadienses, italianos, alemanes, rusos, húngaros, austriacos, polacos... la mayoría hombres. Todo un éxito el divorcio *express*.

Carrillo Puerto pensaba que la Ley del Divorcio de marzo de 1923 "tiende a hacerlo menos molesto en sus trámites y a asegurar mejor la condición de los hijos en los resultados de la separación de los cónyuges", como escribió el mes de abril en una carta a José Ingenieros. Pero pronto se dio cuenta de que, dada la cultura patriarcal existente en Yucatán, facilitar la separación podía ser perjudicial para los hijos, de modo que en decreto del 14 de julio se incrementó de nuevo el pago por el trámite, y se estableció que el 70% de esos ingresos se destinara a la Casa del Niño.

Así se lo explicaba a José Ingenieros en una misiva de junio:

Le adjunto ejemplares de las leyes recientemente decretadas, entre las que ocupan lugar prominente la de la Casa del Niño y la del Patrimonio de la Familia, que son a mi ver productos esenciales de nuestra causa, por los fines para que han sido creadas y por los nuevos sentidos que establecen en nuestra legislación. Con la primera llenamos un vacío sociológico que resultó como consecuencia de las reformas en materia de divorcio; definitivamente fijados los cánones que deben regir el divorcio para hacerlo efectivo, ganando con ello el saneamiento de los matrimonios sin felicidad, faltaba fijar la atención en los elementos sociales sobre quienes necesariamente pesan considerablemente las consecuencias, para adaptarlos también de una manera humana y justa al nuevo orden.

En sus estancias en la ciudad de México, Felipe había hecho amistad con la periodista suiza Brundin Thorberg, casada con Haberman y editora de la sección en inglés del diario *El Heraldo de México*, que había fundado Alvarado. Brundin fue anfitriona de la escritora Katherine Anne Porter, cuando ésta decidió vivir en México, y estableció correspondencia con la conocida feminista de Nueva York, Margaret Sanger, autora de un panfleto titulado *Family Limitation*, que explica de manera sencilla algunos procedimientos de profilaxis sexual y de control de la natalidad. Y a la suiza se le ocurrió que el folleto podía ser de utilidad en la prolífica sociedad yucateca, por lo que se lo propuso al no menos prolífico Felipe, a quien contactó con la neoyorquina para que acordaran su publicación en México.

Haberman y el periodista Ernest Gruening lo tradujeron al español y, con el título de *La regulación de la natalidad o la brújula del hogar. Medios seguros y científicos para evitar la concepción*, el folleto salió de los talleres de la imprenta Mayab en febrero de 1922. El editor era la Liga Central del Partido Socialista del Sureste —no el gobierno del estado al que se quiso responsabilizar— y se tiraron 5000 ejemplares.

Como muchas mujeres, Margaret Sanger no la había tenido fácil: un matrimonio convencional en apariencia feliz, pero en verdad opresivo, la llevó a una crisis nerviosa y a una traumática separación. Por ende, su feminismo provenía de su conciencia social pero también de su propia experiencia. En su libro

Woman and the New Race, escribió: "Ninguna mujer puede considerarse libre si no posee y controla su propio cuerpo. Ninguna mujer puede considerarse libre hasta que pueda elegir conscientemente si será madre o no".

En *La regulación de la natalidad*, la neoyorquina se dirige a las mujeres y les habla directo y claro:

> Puede parecer algo molesto el uso del irrigador o tener la preocupación constante de la fecha menstrual; parece que es poco artístico y algo sórdido el introducirse un pesario o un supositorio. Pero es más sórdido y menos artístico que una mujer pobre se encuentre, al cabo de unos años, hecha una sombra de lo que fue antes y con media docena de muchachos hambrientos agarrados a sus enaguas.

Además de recomendaciones prácticas, Margaret aborda la cuestión de los derechos: "Cuando el acto sexual no es deseado por la mujer no debe verificarse, pues constituiría un degradante acto de prostitución, por más certificados de matrimonio que existan sobre la tierra". Argumento que cuestiona acendrados usos, costumbres y "derechos" varoniles.

Pero el colmo son sus descaradas referencias al placer sexual con perspectiva de género: "Hay pocos hombres y mujeres que estén perfectamente unidos para llegar juntos al final del acto. Por lo general el hombre termina antes y la mujer queda en estado de tensión nerviosa que puede ser nocivo para su salud, además de llevarla a que el acto le inspire horror y repulsión".

Y las buenas conciencias se escandalizaron. Como de costumbre, *La Revista de Yucatán* se constituyó en vocera de la derecha y operó una campaña contra el gobierno en la que se acusaba al gobernador Carrillo Puerto de mandar repartir el folleto en las escuelas primarias de niñas.

El 12 de marzo, la clase media conservadora salió a las calles de Mérida en una manifestación de repudio al pérfido panfleto, que fue confrontada por otra de respaldo encabezada por el socialista Miguel Cantón en la que se lanzaron consignas contra el clero y los burgueses, además de petardos y buscapiés. No obstante, siempre indispuesto con los socialistas y abiertamente partidario de la campaña contra los "actos inmorales del gobierno local", el jefe de operaciones militares, general Alejandro Mange, invadió funciones de la policía, reprimiendo en la plaza mayor a los y las que reivindicaban el folleto.

Como saldo positivo de las protestas, la indignación conservadora obligó a que los progresistas tomaran públicamente posición en temas que por lo general no se debatían de manera abierta. Tres obreros padres de familia, por ejemplo, firmaron una carta abierta en la que decían: "No es ofensivo hablar a las mujeres conscientes y advertirlas de que no sean meros instrumentos entregados al hombre". En otro lugar agregaban: "Es mentira que el hogar de un obrero pobre con muchos hijos sea feliz". Concluían lanzando una pregunta que cien años después aún tenemos que hacernos: "¿Es o no la mujer dueña de su cuerpo?"

La respuesta del procurador Arturo Cisneros Canto a quienes le demandaban proceder judicialmente contra el folleto es contundente: "La Procuraduría General de Justicia no puede conformar su conducta en un estrecho criterio moral fruto de hondos y arraigados prejuicios religiosos", de manera que no consideraba delictuosas "publicaciones de índole social o con fines científicos, artísticos o históricos".

Y entra en materia: "Mientras que los ricos, los privilegiados, los capitalistas limitan su natalidad sin que ello les parezca inmoral, en cambio juzgan de la mayor inmoralidad que el pobre, el agotado, el trabajador trate de regular su natalidad".

Finalmente desenmascara las verdaderas intenciones de los promotores de la campaña:

> Si la denuncia obedeciera a propósitos netamente morales, aunque erróneos, no hubieran agitado las olas del escándalo. Pero el gobierno se cree en el deber de decir francamente la verdad; que en la actitud de ustedes sólo hay en el fondo el propósito de hacer política con cualquier pretexto, para entorpecer la marcha de la actual Administración Pública, impidiéndole desarrollar su programa socialista.

Felipe le envió a Margaret el pronunciamiento del procurador Cisneros rechazando cualquier impedimento a la circulación del folleto por "ideas fútiles de moralidad". Comunicación y fórmula que la feminista retomó en un artículo de su autoría publicado en la revista *Birth Control Review*, en mayo de 1922.

La campaña contra la obscenidad de aludir al sexo no se quedó en Mérida: llegó también a la capital de la República, donde el folleto se conoció en coincidencia con la visita de la poeta chilena Gabriela Mistral, invitada por Vasconcelos. Y en su condición de mujer emancipada, la escritora se llevó parte de la repulsa. Un periódico de la capital del país escribió: "Carrillo Puerto fomenta las prácticas obscenas de un marimacho yanqui dizque para reglamentar la natalidad. Y en los matrimonios bolcheviques de su invención, oficia sancionando el concubinato". Por su parte, el diario *Excélsior* impulsó las protestas, que incluyeron un apagón en la ciudad de México. Finalmente, para resanar en algo el daño moral, ese año se estableció que en adelante el 10 de mayo sería el día de las madres, lo que debía ayudar a contrarrestar las prédicas antinatalistas del "bolcheviki Carrillo Puerto en Yucatán".

Felipe no olvidaba que, de joven en Motul, el padre Serafín lo había iniciado en las lecturas subversivas. Sin embargo, la vida lo volvió comecuras y enemigo no tanto de la religión como del fanatismo. Y es que su reformismo social enfrentaba la oposición de la Iglesia, siempre al servicio de los adinerados; pero fueron sus políticas educativas, sobre el matrimonio y acerca del control natal las que hicieron de Carrillo Puerto la bestia negra de la curia yucateca. Aun así, con motivo de su toma de posesión el arzobispo de Yucatán le envió una hipócrita misiva en la que lo felicitaba y le deseaba éxito en su mandato. Felipe reviró con ruda ironía.

> He recibido su carta donde hace votos por mi bienestar y porque logre impulsar al estado por el camino de la paz y el orden, reconquistando su antigua prosperidad... Todo esto podríamos hacer si tuviéramos la colaboración verdaderamente cristiana de usted y de todos los que componen el clero yucateco; pero por desgracia ninguno ha dado pruebas de querer imitar a nuestro señor Jesucristo, uno de los primeros socialistas del mundo... Si su bondad llegara al grado de acompañarme a las giras que yo he de hacer a todas las poblaciones del estado, con su sola presencia haría la paz. Entonces usted y yo convertiríamos en próspero este estado agobiado por las injusticias sociales y económicas.

El arzobispo nunca contestó.

"No se les oculta a ustedes la necesidad
de tumbar a Felipe Carrillo Puerto"

No sólo la casta divina, las almas puras y las sotanas le hacían la contra al gobierno de Carrillo Puerto, éste también tuvo que enfrentar en junio de 1922 una huelga ferrocarrilera que en su momento más álgido se extendió a Campeche.

Organizados inicialmente por los activistas de la Casa del Obrero Mundial, los trabajadores de Progreso fueron la primera base social que se procuró Alvarado a su llegada a la península. Y fueron también los primeros integrantes gremiales del Partido Socialista Obrero y los que participaron en el crepuscular Congreso Obrero que los alvaradistas en retirada organizaron en 1917, poco antes del Congreso de Motul, un encuentro donde fue patente que el sustento mayor del Partido Socialista del Sureste eran las ligas de resistencia campesinas y no los sindicatos obreros. El proletario yucateco era, pues, un sector dividido y susceptible de ser utilizado por el anticarrillismo de derecha.

La crisis del henequén, la caída de las exportaciones y la consecuente reducción de los movimientos de mercancía obligaron a que la empresa estatal Ferrocarriles Unidos de Yucatán intentara bajar sus costos —que una nómina inflada hacía insostenibles— buscando que los sindicalizados aceptaran una reducción en sus salarios. Medicina difícil de tragar por los trabajadores, que dividió a los rieleros entre los que alineaban con la Liga "Torres y Acosta", que la aceptaron, y los que formaban parte de la Liga Obrera de Ferrocarrileros, que rechazaron la propuesta y contaban con el apoyo de la Federación Obrera de Progreso.

Y el conflicto escaló. El 23 de mayo Carrillo Puerto participaba con Juan Rico en una reunión del Consejo de los Ferrocarriles donde se negociaba un diferendo entre los trabajadores del riel y la naviera Ward Line. Habiendo terminado la junta, Felipe y Juan fueron invitados a inaugurar un estanque en una finca cercana. De regreso a Mérida, el coche en que iban fue interceptado por otro proveniente de la ciudad, en el que viajaban su hermano Gualberto y el director de ferrocarriles, Rafael Ramírez.

—Están matando a los jefes de talleres y ya volcaron tres máquinas —informaron sin descender.

—Vamos para allá —dijo Felipe.

Al llegar el gobernador y sus acompañantes al edificio conocido como "La Plancha", los agresores se desbandaron.

Y ahí estaban las tres máquinas descarriladas, a una de las cuales le habían arrimado leña con intención de quemarla. Ahí estaban también los dos muertos. Eran el jefe del departamento de carpintería, Claudio Sacramento, y el de energía eléctrica, Gregorio Misset. Los habían matado con saña. La noche del día siguiente los asesinos añadieron un muerto a la cuenta: Pomposo de la Fuente, tabasqueño avecindado en Yucatán.

Así relata los hechos Juan Rico, que con Felipe fue de los primeros en llegar al lugar:

A Sacramento lo llamaron a una casucha y allí unos cuantos obreros le dispararon las armas convirtiéndole en criba. Pero la ferocidad de estos sujetos no tuvo límites con Misset, al que machetearon, dieron de balazos, cortaron las manos y la cabeza, y, pareciéndoles poco, con una gran piedra pretendieron aplastarla, logrando tan sólo saltarle los ojos... Yo afirmo que fue un crimen premeditado para imponerse por medio del terror.

Dos días después, Felipe, que siendo gobernador seguía ocupando el cargo de presidente de la Liga Central, dio a conocer un manifiesto en que los socialistas tomaban posición frente a los hechos:

Los antecedentes del conflicto que ayer culminó sangrientamente en "La Plancha", son los siguientes:

En el mes de agosto de 1921, la Compañía de Ferrocarril necesitó implantar economías y solicitó la cooperación de la Liga Obrera para estudiar un plan de reducción de sueldos y jornales. Por las exigencias, intemperancias y falta de voluntad de la citada Liga, nunca pudo llegarse a un acuerdo.

En vista de que con la Liga Obrera no se había conseguido arreglo alguno, el Consejo de los Ferrocarriles decidió aceptar las proposiciones de la Liga Ferrocarrilera "Torres y Acosta", llegándose a firmar un contrato con dicha agrupación.

La Liga Obrera, como último recurso para conseguir la rescisión del contrato industrial celebrado por la Empresa, provocó y ejecutó, por conducto de miembros suyos, los sangrientos sucesos de "La Plancha" de los que resultaron víctimas Gregorio Misset, Claudio Sacramento y Pomposo de la Fuente.

Hasta aquí pudiera parecer que se trataba de la confrontación entre una organización obrera independiente y dispuesta a defender los salarios y una organización patronal y gobiernista que esquiroleaba. Pero en la sombra otros actores se movían.

La Liga Obrera tenía aliados en los estados del Golfo de México: Campeche, Veracruz, Tamaulipas, y el 5 de junio estalló un paro general solidario en Campeche, Laguna del Carmen, Mérida y Progreso. A las pocas horas, Juan Rico y Samuel Yúdico, miembros de la Confederación Regional Obrera Mexicana y de la dirección de la Liga Central yucateca, marcharon a Veracruz con el encargo de negociar con la Liga de la Zona Marítima, que era la impulsora del paro. No llegaron a nada, pues el asunto no era laboral sino político. "Hablé con diversos líderes —informaría Rico— y todos opinan que se debe declarar la huelga, porque 'es necesario derrocar al traidor Carrillo'. Y es que aquí ya están fructificando las actividades de los políticos que desde hace tiempo están planeando la caída del gobierno socialista."

En las reuniones de la comisión que mediaba entre las partes del conflicto quedó claro el fondo del asunto. En una de ellas tomó la palabra José Gutiérrez, delegado de la Confederación.

—Todos sabemos que el origen de este movimiento es eminentemente político.

—Pues claro que es político —ratificó Yúdico—. En México se han celebrado varias encerronas de conspiradores que ya hasta nombraron gobernador interino de Yucatán.

—Gente nefasta como Sergio Guzmán —señaló Miguel Cantón.

—Sí, él anda conspirando —confirmó Yúdico—. Y también el mayor Vázquez, quien con otros yucatecos golpistas pretende tumbar a Felipe para poner de gobernador a Patricio Sabido, un magistrado de la Suprema Corte…

En el artículo "Sindicalismo contra socialismo", publicado durante la huelga, Juan Rico redondea la idea.

Nuestros compañeros han caído en la más burda trampa. Los políticos del antiguo régimen y los despechados del actual, unidos, son los que están moviendo los hilos con la resolución de hacer caer, no propiamente a Carrillo, sino al socialismo, que, como quiera que sea, representa un gobierno que contraría hondamente a los intereses creados. Los reaccionarios hicieron esfuerzos inauditos para dividir al proletariado yucateco... Ojalá que cuando los compañeros de Progreso se den cuenta de lo que puede suceder, reflexionen con calma y acaben por convencerse de que han escogido el camino más escabroso.

A principios de junio, tres veracruzanos: Emilio Barragán, de la Liga de Marineros; Rafael García, presidente de la Liga de Trabajadores de la Zona Marítima, y Felipe Martínez, secretario de la Unión de Carpinteros y Calafates, fueron comisionados para mediar en el conflicto obrero yucateco. En la ciudad de México los contactó inesperadamente Ramón Vázquez, diputado local suplente de Yucatán y mayor del ejército, quien en tono conspirativo les propuso reunirse con un grupo de personas interesadas en ayudar a la entidad federativa.

Los sindicalistas informaron del encuentro a un miembro del comité central de la Confederación, quien les sugirió que aceptaran la invitación para así saber de primera mano en qué consistía lo que parecía un complot. Y gracias a ellos tenemos detalles de la primera trama golpista contra el gobierno de Carrillo Puerto.

El 2 de junio a las ocho de la noche, un automóvil grande y oscuro, que después llamarían "misterioso", pasó por los tres sindicalistas al hotel donde se hospedaban. Iban en el coche el mayor Vázquez y otro yucateco de apellido Cetina, quien manejaba. Tras un corto viaje pararon frente al número 161 de la novena calle de Las Flores, ante la que después sabrían que era la casa de Patricio Sabido, magistrado de la Suprema Corte y aspirante a gobernador.

—Aquí es, hemos llegado —anunció Vázquez.

En la mansión, lóbrega y silenciosa, los esperaban el dueño y Sergio Guzmán, ex vocal de la Junta de Conciliación y Arbitraje de Mérida. Después de las presentaciones, tomó la palabra Guzmán, quien fue al grano.

—No se les oculta a ustedes la necesidad de tumbar a Felipe

Carrillo Puerto, a fin de salvar al Partido Socialista del Sureste. Y para que esto sea pronto y en beneficio de los obreros, les pedimos su colaboración...

—¿En beneficio de los obreros? —cuestionó Emilio, a punto de salirse del script.

—Sin duda. Y para esto es necesario que la huelga se generalice en el Golfo, a fin de hacer presión en la legislatura, donde tenemos buenos amigos, para que desconozca a Carrillo y nombre gobernador interino al licenciado Sabido.

Y como viera que los invitados parecían dudosos, Gutiérrez abonó su argumento con más información.

—Además, contamos con el apoyo de Ramón Félix Flores, que organizó varias manifestaciones en Mérida contra el gobernador. También tenemos gente en Progreso; en el puerto contamos con Nabor Fernández, con Lino Muñoz, con Anastasio Díaz...

Gutiérrez calló unos segundos para que asimilaran lo dicho. Luego preguntó:

—Y sobre este asunto ¿ya han hablado con Obregón?

—No.

—¿Y con Calles?

—Tampoco.

En ese momento, Sabido —quien, recostado en un amplio sillón, había permanecido silencioso— tomó la palabra y en tono grandilocuente proclamó:

—Por salvar a mi querido pueblo yucateco estoy dispuesto a sacrificarme. En la Suprema Corte se me honra y ciertamente estoy muy tranquilo. Si he aceptado ir a gobernar Yucatán, es únicamente para evitar el desastre inminente... Ahora es necesario que ustedes se definan.

—Así es. Ha llegado la hora de definirse, señores —remachó Gutiérrez.

Emilio se puso de pie y, hablando por sus compañeros, mostró las cartas.

—Nosotros no hacemos tratos con gente como ustedes. Nuestro encargo es evitar que los obreros caigan en las trampas que les tienden los políticos, no conspirar.

Y concluyó alzando la voz:

—Además, vamos a denunciar sus maniobras. Los vamos a balconear.

Los tres sindicalistas se levantaron y comenzaron a salir de la habitación mientras que, percatándose de que habían caído en una trampa, Sabido, Gutiérrez, Vázquez y Cetina parecían haber perdido el habla.

Ya casi habían pasado la puerta los trabajadores cuando Gutiérrez les gritó amenazante.

—Pues cuídense. Más vale que se cuiden.

PEREGRINA

El gobierno de Carrillo Puerto salió bien librado de la huelga de junio, entre otras cosas gracias al respaldo de la Confederación Regional Obrera Mexicana, de la que formaban parte las ligas y que en Yucatán representaban Juan Rico y Samuel Yúdico. Respaldo producto de una alianza con el laborismo nacional e internacional que era parte del acercamiento de los socialistas yucatecos al grupo político de los sonorenses desde los tiempos del Plan de Agua Prieta. Pero también debilitó a la Liga Obrera, no sólo en su legítima lucha laboral, sino sobre todo en su campaña política contra el gobierno socialista, el que el presidente Obregón y su secretario de Comunicaciones, Abelardo Rodríguez, le cerraran las puertas. Y el Partido Socialista había trabajado para amarrar esas útiles alianzas.

Tanto lo ocurrido tras el golpe de Ortiz Argumedo como después con el desenlace de la campaña represiva operada por Isaías Zamarripa le hacían ver a Carrillo Puerto y a su partido que, en los momentos decisivos, el destino del estado y de la península toda dependía de la correlación de fuerzas a escala nacional y en particular de la posición del Centro. Así, su acendrado yucatequismo se combinaba con un intenso y pragmático cabildeo con los grupos políticos que podían ser sus aliados. Y desde principios de 1920, el engarce fue con Obregón, que sería presidente, y sobre todo con Calles, que sería su secretario de Gobernación.

"Ampliando mis cartas anteriores y considerando mi deber informarle periódicamente de lo que ocurra en esta entidad federativa, paso a narrarle los asuntos que a mi juicio merecen ser conocidos por usted", escribió Felipe al secretario de Gobernación en abril de 1922. Y el contacto se estrechó cuando Calles empezó a difundir su determinación de ser candidato a la presidencia de la República, proyecto al que de inmediato se adhirieron los socialistas del sureste. En un telegrama en clave del 2 de julio de 1923 le escribió el gobernador al aún secretario: "Todo cuanto usted arregle en favor de su candidatura es aceptado inmediatamente Partido Socialista del Sureste".

Poco después, ya siendo candidato formal, Calles visitó Yucatán, donde los socialistas hicieron propia su candidatura en una calurosa bienvenida que culminó con una comida en la Granja Chuminópolis a la que concurrieron 500 invitados. En la mesa de honor estaban Carrillo Puerto y Calles, pero también el zigzagueante Carlos R. Menéndez, y otra periodista, la norteamericana Alma Marie Prescott Sullivan, conocida como Alma Reed.

A fines de julio Felipe viajó a la ciudad de México y luego a la hacienda Soledad de Mota, residencia de Calles, a quien le ratificó la adhesión del Partido Socialista del Sureste a su candidatura; iba con el motuleño el líder de la Confederación Regional Obrara Mexicana, Luis N. Morones, quien le llevaba el respaldo del Partido Laborista.

En el mismo viaje a la capital de la República, Carrillo Puerto tuvo un par de entrevistas con Obregón en la vivienda presidencial, que por decisión del sonorense ya no era el Castillo de Chapultepec, sino una modesta construcción cercana que había sido residencia del director del Colegio Militar. Las dos veces comieron en el elegante Restaurante Chapultepec, ubicado igualmente en el bosque. Una comida que fue "muy confidencial", según le comentó Felipe a Calles, respecto de la primera. En la segunda estuvieron, además del gobernador y el presidente, Gabriela Mistral y José Vasconcelos, éste "acompañado por su joven secretaria".

Los contactos del motuleño con el círculo del poder iban en caballo de hacienda, pero otras relaciones políticas comenzaban a volverse peligrosamente personales. La periodista estadunidense que compartiera mesa con Calles y Carrillo Puerto en la comida de Chuminópolis era una joven californiana pelirroja de veintisiete años que con sus artículos había salvado de la ejecución a un adolescente mexicano condenado a la pena de muerte. A raíz de esto, el presidente Obregón la había invitado a visitar México y en febrero de 1923, después de pa-

sar unos días en la capital, Alma marchó a Yucatán comisionada por el suplemento cultural del *New York Times Sunday
Magazine* para escribir sobre Chichén Itzá y Uxmal, donde se
iniciaban exploraciones. Ahí se conocieron ella y Felipe.

"¿Quién es ese hombre alto?", preguntó Alma la primera vez
que lo vio. "Se me figura una antorcha; tan esbelta y con el cabe-
llo rojo", comentó Felipe tras el primer encuentro. Semanas
después ampliaría la metáfora: "Y también por dentro es roja
esa cabeza".

Porque era su pasión, Felipe le habló con entusiasmo de la
cultura de los antiguos mayas. Pero en realidad a ella le interesaba más la situación de sus descendientes.

—Estoy aquí invitada por el gobierno no porque sea exper-
ta en ruinas arqueológicas, sino porque evité que en mi país
ejecutaran a un jovencito mexicano que estaba preso en San
Quintín. Se llama Simón, Simón Ruiz, y tenía sólo dieciséis
años cuando lo acusaron de homicidio en riña y lo condena-
ron a muerte.

—Pero era menor de edad.

—Pues sí. Pero es mexicano y en mi país eso es un agra-
vante... La cosa es que yo escribí un artículo, hicimos escándalo
y no sólo lo sacamos, sino que logramos que se aprobara la *Boy
Honging Bill* por la que nadie de menos de dieciocho años puede ser condenado a muerte.

Hizo una pausa y concluyó.

—La verdad es que quise venir a Yucatán porque ustedes
están haciendo una revolución. Y porque con eso están salvan-
do a miles de jóvenes como Simón de otras clases de condena, de
sufrimiento y también de muerte. Por eso estoy aquí, para ver
y entender.

Felipe la miró con más detenimiento. No sólo era joven y
guapa, era inteligente y aguda en sus comentarios.

—Me han dicho que ha sufrido cárcel y exilio —inquirió la
pelirroja personalizando la conversación—. Pero usted no es
maya. ¿Por qué hace esto?

—Déjeme que le cuente. Cuando yo tenía cinco o seis años
llegaban a la ferretería que teníamos en Motul familias enteras
de vendedores de leña; mujeres, viejos, niños encorvados bajo
la carga. Y yo exigía que les compráramos los atados, aunque
no nos hicieran falta. Me acuerdo de que una vez mi padre no

quería quedarse con la leña y para convencerlo grité, lloré, me tiré al piso y hasta ofrecí poner para la compra el poco dinero que me daban los domingos.

Alma sonrió imaginando al hombrón que tenía enfrente haciendo berrinche.

—Finalmente mi padre les pagó la carga. Pero cuando se marcharon me llevó aparte y me dijo muy serio que, aunque les compráramos toda la leña del mundo, no les íbamos a quitar ese peso de encima. Entonces no entendí, pero más tarde me di cuenta de que hay otras maneras de que los indios se quiten ese peso de encima... Y en eso estamos.

Alma Marie Prescott había estado casada con Samuel Payne Reed, de quien tomara el apellido, pero el matrimonio duró poco y pronto se divorciaron. Mujer vivida y liberal, la californiana no se escandalizó de que Felipe tuviera mujer e hijos, ni se sorprendió cuando un día le dijo que en realidad estaba muy distanciado de su esposa, aunque se llevaba bien con los cuatro muchachos.

Con "la niña periodista", Felipe podía conversar de política, pero también de poesía y sobre todo de música, a la que era tan aficionada como él. Hablaban en español, idioma que como californiana ella manejaba, mientras que, pese a sus viajes por los Estados Unidos, el inglés del motuleño era muy malo.

—Voy a aprender bien inglés sólo para poder hablar contigo en tu idioma —le dijo un día.

—Junto a la casa donde me alojó el cónsul, allá por Santiago, vive Miss Martha Pittman, que es mi amiga y maestra de inglés... El día que vayas te la presento —sugirió Alma, medio en broma medio en serio.

La canción "Peregrina", con letra de Luis Rosado Vega y música de Ricardo Palmerín, fue inspirada por la pelirroja y sugerida por el gobernador. La historia se la cuenta Rosado Vega a Sosa Ferreyro en una carta:

Fue en Mérida, en el año de 1923, cuando nació "Peregrina". La noche del 19 de febrero, a eso de las once, salimos de una velada cultural en la Liga Central y nos dirigimos —Felipe, Alma y yo— al domicilio del maestro Filiberto Romero, director del Conservatorio, donde estábamos invitados a cenar chocolomo. Había llovido en la tarde, y al pasar la calesa en que íbamos por los solares

de San Sebastián, suburbio donde estaba ubicada la casa de Romero, se sentía tan embalsamado el ambiente que Alma aspirando
profundamente dijo:

—Qué bien huele.

Con una galantería que cualquiera habría tenido con una mujer bella como Alma, yo le contesté:

—Sí, todo perfuma porque usted va pasando.

—Eso se lo vas a decir en unos versos —advirtió Felipe.

—Mejor en una canción —dije, aceptando el compromiso.

—Te tomo la palabra.

—No tienes que tomarme nada; mañana estará hecha la letra y se la daré a Palmerín para que le ponga música.

Entretanto, Alma sonreía.

Después de la cena, de vuelta en mi casa, hice los versos; y al
día siguiente busqué a Palmerín y le di el texto. Pocos días después
la canción quedó lista y Felipe y yo llevamos al compositor para
que se la cantara a Alma. Y eso fue todo.

> Peregrina que dejaste tus lugares,
> los abetos y la nieve, y la nieve virginal,
> y viniste a refugiarte en mis palmares
> bajo el cielo de mi tierra, de mi tierra tropical.
>
> Cuando dejes mis palmares y mi tierra,
> peregrina del semblante encantador,
> no te olvides, no te olvides de mi tierra,
> no te olvides de mi amor.

Aunque quizá eso no fue todo. Podemos imaginar que primero dejaron a Rosado Vega, que vivía cerca, y luego la calesa con Alma y Felipe enfiló hacia el barrio de Santiago, a la casa
de visitantes del consulado estadunidense donde se alojaba la
periodista.

—Me gusta Santiago, es un barrio viejo, de tradición —dijo
Felipe— ¿Estás a gusto en la casa consular?

—Estoy muy bien. El problema es el calor por las noches.
Yo soy de San Francisco, y allá el clima es muy parejo.

—Duerme en la hamaca. Debe haber una hamaca en la casa.

—Sí, claro. Tengo en la terraza una gran hamaca con miri-
ñaque para los moscos. La mestiza que viene a limpiar me dijo

que es matrimonial y de seda. Un lujo… Pero no me acomodo. Yo tengo la costumbre de dormir boca abajo y en la hamaca no se puede.

—Cómo no se va a poder. Mira, te explico —Felipe hizo la pantomima de alguien que se acomoda en una hamaca—. Ya que te acostaste de espaldas, la agarras de un lado, la doblas sobre tu hombro, giras y ya está, quedaste boca abajo… Sólo hay que cuidar que también las rodillas estén dentro…

—Me vas a tener que enseñar.

Ellos no se dieron cuenta, pero el conductor de la calesa sonrió.

Por fin el motuleño había encontrado una mujer con la que podía compartir pasiones amorosas y políticas, como Brundin con Roberto, como Evelin con Nath Roy… La relación con Isabel había sido otra cosa. Su esposa —pensaba Felipe— nunca se interesó realmente en lo que él hacía. Y a los 48 años Carrillo Puerto se divorció e hizo planes para casarse con la que llamaba *Pixan Halal*, Alma Reed en maya.

La vida no se lo permitió. Unos meses después, asediado por las fuerzas delahuertistas, Felipe le escribiría a su amada, que estaba en San Francisco: "En medio de estos cruentos y desesperados trabajos en mi imaginación estas siempre tú, mi adorada Alma…". La última frase de la misiva es: "Tuyo hasta que muera".

"LA PRIMERA CRISTALIZACIÓN REVOLUCIONARIA DE LA PROPAGANDA SOCIALISTA"

"Cuando un hombre como usted —escribía Carrillo Puerto a José Ingenieros— asegura que el ensayo que hacemos en Yucatán tiene interés mundial, me siento orgulloso."

Como todos los socialistas de su tiempo, Carrillo Puerto era internacionalista y procuraba estar informado y relacionarse con dirigentes políticos e intelectuales progresistas de todo el mundo, entre ellos algunas figuras del socialismo soviético, incluyendo al propio Lenin, y también su representante personal en México, D. H. Dubrowski, quien estuvo en Yucatán con motivo de su toma de posesión como gobernador. En los

Estados Unidos conoció a Julius Gerner, del Partido Socialista,
y a Morris Helquist y Ludwig Martens, representantes de la
Tercera Internacional. Nexos con la ortodoxia marxista que no
le impidieron vincularse con anarquistas connotados, como el
italiano Leo Marvini, quien dio conferencias en Mérida. Felipe también mantuvo contacto con el periodista estadunidense Charles W. Erving y con el político e historiador Ernst H.
Gruening, quien, invitado por el gobernador, visitó Yucatán en
marzo de 1923. Hacia el sur del continente forjó una estrecha
amistad con los socialistas argentinos Alfredo L. Palacios y José
Ingenieros.

Miembro desde muy joven del Partido Socialista Obrero fundado por Juan B. Justo, Palacios era un orador carismático, el
primer diputado socialista del continente (electo en 1904 por
la circunscripción de Boca) y destacado impulsor en Argentina de la reforma universitaria. En marzo de 1923, Palacios visitó Yucatán invitado por el gobernador y por la recién fundada
Universidad Nacional del Sureste, institución debutante que le
otorgó el primer doctorado *honoris causa* que concedía. Ahí dio
varias conferencias que con otros de sus trabajos el gobierno
imprimió.

Por esos días estaban también en Yucatán los periodistas
estadunidenses Charles W. Erwing y Ernst Gruening, quienes,
junto con Palacios, fueron invitados por Carrillo Puerto a conocer Chichén Itzá. En una carta a José Ingenieros, a la que
acompaña con varias fotografías, Felipe da cuenta de la visita a
la península de su compatriota Palacios: "Adjunto a usted varias
fotografías de la estancia entre nosotros del doctor Palacios,
que asistió a un lunes de la Liga Central. Hizo viaje también
hasta las ruinas y lo verá usted al pie de los gloriosos monumentos".

Para cuando visitó Yucatán, Palacios ya se había alejado del
Partido Socialista Obrero, pero seguía siendo un ideólogo radical que discutía con Felipe la problemática peninsular, mexicana y latinoamericana.

La relación entre el argentino y el mexicano también fue
epistolar; en una carta del 18 de junio de 1923, Felipe se lamen-
ta de que Palacios no hubiera podido estar en la inauguración
de la carretera a Chichén Itzá: "Gran alegría hubiera sido para
mí ver flotando su abanderada melena y su aliancho sombrero

junto a las augustas piedras de las ruinas". Y entre otras cosas le cuenta cómo conmemoraron en Yucatán el día internacional de los trabajadores: "Celebramos un primero de mayo magní-fico, pues inauguramos la Biblioteca 'Zamná', de la Liga; vio la luz pública el primer número de *Tierra*; se obsequiaron jugue-tes a los niños pobres, y se presentó la inmortal obra de Dicenta en el Teatro Fanny Anitúa. Estamos organizando actualmente una semana maya".

Fue a través de Palacios que Carrillo Puerto se relacionó con José Ingenieros, otro destacado miembro del Partido Socialis-ta Obrero de Argentina, quien combinaba la militancia con la medicina, la psicología y la sociología. El argentino y el yuca-teco intercambiaron numerosas cartas entre 1921 y 1923, e In-genieros estaba invitado a visitar Yucatán en diciembre de este último año. "Deseo conocerle personalmente y que esté entre nosotros unos días al menos", escribió Felipe en abril de 1923. El golpe delahuertista impidió que el autor de *El hombre me-diocre* y el gobernador socialista de Yucatán se conocieran en persona.

Las cartas que cruzaron Carrillo Puerto y José Ingenieros ponen de manifiesto la perspectiva latinoamericana que com-partían; la convicción de que la Revolución sería por fuerza subcontinental pero ajustada en cada país a sus condiciones históricas, sociales y culturales. El socialismo peninsular, por ejemplo, tenía que ser agrario y maya.

Documenta el latinoamericanismo de Carrillo Puerto una misiva a José Ingenieros donde escribe: "Por lo que hace a la conveniencia de ir preparando una confederación de todos los países latinoamericanos, mediante la creación de entidades jurí-dicas, económicas e intelectuales, la califico de admirable. Sería el camino práctico de dar forma corporal al sueño de Simón Bolívar".

Si no lo hubieran asesinado en 1924, quizá Carrillo Puerto habría ido a la Primera Conferencia Comunista Latinoameri-cana, realizada en Buenos Aires, Argentina, en 1929, y hubiera conocido ahí al peruano José Carlos Mariátegui, quien en esa ocasión sostuvo: "Las comunidades indígenas, que han demos-trado bajo la opresión más dura condiciones de persistencia y resistencia realmente asombrosas, representan en Perú un fac-tor natural de socialización de la tierra", tesis semejante a la formulada por el yucateco respecto de las comunidades mayas en el artículo de *The Survey* publicado cinco años antes. Y sin duda hubieran coincidido en que, en un continente colonizado como el nuestro, el socialismo será indígena o no será.

Por desgracia, si bien Mariátegui disponía de mucha información sobre la situación política de México, tema sobre el que escribió varios artículos, no tuvo conocimiento de lo sucedido en la península de Yucatán en el arranque de la tercera década del siglo. Mal informado por los delegados mexicanos de que en su país no tenía vigencia la cuestión indígena, el peruano hace sin embargo una excepción: "...salvo en el estado de Yucatán". Eso es todo.

En un largo artículo titulado "El socialismo en Yucatán", publicado en diciembre de 1922 por el cubano Carlos Loveira, quien había sido secretario del trabajo durante el gobierno de Alvarado y tenía una estrecha y prolongada relación con el proceso político social del estado, el isleño destaca la importancia histórica global de la Revolución mexicana, a la que califica de la "primera cristalización revolucionaria de la propaganda socialista, aunque condiciones geográficas, de composición interna y de actualidad histórica le impidieron tener la resonancia y trascendencia de la rusa". Y concluye: "México fue bolchevique antes del bolcheviquismo". Lo cierto es que, bolchevique o no, la primera revolución social del siglo xx fue la mexicana.

Las apreciaciones de Loveira se explican también porque tienen como referente procesos regionales radicalizados como el de Yucatán, respecto del cual destaca la "similitud de origen, trascendencia y posibilidades que guarda con el que prevalece en el país de los soviets". Su conclusión es que las transformaciones impulsadas por el socialismo yucateco constituyen "la situación político-social de mayor importancia en la vida latinoamericana de nuestros días".

Posiblemente el cubano tenía razón: en el arranque de la tercera década del siglo el "socialismo maya" de Carrillo Puerto era una revolución en la revolución, que replanteaba las alternativas emancipadoras del subcontinente —o cuando menos de sus porciones mesoamericana y andino-amazónica— anticipándose varios años a las propuestas, más teóricas que prácticas, del marxista peruano José Carlos Mariátegui en el sentido de que en países de mayoría indígena "una política socialista debe convertir el factor raza en factor revolucionario".

Parado en seco por el golpe delahuertista y el asesinato de Carrillo Puerto junto con algunos de sus más cercanos colaboradores, el ejemplar proceso yucateco no irradió en el continente, al extremo de que un hombre tan bien informado como Mariátegui nunca supo que los mayas peninsulares y sus ideólogos se le habían adelantado casi una década.

"Entregaremos armas y tierras a los indios"

En junio de 1918, de regreso de Zacatecas, donde había hecho campaña militar a favor del Plan de Agua Prieta, y en tránsito a Yucatán, donde lo esperaba la tarea de reconstruir el Partido y las ligas fuertemente dañados por los últimos coletazos del carrancismo, Carrillo Puerto se reunió en la ciudad de México con su amigo y correligionario Roberto Haberman. En el encuentro habrían hablado de las lecciones de la reciente experiencia y las tareas que de estos aprendizajes se desprendían.

—De hoy en adelante haremos lo que el general Calles hizo en Sonora. Entregaremos armas y tierras a los indios. No nos arrebatarán nuestros derechos por segunda vez —sostuvo Felipe.

—Pues sí, las armas —asintió Haberman.

Y, siempre ortodoxo, el rumano estadunidense trajo a colación ideas que él mismo había ayudado a implantar en el socialismo yucateco.

—Uno de los lemas del Partido, que tomamos de la Internacional, reza que no podremos deshacernos de la burguesía sin una guerra civil.

—Sí, Roberto, pero no se trata de una fórmula doctrinaria, sino de algo que nosotros hemos vivido. Ni contra Argumedo ni contra Zamarripa pudimos hacer nada, porque ellos estaban armados y nosotros no. Tuvieron que venir en nuestro auxilio primero las fuerzas militares de Carranza, con Alvarado al frente, y ahora las de Obregón; y todo porque los yucatecos no teníamos con qué —Felipe pensó lo que iba a decir porque a esas alturas Haberman era muy obregonista—. Pero no podemos estar sujetos a lo que se les ocurra a los de México, ¿verdad?

Roberto reflexionó unos instantes, se quitó los anteojos de aro como si no quisiera ver lo que iba a decir y contestó:

—Tienes razón, hermanito, los verdaderos socialistas no podemos estar atenidos a los moderados... por más que sean nuestros amigos.

A diferencia de lo ocurrido en otras regiones, donde después de 1910 la Revolución tomó la forma de una prolongada guerra popular, en la península no hubo en la segunda década del siglo alzamientos campesinos importantes, generalizados y persistentes sino estallidos fugaces, locales y dispersos. En el norte, en el centro y en el sur la Revolución había roto el monopolio estatal sobre las armas, muchas de las cuales estaban ahora en manos del pueblo, lo que no ocurría ni en Yucatán, ni en Campeche, ni en Quintana Roo. Y Carrillo Puerto, que había sido parte del Ejército Libertador del Sur, tenía claro que la desfavorable distribución del poder de fuego tenía que cambiar: "De hoy en adelante entregaremos armas y tierras a los indios".

Desde 1916, en que fue alcalde de Motul, Carrillo Puerto había luchado por que las armas estuvieran en manos de los pueblos y en este caso para que los municipios, como el nivel de gobierno más cercano a la gente, tuvieran control sobre la fuerza pública local. Desde que Alvarado llegó a Yucatán, la policía municipal había pasado a depender del gobierno del estado y se establecieron las Comandancias Militares. Cuando fue alcalde de su municipio, Felipe trató de revertir la medida, pero se topó con la resistencia del gobernador Alvarado. Situación que se mantuvo hasta que la entrada en vigor el 5 de febrero de 1917 de la nueva Constitución, que reintegraba sus derechos al municipio libre, permitió que pocos días después, en marzo de ese mismo año, las alcaldías recuperaran el mando de la policía. En Motul fue el socialista Valerio Buenfil, que había suplido a Felipe en la presidencia municipal, quien recibió el nombramiento de comandante de la Policía Municipal.

Al año siguiente, siendo diputado local, Felipe impulsó con otros dos legisladores socialistas —Manuel Berzunza y Ceferino Gamboa— una iniciativa de Ley para formar la "Policía Rural del Estado", que debía restituirle al ejecutivo estatal el mando de la fuerza pública que había perdido desde que la entidad fue ocupada militarmente por la federación. Decía la iniciativa: "Artículo único. Facúltase al Gobernador del Estado para organizar instruir y disciplinar un Cuerpo de Policía que se denominará 'Policía Rural del Estado' encargado de cuidar el orden en el mismo, el cual se compondrá de ochocientas plazas, teniendo la facultad el gobernador para movilizarlo en la forma que crea conveniente".

Ni Alvarado, que ya no era gobernador, pero seguía siendo jefe de operaciones del Sureste, ni Castro Morales, su personero al frente del ejecutivo, estuvieron de acuerdo con el proyecto y presionaron a los demás legisladores para que todo quedara en "ampliar con ochocientas plazas más el Cuerpo de Policía del Municipio de Mérida". Se hizo patente así que el Centro federal pretendía mantener su monopolio sobre las fuerzas armadas y no estaba dispuesto a ceder poder de fuego a los gobiernos locales. Ésa fue la posición de Carranza y la misma política seguirían los gobiernos del grupo de Sonora: Adolfo de la Huerta y Álvaro Obregón.

La cuestión se discutió en el Congreso de Motul de 1917 y una escueta orientación en el sentido de armar a la gente consta en sus resolutivos: "6.- Instrucción general para la defensa del pueblo (ejército de los trabajadores), en sustitución del ejército permanente que ha servido como medio de opresión".

Años después, recuperado Yucatán por los socialistas gracias al triunfo del Plan de Agua Prieta y dejada atrás la represión militar que ejerció el coronel Zamarripa por cuenta de Carranza, el Partido y las ligas se tuvieron que enfrentar a las veleidades del general Alejandro Mange, comandante militar designado por Obregón. El hombre no trabajaba abiertamente para la oligarquía ni para los partidos políticos de la derecha, pero era torpe, "muy susceptible a toda clase de chismes y cuentos", de "poca inteligencia" y profundamente conservador, o cuando menos así lo describía Carrillo Puerto en una carta a Calles.

Y esto era un problema, pues, como decía la mencionada misiva:

En casi todos los pueblos del estado se está guardando el orden con la poca policía constitucionalista que tenemos, debido a que las fuerzas federales sólo les prestan apoyo a los enemigos nuestros y no al gobierno de Berzunza, como debía ser. En las cabeceras, no en todas, están destacamentos de treinta o cuarenta soldados que en su mayor parte sólo sirven para alarmar a las familias y para que los oficiales permitan el contrabando de aguardiente.

Ya gobernador, Carrillo Puerto siguió buscando armar al pueblo, lo que se traducía en el armamento de las policías de los municipios, gobernados casi siempre por socialistas. En una carta del 26 de enero de 1923 a Calles, que era secretario de Gobernación, escribió:

En otras ocasiones le he escrito al presidente Obregón haciéndo-le ver la necesidad urgentísima que tiene el gobierno a mi cargo de que todos los ayuntamientos de este estado tengan su policía arma-da para su seguridad y resguardo. Y seguramente por sus muchas y muy importantes ocupaciones no le ha podido dedicar a este asunto la atención que merece. Por lo que de la manera más res-petuosa y atenta ruego a usted gestionar ante el Primer Magistra-do de la Nación que nos autorice para la adquisición de mil ciento treinta rifles nuevos, para mayor eficacia, que serán distribuidos en la forma siguiente. Para los puntos que están en las fronteras de Quintana Roo, que son Tizimín, Valladolid y Peto, necesitamos para cada población veinticinco rifles; para Halachó y Muna, que son frontera con Campeche, veinticinco rifles; para todos los de-más ayuntamientos, que son ochenta y ocho, necesitamos diez rifles para cada uno, o sea ochocientos ochenta, que hacen un total de mil cinco rifles. Además, necesitamos ciento veinticinco para el cuerpo de policía volante de caballería que estoy organizando, que será el que urgentemente salga para las distintas poblaciones del estado; haciendo en conjunto los mil treinta rifles que le digo an-teriormente.

Los esfuerzos por armar a la policía municipal respondían en primera instancia a la violencia social que se vivía en el esta-do, conflictividad frecuentemente inducida por los hacendados y sus secuaces para moverle el piso al gobernador. Pero el pro-blema de fondo era político; Carrillo Puerto sabía por experien-cia que la oligarquía peninsular era golpista y con sus provoca-ciones delincuenciales y ataques en la prensa, orquestados por Calos R. Menéndez y la *Revista de Yucatán*, buscaba crear con-diciones propicias para deshacerse del gobierno de los socialis-tas empleando para el golpe definitivo a militares dispuestos a ponerse a su servicio, como Argumedo en 1915 y Zamarripa en 1919. Y ni las ligas, ni el partido, ni el gobierno socialista tenían armas con que defenderse.

El peligro de un golpe crecía porque al aproximarse la mitad de su periodo de gobierno, que entonces era de cuatro años, Carrillo Puerto se proponía dar un paso más en el camino reformista que se había trazado: por una parte, intensificar el reparto agrario echando mano para ello de las tierras que los hacendados no cultivaban, y por otra, redistribuir entre los trabajadores la cuarta parte de la renta henequenera captada por la Exportadora.

El 28 de noviembre de 1923 se emitió la Ley de Incautación y Expropiación de Haciendas Abandonadas, que no hacía más que poner al día la Ley de Tierras Ociosas que Obregón promulgara en 1920, pero que los hacendados llamaron "Ley del Despojo". Y es que la Ley de Carrillo Puerto iba más allá que la de Obregón, al establecer no sólo la incautación sino también la expropiación con indemnización mínima y la entrega de la tierra a los campesinos para su aprovechamiento colectivo.

La otra Ley, emitida en los primeros días de diciembre, instruía la canalización de parte de las utilidades generadas por el henequén comercializado a través de la Exportadora a programas sociales, en especial a cooperativas de producción. Norma complementaria de la anterior, pues garantizaba que las nuevas dotaciones de tierra contaran con financiamiento para su aprovechamiento agropecuario, la cual sin embargo no fue menos cuestionada por los hacendados.

La "Ley del Despojo" fue vista por la oligarquía como un nuevo agravio, pero posiblemente no habría provocado más que iracundos artículos en la *Revista de Yucatán* anunciando el colapso de la economía peninsular si no hubiera coincidido con la emergencia del llamado antiimposicionismo bajo la forma del alzamiento de un gran número de generales que, identificados con Adolfo de la Huerta, se lanzaban contra el gobierno de Obregón, que era el soporte federal de los socialistas yucatecos.

VI. EL FIN DEL PRINCIPIO, 1923-1924

"No tenemos armas para nada"

El 6 de diciembre de 1923, en el puerto de Veracruz, el general Guadalupe Sánchez, al mando de siete mil hombres, se alzó contra el sonorense Obregón y contra el sonorense Calles, a quien el presidente designara como candidato a sucederlo en el cargo, y se pronunció a favor de otro sonorense: Adolfo de la Huerta. El grupo de Sonora se había fracturado. En los días siguientes se sumaron a los infidentes más de la mitad de los generales de división del país, entre ellos Salvador Alvarado.

Pese a que había sido conminado a respaldarlo —"En nombre de la Patria, a la que debemos evitar a todo trance un espectáculo sangriento, invito a usted para que secunde este movimiento", le había escrito Guadalupe Sánchez—, Carrillo Puerto hizo público su apoyo a Obregón, mientras que el partido ratificaba su respaldo a la candidatura de Calles.

El 8 de diciembre, a nombre del gobierno, el partido y las ligas, Carrillo Puerto emitió un manifiesto:

> Del dominio público ha sido ya la tremenda deslealtad del general Guadalupe Sánchez al desconocer al general Obregón, que preside los destinos del país. El pueblo yucateco, amante del orden y el trabajo y respetuoso siempre de las instituciones políticas constituidas legalmente, no debe consentir en la intentona de dicho general, por lo que la Liga Central de Resistencia del Partido Socialista del Sureste, representante legítimo de más de setenta y cinco mil socialistas, convoca al pueblo a que se apreste a repeler cualquier agresión. En nombre del proletariado, de nuestras instituciones legales y de la nación, esperemos que estén firmes en sus puestos hasta vencer o morir.

Esto decía la proclama, pero el temor de Felipe era que, sin armas como estaban, más que vencer, la opción sería morir.

El 5 de diciembre, un día antes del pronunciamiento de Guadalupe Sánchez desembozando un alzamiento que se veía venir, Carrillo Puerto le había enviado un telegrama cifrado a Calles reiterando su demanda de pertrechos de guerra, pero ahora con urgencia y alarma:

> Situación este estado muy difícil. No tenemos armas para nada. Sólo hay cuatrocientos hombres fuerzas federales órdenes coronel Robinson… Creo es inminente llegada barcos cargados soldados de Sánchez para desembarcar Yucatán. Todo pueblo está completamente mis órdenes para defender ideas Revolución y su candidato. Ojalá hiciera usted esfuerzos mandar Tampico mil hombres armados y rifles Winchester pudiera para el estado. Esto es muy urgente. Urgente comuníquelo general Obregón.

El pedido no era nuevo: ya nueve meses antes en un telegrama a Calles, aún secretario de Gobernación, Felipe escribía: "Le ruego a usted encarecidamente que también vea la manera de que podamos adquirir armas, que en una carta traté y debió haberle entregado Juan Rico. Como le dije a usted, son de urgente necesidad y de vital importancia el que las adquiramos".

El 10 de diciembre, en otro telegrama cifrado a Calles, Carrillo Puerto insistía en demandar armamento, pero pidiendo también autorización para internarlo en el país, lo que significa que los yucatecos pensaban pertrecharse por su cuenta:

> Nuestra condición de península demasiado alarmante. Tanto usted como general Obregón como secretario de Guerra heles manifestado necesidad que tenemos de armarnos. Yo sólo he pedido permiso para poder meter las armas y parque, no sólo puedan servir a nosotros sino también a ustedes… Ruégole ver al presidente Obregón y secretario de Guerra, para autorícennos aduana meter dichas armas.

Ese mismo día Calles le respondió: "Bajo mi responsabilidad puede pedir desde luego diez mil armas con su dotación respectiva. Después enviarásele autorización". El mensaje no es una promesa sino un permiso, pues el mayor desafío del gobierno federal era crear las condiciones para retomar la iniciativa militar a nivel nacional, dejando para más tarde los asuntos regionales. Días después Calles saldría a Jalisco para combatir a Enrique Estrada y Obregón marcharía a Veracruz para batir a Guadalupe Sánchez. De modo que por el momento los yucatecos estaban librados a sus propias fuerzas.

"Lo que hace falta en la península son armas, no hombres que las empuñen", repetía una y otra vez el gobernador. Así lo había planteado en el que sería su último telegrama a Calles: "Si trajéramos cuarenta mil rifles habría ochenta mil compañeros que vendrían a tomarlos".

Y como cada día que pasaba le resultaba más claro que ni Obregón ni Calles estaban en condiciones de apoyarlo, Carrillo Puerto envió a Manuel Cirerol a los Estados Unidos con la tarea de adquirir medios de guerra. Así se lo escribió a Alma Reed en una carta que se dio tiempo de escribir la noche del 11 de diciembre de 1923 y que resultó póstuma: "Sólo me desespera la falta de armas. He enviado a Manuel a tu país para ver si puede comprar los rifles y ametralladoras que deseo para defendernos".

El plan era plausible pero tardío, terriblemente tardío. Semanas después Cirerol da cuenta de la tarea que se le había encomendado:

> El día ocho de diciembre próximo pasado recibí órdenes de Felipe para dirigirme a la ciudad de Nueva York, llevando valores suficientes para la compra de armas y parque, con objeto de tener elementos para combatir a los traidores que ya se preparaban a secundar en Yucatán al movimiento encabezado por De la Huerta en Veracruz y que ya había sido llevado a efecto en el estado de Campeche...

Apenas llegó a los Estados Unidos, Cirerol buscó en Washington a Louis Crossette, amigo de Calles y gestor del gobierno ante el Congreso estadunidense. Los movimientos de la pareja, encaminados a darle una salida logística al acosado Carrillo Puerto para después pertrechar a los defensores del gobierno yucateco y del federal, los relata Crossette en una carta a Calles que envió el 4 de enero de 1924, cuando ya Felipe y los suyos habían sido fusilados:

Al llegar aquí don Manuel Cirerol inmediatamente lo acompañé en su viaje a Nueva York. Ahí nos encontramos con que la Sisal Sales Corporation y Tomás Castellanos estaban llenos de alabanzas a Felipe Carrillo, pero no estaban dispuestos a facilitar dinero alguno para ayudarlo. El siguiente era nuestro plan: primero, comprar un yate de los de la Marina americana, lo cual ya había yo dispuesto a un precio no mayor de $2 000 (este barco era de 110 pies de largo y tenía tres motores estándar de 240 caballos de fuerza). Este bote tenía que ser equipado inmediatamente para un viaje a Yucatán. Lo íbamos a equipar con un radio e íbamos a llevar además un equipo receptor y transmisor portátil, con la idea de que don Manuel desembarcaría en alguna parte de la costa, donde él podría enterarse de la situación y el paradero de don Felipe. Si don Felipe estaba en libertad en las montañas, le dejaríamos este equipo portátil para que se comunicara con nosotros de noche. Tan pronto como hubiéramos establecido los medios de comunicación, entonces podríamos conseguir armas y municiones para don Felipe, trayéndolas en el mismo barco…Llegué hasta el punto de organizar una tripulación con algunos de mis amigos que habían estado en la Marina conmigo.

La viabilidad del plan se sustentaba en que el gobierno estadunidense había tomado partido por Obregón y, al tiempo que aplicaba un embargo al tráfico de armas, autorizaba las compras que en este rubro realizara el gobierno legítimo. Los pertrechos adquiridos por México en Estados Unidos, entre otros unos rifles de diseño ruso fabricados en 1917 para el gobierno de Alexandr Kerenski y a su caída almacenados en aquel país, fueron prontamente recibidos por Obregón pero ni uno solo llegó a los yucatecos; en cambio muchos fueron enviados por el gobierno mexicano a los liberales nicaragüenses, a quienes el sonorense apoyaba, y más tarde cayeron en manos del rebelde Augusto César Sandino; pero aunque una parte de los rifles rusos hizo escala en el puerto de Progreso las armas pasaron de largo.

En la coyuntura de 1923 la postura del Departamento de Estado respecto de México fue clara: "El encargado de negocios de los Estados Unidos comunica oficialmente al gobierno del presidente Obregón el acuerdo favorable de la Casa Blanca para que se le proporcionen armas, municiones y demás elementos de guerra hasta la cantidad de 750 000 dólares." Definición estadunidense que se constata en la última parte de la misiva de Crossette: "El Departamento de Marina ha hecho todo lo posible por ayudar, poniendo a mi disposición todas sus estaciones radiográficas, y acordó mantenerse en contacto con nosotros si íbamos a Yucatán".

En espera de pertrechos, el 11 de diciembre la Liga Central convocó a todas las ligas locales a movilizarse y entrenar militarmente:

> Para colaborar con la ola revolucionaria del general Obregón y sostener la candidatura del general Calles, conviene y se debe hacer que, en lugar de las asambleas, se verifiquen semanalmente tres reuniones a la hora que puedan los ligados, a efecto de que se les imparta instrucción militar para que sepan defenderse organizadamente y sostener los ideales del partido y del gobierno de la República. Suplicámosles comuniquen a esta Liga Central el número de hombres con que cuenta cada liga, listos para cualquier evento.

Llamado que también fue tardío, pues al día siguiente los alzados locales tomarían Mérida. El gobierno federal había dejado solos a los yucatecos, las armas no se pudieron comprar y el barco de Cirerol y Crossette nunca zarpó. Las puertas se iban cerrando y el fúnebre desenlace se aproximaba.

Un comunicado de Lino Muñoz, quien 10 años antes se había alzado en Progreso contra el huertismo, apunta al talón de Aquiles de las revoluciones en Yucatán; debilidad histórica que vale para su circunscrito alzamiento de 1914 contra el infidente Victoriano Huerta, pero también para la pobre resistencia de los socialistas al infidente Adolfo de la Huerta. Escribía Lino Muñoz en 1914 desde el Cuartel General de la Revolución en la hacienda de Tacubaya:

> Aprovecho esta oportunidad para hacer público ante la sociedad que el espíritu yucateco siempre ha rechazado la dictadura y la injusticia, y ha estado pronto a secundar con las armas los trabajos de nuestros hermanos. Pero es bien sabido que la dictadura porfiriana siempre puso trabas para la importación de armas de guerra a nuestro estado, por preocupaciones que no es el caso

discutir, y que las pocas que había se recogieron a consecuencia de los sucesos de Valladolid de 1910.

Y es que un pueblo armado no es fácil de someter.

"En estos momentos no tenemos en quién confiar"

La convocatoria del 11 de diciembre a que las ligas hicieran aprestos bélicos y los intencionados rumores que al respecto circulaban en los corrillos meridenses causaron pánico entre la gente de orden. Los propagadores de noticias falsas corrieron la voz de que el día 12 los indios de todo el estado irrumpirían en la capital en una "gran manifestación de fuerza de los socialistas"; inminente cacería de blancos en que habría bombas, tiros, sangre y los irremediables asesinatos del arzobispo y de varios hacendados. Se trataba de una patraña útil para alimentar los reflejos conservadores del medio pelo y fortalecer su simpatía intuitiva por unos delahuertistas cuyas huestes —se decía— pronto desembarcarían en Progreso para salvar al sufrido Yucatán del *César Rojo* y de la barbarie bolchevique.

Siempre habían sido hostiles a los socialistas, pero el anticarrillismo de los hacendados se había envenenado aún más por la amenaza implícita en el decreto del 28 de noviembre de 1923, que autorizaba la expropiación de los henequenales que no se cultivaban. Sin embargo, la decisión de la oligarquía de defenestrar —y, de ser posible, matar— a Carrillo Puerto recuperando a toda costa el control del estado, utilizando con ese propósito el alzamiento delahuertista, provino también del espanto. No el miedo inducido en la ciudadanía conservadora por los falsos rumores, sino el terror profundo que provocaba en los hacendados y su entorno el vuelco que estaba ocurriendo en la pobrería, el ofensivo empoderamiento de quienes pocos años antes los saludaban con la vista baja y les besaban la mano; unos mayas que, ensoberbecidos, enarbolaban a un tiempo los símbolos de su ancestral indianidad y de un recién adquirido bolcheviquismo.

Esto cuando no había tomas de tierras, quemas de henequenales, marchas y mítines con bombas y discursos flamígeros. Aunque se refiere a 1915 y no a los primeros años de la década de los veinte, la vívida descripción del periodista cubano Carlos Loveira da cuenta de un estado de ánimo duradero:

> Y fue en aquellos días que la sociedad yucateca se conmovió con el terror revolucionario: préstamos forzosos, expulsión de sacerdotes, nuevo decreto radicalísimo de liberación de los indios, mítines y conferencias del más subido calor y color, rojos; persecuciones sistemáticas de cuantos eran tenidos como enemigos de las nuevas doctrinas; expropiaciones violentas de casas y terrenos en alguna forma requeridos por la Revolución, y ruidosas y escalofriantes manifestaciones populares de millares de obreros y campesinos por las calles de Mérida, a los acordes de *La Internacional*, entonando himnos ravacholescos, fulminados por discursos incendiarios en cada esquina céntrica y por grandes lienzos desplegados en las plazas públicas, con leyendas truculentas: "Jugar con el pueblo es jugar con dinamita". Aquel terror espantoso, que a los espíritus superficiales les parecía como un sueño.

Yucatán había vivido una pesadilla roja; una satánica posesión bolchevique que la inminente sublevación nacional de los militares debía exorcizar de una vez por todas. Esto siempre y cuando las fuerzas vivas del estado supieran utilizarla patrocinando a sus propios infidentes. No obstante, algunos pensaban que todo sería más fácil si, aprovechando el descontrol, se adelantaban las cosas. Así, un grupo de conspiradores decidieron revivir una maquinación que ya habían probado sin éxito años antes por medio de la mano armada de *El oscuro*: asesinar a Carrillo Puerto.

Alfredo Ponce, hermano de uno de los complotados, dio el pitazo al gobernador, quien de inmediato trazó un plan para abortar la conjura. Para operarlo Felipe buscó a alguien de su total confianza, su yerno Javier Erosa, quien además era secretario del ayuntamiento de Mérida que encabezaba Manuel Berzunza.

—¿Cómo está Dora?

—Bien. Pero se preocupa mucho por mí, por ti, por sus tíos... Ya ves cómo es tu hija.

—Mira Javier, te voy a encargar una tarea muy confidencial —le dijo, al tiempo que le daba un papel doblado en cuatro que había sacado del bolsillo de la chaqueta—. Vas a buscar a todos los que puedas de esta lista y les dices que estoy enterado de que se están reuniendo para dar un golpe…

—Arturo Ponce, Felipe Cantón, Felipe Solís, Arcadio Escobedo, Amado Cantón, los hermanos Gerardo y Lorenzo Manzanilla, Enrique Cantarell… conozco a casi todos —dijo Javier, leyendo— y de alguno no lo hubiera sospechado… *¡Pelanás!* —el joven volvió a doblar cuidadosamente el papel mientras reflexionaba—. O sea que otra vez te quieren matar… Como lo intentaron con Arjonilla y luego con *El Oscuro*…

—Sí, pero esos dos sólo empuñaban la pistola y arriesgaban el *pirix*. Los verdaderos asesinos están detrás… Y ahora apúrate, no tenemos mucho tiempo.

—¿Pero por qué les vamos a avisar que los estamos acechando?

—No les vamos a avisar. Vas a decirles que tienen 48 horas para quitarse de Yucatán y que después de ese tiempo no respondo por ellos.

Erosa cumplió el encargo y, aunque algunos negaron su participación, se dieron por enterados del plazo y la amenaza. Margen para escapar que no necesitarían, pues días después las tropas del estado se pasaron al bando delahuertista y quien tuvo que salir por piernas fue el propio gobernador.

Habiendo espantado a los conspiradores de salón, Carrillo Puerto se concentró en el complot más peligroso, que era el militar. Y lo primero era procurar la unidad de las fuerzas armadas del sureste dispuestas combatir a los infidentes.

En una conferencia telefónica, Garrido Canabal, gobernador de Tabasco, se manifestó dispuesto: "Estoy en esta oficina con el pundonoroso general Vicente González, quien cuenta con 4 000 soldados federales. Tanto él como yo somos leales amigos del presidente de la República".

El gobernador de Campeche, Ángel Castillo Lanz, también estaba con Obregón, pero el jefe de la Guarnición de la capital del estado, coronel Rafael Durazo, se mostraba dudoso. Para emplazarlo a definirse, se reunieron con él en Halachó, población fronteriza entre Campeche y Yucatán, Castillo Lanz, el presidente de las ligas de resistencia y del Partido Socialista Agrario de Campeche, Ramón Félix Flores, y por el lado yucateco Carrillo Puerto y Manuel Berzunza, quienes después de mucho conferenciar lograron que Durazo manifestara su adhesión al gobierno legítimo.

Por otra parte, y dado que desconfiaba del jefe de operaciones militares de Yucatán, teniente coronel Javier M. del Valle, haciendo uso de los poderes extraordinarios que le había conferido el gobierno federal, Carrillo Puerto nombró en su lugar a un hombre leal, el coronel Carlos Robinson.

Los nudos no eran muy firmes pero los hilos estaban amarrados. Y desde el 9 de diciembre los acontecimientos se aceleraron.

La mañana de ese día Felipe había expedido un último telegrama a Calles pidiéndole autorización para ingresar al país las armas que, si todo salía bien y había tiempo, Cirerol debía enviar de los Estados Unidos. Horas más tarde recibió la respuesta favorable del sonorense. Después de comer se fue con Berzunza a Halachó, donde, en conjunto con el gobernador de Campeche y el presidente de los socialistas de ese estado, trataron de convencer a Durazo. Era de noche cuando terminó la tensa reunión y emprendieron el regreso a Mérida, con serias dudas sobre la sinceridad del militar.

El día 10, muy temprano, Marte R. Gómez, delegado de las comisiones agrarias de Yucatán y Campeche, buscó a Carrillo Puerto en la Liga Central con la intención de planear su participación en el siguiente Jueves Agrario.

—Lo acabo de cancelar, Marte, tenemos cosas más urgentes que atender…

—¿Los antiimposicionistas?

—Sí, los delahuertistas. Estos cabrones en cualquier momento se vienen para acá.

—¿Y qué vas a hacer? Guadalupe Sánchez está en Veracruz con mucha tropa y en un par de días lo tienen en Progreso…

—El Centro no nos envía armas… ya me aburrí de pedírselas. Por eso mandé a Manuel a los Estados Unidos a ver qué pertrechos consigue… Aunque no creo que nos lleguen a tiempo.

—¿Y entonces?

—No vamos a ofrecer resistencia… Sin armas sería suicida.

—Pero tú…

—Si es necesario yo salgo por Cuba rumbo a los Estados Unidos y de ahí busco la forma de integrarme con las fuerzas del gobierno. Y cuando derrotemos a los golpistas —porque tarde o temprano los vamos a derrotar—, regreso a Yucatán con fuerzas federales y recuperamos el estado... sin derramamiento de sangre.

—Retroceder para avanzar.

—Exactamente; ceder la plaza para después recuperar la plaza en vez de desgastarse en la defensa y perderla para siempre... porque los hacendados están esperando que nos desbaraten para recuperar el control... —Felipe se quedó pensando y luego continuó—. La política no es lineal, Marte... ¿Te acuerdas de lo que nos dijo Zapata cuando fuimos a fijar los linderos de Yautepec?

—Nos pidió que escucháramos a los viejos, que son los que saben dónde termina un pueblo y empieza el otro.

—Sí, pero también nos dijo lo del tecorral... Acuérdate que donde llegamos había una como barda de piedra de las que ponen para que no se salgan las reses y que ahí llaman tecorral.

—Y según el general, el límite de Yautepec lo fijaba el tecorral.

—Así es. Y también dijo que a los agrimensores como tú les gustan las líneas rectas pero que el lindero tenía que seguir las curvas del tecorral, aunque se tardaran más en hacer el plano.

—Y nos mandó guardar los teodolitos y las balizas...

—Porque en el campo las cosas no siguen líneas rectas, sino cursos retorcidos como los ríos, como las raíces, como los caminos de la sierra, como la dichosa bardita...

—Terminó diciendo que también la vida es sinuosa... precisamente como un tecorral.

—Eso dijo. Y yo digo que también la política tiene idas y venidas como un tecorral. Otra cosa que aprendí de Zapata.

Ese mismo día Felipe se reunió una vez más con Manuel para redactar el llamado de la Liga Central al resto de las ligas y diseñar las medidas necesarias para ponerlas en acción en el momento en que fuera necesario. Durante toda la jornada les llegaron noticias sobre los rumores que, tergiversando el llamado, afirmaban que se avecinaba una orgía sangrienta preparada por los socialistas. Hasta la madrugada del día siguiente Felipe estuvo dando instrucciones y enviando mensajes. Era más de la una cuando por fin pudo retirarse a su casa, que estaba protegida por hombres armados que dejaron de fumar y conversar cuando llegó el coche del gobernador.

Ya en su mesa de trabajo, el motuleño sacó una hoja en blanco, la insertó en la máquina de escribir Oliver, se puso los anteojos —que cada vez le hacían más falta para ver de cerca— y por encima del armazón miró al abanico con aspas de caoba que giraba lentamente en el techo. Buscaba inspiración para lo que le tenía que decir a Alma Reed:

> Alma, mi niña linda:
> Hace tanto tiempo que no tomo la máquina para escribirte. Desde que al malhadado De la Huerta se le ocurrió presentarse como primer jefe de la Revolución, apenas ahora pude venir a casa a descansar y a dedicarte mis pensamientos y mis cariños en esta carta.

Y sin más preámbulo Felipe fue al grano:

> He organizado a todo el estado en un Cuerpo Rojo de guerra para defender en cualquier momento nuestras libertades como lo poco que hemos ganado en las cuestiones económicas y sociales, he arengado al pueblo y con ejemplos les he hecho comprender la necesidad que tienen de formar esos Batallones Rojos de defensa, y sólo me desespera la falta de armas y parque. He enviado a Manuel a tu país para ver si puede comprar los rifles y ametralladoras que deseo para defendernos.
> Esta tu casa está como un cuartel: un grupo de amigos me acompaña y un piquete de la policía me resguarda por lo que pudiera suceder; en estos momentos no tenemos en quién confiar, pues cuando menos lo piensas tienes de amigo a un traidor vestido de socialista; especialmente los militares, que no sabe uno cuándo lo van a asesinar por la espalda.

Luego Felipe se abismó en angustias, dudas y dilemas que como gobernador de Yucatán y jefe de los socialistas no podía exteriorizar:

> En medio de estos cruentos trabajos, en mi imaginación estás siempre tú, mi adorada Alma. Si supieras cómo deseo estar a tu lado… Sólo porque amo mucho esta tierra no la abandono; porque es una injusticia llevar a los hombres a la guerra por asuntos personales y egoístas. Siento que yo no nací para esta época llena de ambicio-

sos e inhumanos. Y es porque siento tu alma dentro de la mía que no me elimino de este mundo ingrato y terrible. Te prometo que si salimos bien de este movimiento le conseguiré a cada hombre un rifle y después abandonaré Yucatán y me iré a algún lugar desconocido para dedicarme a ti…

Pero la realidad irrumpió en forma de un estallido cercano, y cuando el soñador le pudo poner punto final a su última carta ya eran las ocho y media del 12 de diciembre:

Hasta otra vez —concluye la misiva—, porque esta carta fue interrumpida a las dos de la mañana y la cierro a las ocho y media del día siguiente. Una bomba explotó en la calle 68 frente a la casa de un doctor Caamal.
Tuyo hasta que muera.
Felipe

En un punto de la carta, le decía a Alma en quiénes de su entorno tenía confianza y en quiénes no: "Afortunadamente tengo aquí a un coronel Robinson que es muy afecto a nuestra causa. Pero hasta anoche tuvimos que arreglar con el coronel Durazo, jefe de las fuerzas de Campeche, ciertas bases para que no reconociera a De la Huerta". Y el hilo se rompió por lo más delgado.

Firmaba la carta y anotaba al margen con tinta un recado postrero: "Comunícame en aerograma lo nuestro, nada más, mientras te envío la clave", cuando le informaron que acababa de llegar un telegrama urgente de Campeche. Antes de abalanzarse a la Liga Central, Felipe se cambió de ropa: en vez de su habitual traje blanco, esta vez se puso chamarra y pantalón de dril crudo, botas y sombrero tejanos y en su funda la pistola que siempre lo acompañaba. "Dale cran al fortingo y llévame de volada a la Liga", le dijo a su ayudante y chofer Antonio Cortés. Era el 11 de diciembre, un día que amenazaba ser largo y atribulado.

El telegrama era del jefe del Estado Mayor de Durazo, pero firmado por el coronel: "Estos momentos, parte batallón, no puedo precisar cantidad, sublevóse. Comunícole salga inmediatamente darme refuerzos. Urge". Se supo también que a la misma hora dos camiones de tropas federales habían salido de Ciudad del Carmen rumbo a Campeche, capital.

De inmediato Felipe dispuso un convoy del ferrocarril para trasladar a Campeche el 18 Batallón encabezado por Robinson con la orden de ayudar a sofocar la sublevación. La expedición salió a las ocho treinta de la mañana. Felipe, sus hermanos Benjamín y Wilfrido y Manuel Berzunza, que habían ido a la estación, abrazaron al coronel y le desearon suerte.

Al enviar la tropa al estado vecino, se dejaba desprotegido al gobierno de Yucatán, de modo que, apenas estuvo de regreso en la Liga Central, Felipe convocó con urgencia una asamblea extraordinaria de las ligas.

Los que iban llegando intercambiaban informes alarmantes y la excitación crecía minuto a minuto. El motuleño pidió silencio, explicó escuetamente cómo estaban las cosas y propuso que de inmediato se hiciera un inventario de armas, cartuchos, pólvora, fulminantes y dinamita, y que se prohibiera su venta al público sin autorización del gobierno. Se acordó también incautar los fondos del Banco Francés, conocido como Banco Lacaud, para que dado el caso no cayeran en manos de los infidentes. Sin noticias de cómo evolucionaba la sublevación en Campeche, se redactó ahí mismo un llamado que en las horas siguientes se inscribió en los pizarrones noticiosos que estaban ubicados en lugares públicos de Mérida: "Se cita urgentemente a todos los componentes de las distintas ligas de la ciudad para que se pongan inmediatamente a las órdenes de la Liga Central, con las armas de que puedan disponer, de cualquier clase que fueren, a fin de poderse dar pronto auxilio a las autoridades socialistas de Campeche, legalmente constituidas".

Pocos fueron los inscritos y pocas las armas entregadas. Entre otras cosas porque no hubo tiempo.

"Los que estén armados vengan conmigo"

A la una de la tarde le comunicaron por teléfono a Felipe el contenido de un mensaje proveniente de la expedición a Campeche: "Al C. Felipe Carrillo Puerto. Acabo de conferenciar con Durazo y díceme fuerzas rebeldes huyen en desbandada: Espérame enseguida Estación ferrocarril esta ciudad, para hablar contigo. Afectuosamente. Robinson".

—Me huele mal —dijo Manuel.

—Esto no lo escribió Carlos —concluyó Felipe.

La decisión fue inmediata: había que salir de Mérida sin demora.

—Los que estén armados vengan conmigo. Vamos a la terminal del ferrocarril.

Wilfrido, Benjamín, Manuel y otros veinticinco compañeros siguieron a Felipe.

El repliegue del gobernador y algunos de sus colaboradores, aunque tomaba la forma de una huida, respondía al análisis de la coyuntura nacional que aquél y los suyos habían hecho desde el momento en que se supo del alzamiento de los delahuertistas. Evaluación que Felipe sintetizó en la penúltima carta a Alma Reed, enviada el 25 de noviembre: "Los callistas son más fuertes que los contrarios... de manera que haremos las cosas con paz y orden. No consentiré que se derrame una sola gota de sangre de mis compañeros. Sólo procuraré que lo que estamos haciendo perdure". Y puesto que calculaban que el gobierno constituido sometería finalmente a los alzados, lo que había que hacer era replegarse y esperar a que la balanza nacional se inclinara a su favor.

Esa mañana Robinson no había llegado lejos. Entre las estaciones de Chocholá y Maxcanú el capitán Carlos Barranco, de la Primera Compañía del 18 Batallón, ordenó al maquinista que parara el tren, le informó al coronel que tanto los oficiales como la tropa estaban con De la Huerta y lo hizo prisionero. De inmediato el convoy emprendió el regreso a Mérida.

Al llegar a la ciudad los soldados descendieron a espaldas de la Penitenciaría Juárez, de donde avanzaron hacia la zona centro a fin de tomar las oficinas públicas. No había guardias, así que las ocuparon sin resistencia. Algunos meridenses se asomaban a las ventanas y puertas de sus casas para ver lo que pasaba, mientras que otros emprendían el saqueo de boticas, almacenes y casas de comercio como la del socialista Neguib Simón; pero también de instituciones emblemáticas del carrillismo como la Biblioteca "Zamná" y el Museo Arqueológico, donde destruyeron muebles y robaron máquinas de escribir. Con particular saña se fueron contra las oficinas de la Liga Central: ahí desgarraron estandartes, tumbaron estanterías con libros y quemaron los archivos.

En el Palacio de Gobierno los rebeldes nombraron gobernador provisional al general Juan Ricárdez Broca y como secretario general a Manuel Irigoyen Lara. La primera orden de Ricárdez fue dirigida al capitán José Corte: "Tome cien soldados y marche de inmediato para Oriente. La instrucción es capturar a Carrillo Puerto".

A las dos de la tarde Felipe y su comitiva habían llegado a la terminal ferroviaria, donde apresuradamente formaron un convoy con un carro *pullman*, uno de primera, uno de segunda y un cabús. Media hora después salían rumbo a Motul. Con el mismo destino partiría minutos más tarde otro convoy con cien efectivos de la policía armados con carabinas.

El plan rápidamente esbozado era marchar en tren a Motul y luego a Tizimín, para después seguir en las plataformas o a caballo rumbo a El Cuyo y de ahí a Chikilá, un pequeño embarcadero aún en la costa de Yucatán, pero ya cerca de Quintana Roo. A última hora Felipe había convenido telefónicamente que los esperara una embarcación que los llevaría a Cuba, para de la isla pasar a los Estados Unidos y desde ahí regresar a México, en donde se trabajaría coordinadamente con las fuerzas obregonistas que combatían a los rebeldes en todo el país. Sólo en la medida en que esa estrategia avanzase se podría recuperar la península. Los detalles se irían viendo sobre la marcha.

—Nos espera un largo camino —dijo Felipe.

—*El licenciado* va como si fuéramos a una vaquería —dijo burlón Benjamín, señalando a Manuel, quien, en contraste con el resto del grupo, que llevaba ropa de faena, vestía pantalón de casimir y alba guayabera.

—Estuve toda la noche en mi oficina con Javier, que me lleva las cosas del municipio. Y ya no me pude cambiar. Además, no he dormido.

—Y a Javier ¿dónde lo dejaste? —preguntó Felipe.

—Se fue a reportar con tu hija —contestó Manuel—. Le dije que se cuide.

Cuando empezaron los arrestos, Javier Erosa se refugió en la representación de Cuba en Yucatán y días después el cónsul lo embarcó a la isla disfrazado. Fue uno de los pocos del primer círculo de Felipe que pudo escapar.

"Nos vienen pisando los talones"

En Motul los comercios habían cerrado. Corrillos de vecinos alarmados intercambiaban rumores y temores. En la alameda central y en torno al local de la Liga de Resistencia ubicada entre la calle 29 y la 26, miles de campesinos con sombreros de ala ancha y pañuelos rojos atados al cuello esperaban noticias. Algunos iban armados.

Dirigentes socialistas como Miguel Escalante, Valerio Buenfil, Ramiro Palma, Bruno Martínez, Magdaleno Euan, Ildefonso Can, Alfonso López y Rosalío Hernández iban de la plaza al palacio municipal y al local de la liga tratando de organizar a la gente. A las once de la mañana se decidió dividir a los ligados: los que traían armas se reunieron en el local de la liga, los demás se quedaron a la sombra bajo los amplios arcos del palacio municipal.

Pasadas las dos, se supo que el gobernador y sus cercanos colaboradores iban en camino y los armados fueron a esperarlos a la estación del ferrocarril. El pequeño convoy llegó de Mérida cerca de las tres. Felipe bajó del tren en medio de una multitud que lo vitoreaba y abrazó a su hermano Edesio, que era presidente del Consejo Municipal. "Esto se gastó. Nos vienen pisando los talones", le oyeron decir quienes estaban cerca.

En el patio central del local de la liga se reunieron para conferenciar Felipe, Wilfrido, Edesio, Benjamín, Manuel y otros socialistas cercanos. Una hora estuvieron discutiendo. Edesio le dijo a su hermano que los trescientos que lo recibieron en la estación estaban dispuestos a seguirlo y otros mil quinientos también si se conseguían pertrechos. "Esta gente no trae más que pistolas y escopetas de cacería. Si le hacen frente al ejército que tiene maussers y ametralladoras va a ser una masacre. Mejor que se vayan a sus casas, ya llegará el momento de volver a salir."

Terminado el conciliábulo, el grupo se dirigió al palacio municipal. Y como la gente lo detuviera, Felipe subió a una banca del parque e improvisó un pequeño mitin: "Les agradezco de todo corazón su apoyo a mi persona y al gobierno legítimo, pero los soldados tienen buenas armas y ustedes no. Mejor vuelvan a sus pueblos. Yo les ofrezco que pronto regresaré a Motul. Ténganme confianza".

Pero el tiempo pasaba y en ese momento lo más importante era frenar a los militares que iban tras ellos; con este propósito se decidió dinamitar la vía del tren que va hacia Muxupip, al paso de la tropa infidente. Felipe le encargó el trabajo a Miguel Escalante, terracero de oficio y responsable de la construcción de la carretera a Telchac Puerto, quien envió por la dinamita a sus choferes, Enrique Manzanilla y Fidelio Pinto. La tarea de colocar los explosivos quedó en manos de Escalante, Magdaleno Euan, Rosalío Hernández, Anastasio Cortés, Ildefonso Can y Alfonso López, entre otros. Eran muchos, quizá demasiados, pues se hicieron bolas.

Horas más tarde sacudiría a Motul una gran explosión que algunos ubicaban al oriente por el rumbo del cementerio. Pero, como después se sabría, el operativo había fallado: los rieles permanecieron en su lugar y a la postre los perseguidores pasaron sin problemas. Aun así, tres semanas después Miguel, Magdaleno, Rosalío, Anastasio, Ildefonso y Alfonso fueron detenidos y enjuiciados por dinamitar la vía del tren y ése fue uno de los delitos por los que se condenó a muerte a Felipe y a sus compañeros.

Creyendo que cuando se cortara la vía habrían ganado algo de tiempo, los fugitivos se dispusieron a abordar el convoy. Y como poco antes habían llegado a Motul los cien policías procedentes de Mérida, se decidió informarles que no era prudente que siguieran con el grupo del gobernador; que mejor se quedaran ahí, dado que estaban bien armados y podían defenderse.

Benjamín y el capitán Rafael Urquía les comunicaron el acuerdo y se disponían a marcharse cuando un grupo de policías empuñando sus carabinas rodeó al gobernador amenazando con hacerlo preso si no se les pagaban de inmediato los haberes que les adeudaban. Felipe ordenó que con el poco dinero que traían se les liquidara y que los autorizaran a quedarse con las armas del gobierno que portaban.

—Mira que insubordinarse por la paga en pleno alzamiento. *¡Pelanás!* —dijo Benjamín indignado.

—Ponte en su lugar, hermanito, estos hombres tienen familia que alimentar. Y así como están las cosas, si no los liquidábamos ahora, quién sabe hasta cuándo habrían cobrado.

Camino a Tizimín vieron que el grupo de fugitivos era muy

numeroso; sobre todo, considerando que de esa estación en adelante habría que viajar en las plataformas tiradas por mulas, donde hubiera vías Decauville, y donde no a caballo o a pie. Se decidió entonces que sólo continuaran doce y que en Espita bajaran los demás. Pedro Ruiz, marino de origen español con conocimientos de mecánica, no fue de los seleccionados para seguir el viaje, pero se negó a descender del tren.

—Es una infamia que nos dejen aquí. Si el gobernador se salva, que nos salvemos todos —gritó exaltado.

—Pedro, Pedro... Óyeme, Pedrito —le dijo Felipe conciliador—. No seas caballo, en estos momentos andar con el gobernador no es lo más recomendable... Yendo por tu cuenta estarás más seguro... Ahora que si quieres seguir con nosotros, pues agarra tu sabucán y súbete al vagón.

Pedro Ruiz se salió con la suya; siguió con el grupo de Felipe y fue uno de los fusilados del cementerio.

A las nueve de la noche, los trece en fuga llegaron a Tizimín. Como en Motul, los estaban esperando numerosos ligados, casi todos armados. Los encabezaban el diputado José María Rejón Mena y el presidente municipal Arsenio Barrera Rodríguez, quienes apenas descendió el gobernador le ofrecieron ochocientos hombres pertrechados: dos batallones que había organizado don Epifanio López, soldado y músico de la banda municipal. Felipe se dio cuenta de que conforme avanzaban hacia el oriente la gente tenía más armas, pero siempre escopetas para cazar venado o jabalí, de modo que repitió la instrucción de que lo mejor era dispersarse: que no trataran de hacerle frente al ejército regular.

De la estación caminaron al palacio municipal, donde se sentaron a descansar no dentro, sino en el corredor. Ahí se les juntó la gente del pueblo. Unos se decían socialistas, pero otros eran liberales, cooperativistas e incluso delahuertistas que dejando de lado sus banderas querían defender a *Suku'un* Felipe, al gobernador que les había dado la tierra. Entre los que se acercaron estaba Epifanio.

—Es cierto que estamos mal armados y escasamente organizados. Es más, reconozco que para formar los dos batallones a algunos me los tuve que llevar a *wech* —comentó el músico—. Pero aquí fue la que llaman Guerra de Castas; los que somos de estos rumbos conocemos bien la selva y estamos acostumbrados a guerrear. No como un ejército de línea sino de otro modo, pero sabemos pelear...

—Sí, ya me di cuenta de que casi todos traen armas y buenas monturas... Pero nosotros lo que queremos es salir al mar y embarcarnos a Cuba. Aquí corremos peligro y no tenemos con qué enfrentar a los soldados.

—No tienes que enfrentarlos, gobernador. Te puedes perder en la selva acompañado por nuestra gente y ten por seguro que ahí nadie te acecha ni nadie te va a quitar. En los ranchos ganaderos consigues comida y monturas... Por las selvas de oriente ha habido gente guardada durante años.

El motuleño miró fijamente al músico, que gesticulaba entusiasmado.

—Es una opción —admitió Felipe, empezando sin más a esbozar un plan—. Si tuviéramos una base, desde aquí podríamos ir contactando y coordinando a los grupos de ligados y socialistas que hay en todo el estado y que, sin mando, me temo que se van a desbalagar.

Y dirigiéndose a Rejón, le señaló:

—A ver, diputado, saque papel y vaya anotando. Usted sería el enlace aquí y en la selva estableceríamos el cuartel general...

No tardó mucho en decaer el entusiasmo. El plan dependía de muchos factores sobre los que no tenían control, de manera que Felipe lo desechó y regresó al proyecto original de embarcarse en El Cuyo. Y siendo ésa la decisión, había que abandonar rápido el pueblo, pues los perseguidos ya sabían que el sabotaje de la vía había fracasado y en cualquier momento podían llegar los soldados.

Ya era de noche cuando Felipe caminó a buen paso del palacio municipal al parque Francisco Cantón, donde lo esperaban un par de caballos ensillados: los mejores de la región, le habían dicho. Pero antes de montar llamó a uno de los músicos de la banda de don Epifanio y le ofreció la pistola que traía al cinto.

—Oye, *boshito*, búscanos rápido algunos cobertores o cobijas gruesas de algodón y algo de latería. Pero no tenemos dinero con que pagar, de modo que te doy mi pistola. Es buena.

El músico tomó el arma y salió corriendo. A los pocos minutos regresó aún con la pistola y acompañado por un hombre con la apariencia de los que llamaban "turcos".

—Ya busqué lo que me pidió, don Felipe. El señor Julián

tiene una tienda aquí, a un costado de palacio, y dice que él lo surte, pero que no quiere cobrar.

—Buenas noches, señor gobernador. En el pueblo soy Julián Mena, pero me llamo Saleh Sáfadi, y sería para mí un honor proporcionarles el bastimento que necesitan.

Felipe agradeció, enfundó el arma que le devolvían, pasó a la tienda por los cobertores y alimentos regalados, los ató en una de las monturas que le habían preparado y emprendió la marcha junto con sus acompañantes, que también habían recibido caballos. Era de noche y decidieron no descansar junto a la estación, donde en cualquier momento podían llegar sus perseguidores, sino en el vecino pueblo de Sucopó. Rejón quería ir con ellos, pero sus amigos no lo dejaron.

Esa noche Felipe estaba de mejor humor. La situación seguía siendo desesperada y de ahí en adelante ya no podrían moverse en tren, pero con gente como el diputado Rejón, don Epifanio y el turco Saleh todo tenía compostura.

"Le pido que proporcione lo necesario para llegar a la playa"

El 13 de diciembre, muy temprano, los fugitivos salieron rumbo a El Cuyo, remota zona costera de la que los separaban más de 80 kilómetros de rutas difíciles y que, del grupo, sólo el oficial Ramírez había recorrido alguna vez. La interminable llanura caliza erizada de agaves dejaba paso a los bosques y pantanos, los ríos sustituían a los cenotes, el oro verde del henequén quedaba atrás y empezaba el negocio de la caoba y el chicle. Los siguientes días los perseguidos tendrían que lidiar con la selva.

De los trece que llegaron a Tizimín, ya sólo quedaban diez, pues Daniel Valerio, Cecilio Lázaro y el chofer Antonio Cortés decidieron quedarse ahí. Los restantes eran Felipe y sus hermanos Benjamín, Edesio y Wilfrido; Manuel Berzunza; el capitán Rafael Urquía; los oficiales de la policía Marciano Barrientos y Julián Ramírez; Fernando Mendoza; y el colado Pedro Ruiz.

La primera parte del camino la hicieron a matacaballo hasta llegar a una anexa de la compañía chiclera y maderera El Cuyo, llamada Otzcéh. Fundada medio siglo antes por Ramón Ancona Bolio, la empresa había explotado primero el palo de tinte y cuando éste dejó de tener mercado se pasó al ganado, la caña de azúcar, las maderas preciosas y, en el arranque del siglo, al chicle.

De Otzcéh los perseguidos pudieron avanzar rumbo a las anexas Misné, Moctezuma y Canimuc cómodamente montados en las plataformas tiradas por mulas que corren sobre las estrechas vías Decauville —apenas 50 centímetros de separación entre los rieles— y que en intrincada red permiten mover caña, chicle, henequén y, si se da el caso, fugitivos.

En ese último tramo el acceso a las plataformas se los facilitó el responsable de las vías en Otzéh, que se llamaba Esteban, y a través de él entraron en contacto con Arturo Cervera, jefe de los hatos chicleros de El Cuyo, quien a su vez comunicó por teléfono a Felipe con Eligio Rosado Alonzo, contratista general de la compañía. Extraña le pareció a Rosado la llamada del gobernador, y más porque le pidió que de inmediato se reuniera con él en Canimuc y de ser posible llevara almuerzo para diez personas.

Rosado llegó a medio día acompañado por José E. Duarte, conocido como *El Chato*, maestro rural, versificador y afanado libretista de teatro que, para completar el gasto, pues el gobierno socialista nunca pagaba los salarios a tiempo, hacía comidas para vender. En cuanto vio acercarse la plataforma, Felipe reconoció a *El Chato*, con quien tenía una larga amistad, pero sin siquiera saludarlo se dirigió al contratista.

—Es usted don Eligio Rosado, ¿verdad?

—Servidor.

—Vengan, por favor, usted y *El Chato*, tenemos que hablar. Y los llevó aparte.

—¿Nadie más que ustedes dos vino de El Cuyo?

—Nosotros y Cervera, el plataformero.

—Bien. Seré breve porque el tiempo apremia. Lo primero es pedirle que no le haga cargos al empleado de la anexa que nos dejó venir en la plataforma, lo hizo porque vio que era el gobernador...

—Me hubiera usted avisado y yo con gusto...

—Gracias, Rosadito, pero si no quise darme a conocer por teléfono fue por precaución —y Felipe habló claro—. Hemos salido de Mérida a toda prisa para llegar a la costa y de ahí a Cuba, donde pensamos conseguir los recursos que se requieren para someter a la tropa insubordinada. Quiero evitar hasta donde sea posible que se derrame sangre... Usted como administrador de El Cuyo...

—Yo no soy el administrador, el encargado es don Pablo Torre Aguilar...

—¿Don *Pabús*? —exclamó Benjamín, que se había acercado—. Lo conozco bien.

—Qué bueno, hermanito, pero no lo necesitamos. Lo que le pido, don Eligio, es que proporcione lo necesario para llegar a la playa...

—Yo los llevo a El Cuyo, no se preocupen.

—¿A la Central de El Cuyo? ¡Sebo!, ir ahí es un riesgo —repeló Benjamín—. Ramírez conoce por acá y dice que para llegar a la playa no hay que pasar por El Cuyo, sólo por el ingenio San Eusebio. ¿Verdad, Julián? —añadió, dirigiéndose al oficial de policía.

—Está bien, yo los encamino adonde gusten. Y ahora me perdonan, pero voy por la mula para la plataforma —dijo alejándose.

Hecha a toda prisa, la comida estaba mal cocinada: la gallina dura, el arroz casi crudo y el francés seco. Pero tenían hambre y con *El Chato* no se podía hablar en serio, de manera que después de dos días en vilo el ambiente se distendió.

—Entonces ¿vienen de pelada? —dijo el cocinero.

—Sí, de pelada, *Chatito*, pero para regresar muy pronto. —confirmó Felipe—. Y si quieres, puedes acompañarnos, así los chicleros no se extrañarán de ver desconocidos. A ti todos te conocen...

—¡Maaare!, por traerles de comer ya me metí el dedo solo —exclamó *El Chato* exagerando su alarma—. Irme con ustedes que van de pelada; ¡estoy lucido!

—Si vienes, luego podrías escribir un libro que se llamara *La caída de Carrillo Puerto* y ganar mucho dinero —reviró Felipe siguiéndole la corriente.

—¿Y con eso me repongo de las cuatro quincenas que me debe tu gobierno?

Todos rieron y acomodándose en la plataforma se dispusieron a comer.

—¿Se te resiste la gallina, *Xpil*? —le dijo *El Chato* a Felipe, que batallaba por separar la carne de una pierna casi cruda.

—A ver, lindo, agárrame la pierna para que pueda…

—¿Agarrarte la pierna? ¡Me rajo, *Xpil*! ¡Ni que estuvieras tan pulpa!

—¿Por qué no haces un brindis? —pidió Edesio, que se divertía mucho con las improvisaciones de *El Chato*—. ¿O qué, piensas que Felipe y el licenciado Berzunza están tan caídos que no merecen un verso? Ándale, y te llevamos a La Habana.

El Chato se puso de pie y declamó:

> Tengo la mente cansada
> por tanta improvisación;
> mas como en esta ocasión
> os encontráis de pelada,
> ya que sois tan exigentes
> no dejándome almorzar,
> quedo obligado a brindar
> con ustedes los presentes…
> por mi pellejo salvar.

Comidos y reanimados, a las doce horas del 13 de diciembre los perseguidos, acompañados por Rosado, *El Chato* y el plataformero Cervera, salieron sobre rieles rumbo a El Crucero, a 16 kilómetros de Canimuc y en la frontera con Quintana Roo, donde cambiaron de mula. Les faltaban 16 kilómetros para llegar a Solferino, pero a medio camino un grupo de trabajadores que estaban tomando café cerca de la vía los detuvo con señas para convidarlos.

Los que almorzaban eran chicleros que, en grupos de ocho o diez y acompañados por una cocinera, pasaban semanas resinando, hirviendo el látex y viviendo en champas de bejuco y guano, en campamentos que llamaban hatos. Gente curtida pero generosa y siempre dispuesta a aprovechar la oportunidad de compartir charla y café. Edesio se puso a platicar con la cocinera que llenaba los jarritos.

—Dice doña Luz que si queremos oír unos versos chicleros que se sabe. Que si no nos da pena.

—¿Por qué nos va a dar pena? Que los diga —pidió Benjamín.

Y los fugitivos rodearon a la mujer, que, junto a la olla humeante y llevando el ritmo con la jarra con que servía el café, comenzó su verso entre recitado y cantado.

> Chiclero, no piques tanto,
> no piques tanto, chiclero,
> porque mi vida es el árbol
> y si picas más me muero.

> Mira este chicozapote
> cómo se está desangrando,
> así me desangro yo
> desde que te estoy queriendo.

—¡Guay! ¡Guay! ¡Ahí viene lo bueno! ¡Lo que sigue es la mejor parte! —anticipó uno de los chicleros que también se habían acercado y, por lo visto, ya conocían el verso.

Sin inmutarse, la cocinera continuó.

> El chicle se pone duro
> porque se está cocinando,
> así te me has puesto tú
> desde que te estoy amando.

> El amor es como el chicle
> que pasa de blanco a oscuro,
> y mientras más se le bate
> más pronto se pone duro.

Unos aplaudían, otros chiflaban, otros más hacían sonar sus machetes contra las piedras. Los chicleros se daban puñetazos amistosos en brazos y hombros entre risas de entendimiento y varonil complicidad. La cocinera escurrió del jarro el resto de café, que se había enfriado, y siguió sirviendo.

—Doña Luz, debería conocer a mi hermana Elvia —comentó Felipe—. Tiene madera de feminista.

—Tener a raya a doce chicleros y por varias semanas. ¿Te imaginas? —dijo Manuel.

—Estos hombres trabajan mucho y ganan poco, pero siento que son felices —el motuleño sacó su reloj—. Son las cuatro de la tarde, y como a estas horas el sol te mata, terminan el turno para volver al trabajo mañana. Tienen sus escopetas, pueden cazar venado, jabalí… Yo viviría feliz con ellos, lejos de las ingratitudes y las traiciones.

—Pues yo no, Felipe —interrumpió Manuel espantándose el chaquiste que a esas horas atacaba—. Yo no aguantaría esta soledad, este abandono…y esta maldita plaga.

De treinta años, Berzunza era uno de los más jóvenes del grupo, pero todos le decían *El licenciado*, porque era serio y muy formal. Con su pantalón de casimir y su fina guayabera, Manuel se veía fuera de lugar en la selva. Y estaba agüitado; las noticias del alzamiento lo habían golpeado más que a sus compañeros.

A las cinco de la tarde llegaron a Solferino, que ya es parte de Quintana Roo, y, en espera de que Rosado y Cervera consiguieran una mula de remuda, bajaron de la plataforma para estirar las piernas. Mientras paseaban por la vía comenzaron a conversar y conforme se calentaba la discusión se fue formando un grupo alrededor de Felipe, Manuel, Benjamín, Wilfrido y Edesio.

—Tenemos que llegar a la costa y embarcarnos para La Habana —decía Felipe—, ahí conseguiremos fondos y podremos comunicarnos con las fuerzas leales que combaten al delahuertismo… Éste es el plan.

—Sería mejor cruzar por Quintana Roo, atravesar el Río Hondo y refugiarnos en Belice. Tendríamos apoyo y en todo caso nos resultaría más fácil regresar —contrapropuso Manuel, siempre conservador.

—Podríamos internarnos en la selva y ahí esperar… Hacer lo que nos propusieron en Tizimín —reviró con ligereza Edesio—. Sólo necesitamos un buen práctico que conozca…

—Pero no tenemos un buen práctico —interrumpió Benjamín, que había sido soldado y sabía de eso—. Yo creo que lo más prudente es tratar de llegar a Payo Obispo y desde ahí enviarle un mensaje al gobernador del territorio; que, si es de los leales, como creo…

—A Guatemala —ceceó Wilfrido—, yo estuve ahí tratando de hacerle una revolución al dictador Estrada Cabrera y conozco gente de arrestos que nos podría ayudar…

—De momento vámonos para San Eusebio y ya en el ingenio resolvemos qué hacer —concluyó Felipe.

Los 12 kilómetros que faltaban para llegar a San Eusebio

fueron de abruptas subidas y vertiginosos descensos en que la plataforma parecía descarrilar, provocando bromas y risas nerviosas. A las seis y media llegaron al ingenio, del que era encargado Andrés Rosado, hermano de Eligio, quien les ofreció una cena en forma que todos celebraron.

Tras el convivio, Felipe les pidió a Marciano y Julián que fueran a Chikilá en la costa cercana, para confirmar que estaba ahí la embarcación que había encargado. Los demás durmieron en el corredor de la casa principal, para lo que don Andrés les prestó tres hamacas; en las más grandes se acomodaron, en una Felipe y Eligio, y en otra Benjamín y Edesio, mientras que en la pequeña durmió sólo Manuel, que llevaba tres noches sin pegar los ojos. Los demás se acostaron en el suelo. Designados para hacer guardia, pues no se sentían del todo seguros, Wilfrido, Francisco y Rafael se pusieron a jugar baraja con el plataformero.

No obstante, sin pabellones ni sábanas, los moscos no los dejaban dormir. Para evadirlos, *El Chato* se metió en un costal al que le abrió un agujero para respirar y se sentó sobre una estiba de maíz a esperar la mañana. A los pocos minutos se acercó Felipe, riendo del espectáculo del encostalado y dándose de manotazos para aplacar a los zancudos.

—Pareces cíclope, *Chato* —le dijo.

Pronto se les acercó Benjamín, y luego los demás.

—Me dijo Diódoro Domingo, el tesorero general del estado —recordó Felipe—, que lo traes loco demandándole tus salarios. Y que hasta le escribiste un verso. ¿No es bolada?

—No es bolada. Ahí les va:

> A usted, señor tesorero,
> hoy mis razones arguyo,
> diciéndole muy sincero
> que, por falta de dinero,
> he viajado desde El Cuyo;
> y no vine por pasear,
> pues la cosa está apurada;
> si he tenido que viajar
> veinte leguas de jornada
> en incómoda "montada",
> fue por mis sueldos cobrar...

Y así pasaron Felipe y los suyos la segunda noche de su huida: entre nubes de moscos, recostados sobre costales de maíz y escuchando epigramas albureros, unos originales de *El Chato* y otros del famoso Felipe Salazar *Pichorra*. Departían con un ánimo juguetón que no se esperaría en un puñado de perseguidos... Pero a partir ese momento todo empezó a salirles mal.

A las dos de la madrugada Felipe organizó los preparativos para caminar a Chikilá. Fuera de sus pistolas, cuatro rifles, un par de cobijas y algo de comida, el grupo no disponía de lo necesario para aguantar el resto del viaje; por consiguiente, con Eligio consiguieron hamacas, dos miriñaques, más cobertores y otro tanto de alimentos en conserva.

A las dos y media llegaron a la costa. El tiempo era malo, ominosas nubes oscurecían el horizonte y lo peor era que en el embarcadero Chikilá no estaba la canoa negociada por Felipe. Había, sí, una lancha de motor propiedad de El Cuyo, que llevaba el nombre de *Manuelita*. Frustrado por la desagradable sorpresa y cada vez más desconfiado, Felipe se dirigió cortante al hombre de la Compañía.

—Rosadito, ¿no me dijo ayer que El Cuyo no tenía ninguna embarcación disponible?

—Y no la tiene —respondió Eligio—. La canoa que ven está descompuesta desde hace ocho días. Y aun si no lo estuviera, no podría viajar sin su patrón y motorista, que no se encuentra aquí, sino en Río Lagartos recibiendo palo de tinte.

—Pedro es mecánico y marino —acotó Rafael— y si logra arreglarla, él nos puede llevar.

—Pues manos a la obra —aprobó Felipe.

Pedro Ruiz, el que sólo seguía en el grupo por terco, pues debió quedarse en Tizimín, sintió que por fin se ganaría su lugar y se concentró en componer el motor... No pudo.

—*He-lé*. Tiene rota una pieza. No hay nada que hacer.

En una esquina del muelle había otra canoa pequeña con dos boteros, y Felipe, temeroso de que si permanecían por mucho tiempo en Chikilá los alcanzaran sus perseguidores, negoció con ellos que los llevaran a Punta Piedra, un lugar donde se podía acampar y de ser necesario internarse en el monte.

Embarcadas sus escasas pertenencias, el grupo se despidió afectuosamente de *El Chato* y, con frialdad, de Eligio Rosado.

Ya lejos del muelle donde aquéllos los miraban alejarse, Felipe comentó en corto con Manuel:

—Rosadito me da mala espina.

—¿Por qué lo dices?; él y su hermano nos trataron bien...

—Yo de joven despaché en la ferretería de mi papá y los comerciantes de mostrador somos buenos fisonomistas porque tenemos que vender fiado. Te digo que ese hombre me da mala espina.

No habían avanzado mucho a través del mar picado cuando, después de cuchichear entre ellos, los tripulantes del bote le dijeron a Felipe que había otro lugar que se llamaba Río Turbio y donde estarían más cómodos y seguros que en Punta Piedra. Felipe lo consultó y decidieron aceptar la recomendación.

"PENALIDADES SIN CUENTO"

Río Turbio resultó ser una inhóspita ensenada rodeada de manglares y pantanos que no permitían internarse en tierra. Para colmo, llegando al lugar empezó a soplar un fuerte viento del norte.

—Quizá viene un huracán retrasado —dijo Julián, que había vivido por esos rumbos y conocía las señales.

Sin una embarcación para viajar a Cuba, la costa era un mal lugar. De modo que, después de un breve conciliábulo, el grupo decidió abandonar por impracticable el plan inicial de cruzar a la isla caribeña y en vez de esto seguir su escape por tierra, internándose en Quintana Roo para después pasar a Belice o a Guatemala. Pero para eso necesitaban un práctico que conociera la selva. Un guía que quizá podrían conseguir en San Eusebio. O sea que había que regresar en la barca a Chikilá...

Los dueños de la embarcación no quisieron llevarlos. Alegando el mal tiempo que se había soltado y lo cargada que iba la canoa, los boteros propusieron que sus pasajeros se quedaran en Río Turbio, pues yendo solos ellos regresarían más rápido a Chikilá y, en unas cuantas horas o a más tardar al día siguiente, les enviarían un práctico.

Dudaron, desconfiaron, sospecharon... pero ya no les quedaban muchas opciones, de manera que se avinieron a la propuesta. Con la variante de que uno de los del grupo fuera de regreso con los boteros y se encargara de concertar los servicios del guía.

Se decidió que fuera Manuel, pues como ex gobernador y presidente municipal de Mérida era, después de Felipe, quien tenía más autoridad para negociar lo que hubiera que negociar... Y además era el que peor soportaba las inclemencias del entorno que en Río Turbio amenazaban con ser mayores. Era mediodía cuando Manuel subió a la canoa con los boteros. Ahí, de pie y en precario equilibrio, alzó la mano despidiéndose de sus amigos.

—Ponte *xux*, *licenciado*. Y en cuanto puedas te cambias de ropa —gritó Efesio, en la que sería su última broma dirigida a Berzunza.

Adentrándose dificultosamente en el manglar, los nueve hombres restantes acomodaron sus cosas en un playón despejado a la orilla de uno de los caños en que distribuía sus aguas efectivamente turbias el Río Turbio. Arracimados, mal protegiéndose de las fuertes ráfagas con las cobijas, se dispusieron a pasar la noche.

Les amaneció temprano y con persistente mal tiempo. Era el 15 de diciembre; habían transcurrido cuatro días desde que salieran de Mérida en estampida sospechando la infidencia de Durazo; insubordinación de la tropa federal que habían confirmado el mismo día en Motul y Tizimín. Una vez en la selva ya no habían tenido noticias, pues los hermanos Rosado, que sin duda estaban conectados telefónicamente, no sabían nada... o sabían, pero no les habían querido decir. Tenían el fundado temor de que, desplazado Robinson del mando, los delahuertistas se habrían apoderado fácilmente de la península. Seguían pensando que en el país las fuerzas leales a Obregón terminarían por imponerse a los generales rebeldes, pero entendían que liberar el sureste no era una prioridad. Suponían que las ligas estaban ofreciendo alguna resistencia, pero no se hacían ilusiones y más bien deseaban que, en vez de enfrentarse en desventaja y desgastarse, se replegaran y mantuvieran la organización para cuando la correlación de fuerzas a escala nacional fuera favorable.

Temían, pensaban, suponían, deseaban... pero en realidad no sabían nada de nada. Estaban en un estero rodeados de manglar infranqueable y en medio de lo que parecía un huracán. Su esperanza era que Manuel regresara lo antes posible con un práctico que los guiara hasta Belice, Guatemala o un lugar seguro en la propia selva quintanarroense. Pero sabían que no sería pronto, que para conseguir a alguien dispuesto y capaz Manuel tendría que moverse a San Eusebio o a la propia central de El Cuyo. Y Felipe desconfiaba de los Rosado.

Así que se dispusieron a esperar. Por fortuna el más joven del grupo, el chiapaneco Julián, de apenas veinticinco años, había trabajado en la zona chiclera y los dirigió en la edificación de una módica champa con techo de palma y amarrada con bejuco, que los protegería de la persistente lluvia. Quedó bien, pero tuvieron que hacerla de nuevo en otro lugar porque al playón donde habían dormido empezaron a llegar los lagartos que por la noche se guardan en los caños y en el día salen a asolearse.

Pero no sólo llegaban los lagartos: los asediaban también enemigos más pequeños que se ensañaban con todas las partes de su cuerpo; si se quitaban los zapatos corrían el riesgo de que las niguas anidaran debajo de las uñas de los dedos de los pies; al parecer, por el rumbo hubo alguna vez ganado, de modo que las garrapatas atacaban las piernas; si apoyaban las manos en algún sitio las hormigas se les subían y los mordían todas a la vez; a los moscos les gustaban los tobillos, las muñecas, la cara y el cuello; las moscas chicleras preferían las orejas y la nariz...

Tratando de abrirse paso en el denso tejido vegetal que los rodeaba, Marciano se hirió con las hojas cortantes del mangle rojo. No era nada, pero Julián le advirtió:

—Cuidado con eso. La mosca chiclera pone sus huevecillos en las heridas, te agusanas y luego viene la pudrición. ¿Vieron que a algunos de los chicleros que nos convidaron café les faltaba una oreja o un pedazo de nariz? Es la mosca.

—¿Y qué hago? —pregunto Marciano alarmado.

—No tenemos matagusano. Pero puedes sacar pólvora de un cartucho y te la pones en la herida. Eso servirá.

Ese día comieron frío de lo que venía en las latas, pero después hicieron fuego para ver si el humo espantaba al chaquiste que avanzaba por nubes al atardecer. Cuando estuvieron seguros de que en lo que restaba de la jornada ya no llegaría de regreso la canoa, se metieron a dormir en la champa, unos en hamacas y otros sobre las cobijas, medio protegidos de los zancudos por los miriñaques.

El domingo 16 comenzaron a desesperar. Ciertamente el

temporal no había parado, y si Manuel había conseguido a alguien conocedor de la selva, quizá no hubieran encontrado una embarcación dispuesta a llevarlos a Río Turbio. Pero no sólo no sabían lo que pasaba en Chikilá: ignoraban igualmente lo que ocurría en el estado y en el país.

Quizá se hubiesen alegrado de saber que ese mismo día los hermanos Eraclio, Braulio, Juan y Bruno Euan y sus hombres se habían enfrentado en Opichén y Maxcanú con el grupo armado de Loreto Baak, quien se había incorporado al delahuertismo. En el sur del estado la resistencia a los irregulares de Baak y a los soldados de línea que respondían al gobierno de Ricárdez Broca la encabezaba Elías Rivero. Más cerca de donde estaban Felipe y sus compañeros, por el rumbo de Valladolid, realizaban ataques los legendarios combatientes llamados "kanxokes", que por esos días se habían enfrentado durante 12 horas al 18 Batallón y cuyas acciones hacían temer a los nuevos gobernantes que en el oriente se desatara otra vez una guerra de castas. Aunque posiblemente los hubiera entristecido que se tratara de respuestas espontáneas, dispersas e impulsadas por liderazgos tradicionales y no por las ligas ni por el partido.

Más los hubiera desazonado saber que la Federación Obrera de Progreso, la misma que el año anterior, en un movimiento ciertamente infiltrado por los enemigos de los socialistas pero apoyado por la base rielera, se había confrontado laboralmente con los Ferrocarriles Unidos de Yucatán y políticamente con el gobierno de Carrillo Puerto, había convocado una huelga general contra el gobierno espurio de Ricárdez. Movimiento que fue aislado y reprimido con violencia, entre otras cosas porque paradójicamente los delahuertistas lograron neutralizar a la Liga Ferrocarrilera "Torres Acosta" de extracción carrillista.

El segundo día de espera en Río Turbio, viendo que Manuel no llegaba y que disminuían sus alimentos, decidieron tratar de pescar o de cazar. Los lentos y torpes peces de los caños a los que quizá podrían capturar ensartándolos con palos aguzados eran la comida predilecta de los lagartos, mucho más eficaces que ellos como pescadores. Por fortuna tenían cuatro rifles, así que sortearon quién se iba a quedar de guardia por si llegaba la canoa, y el resto se dispersó en grupos de dos con la recomendación de no tirarle a cualquier movimiento porque el mangle era denso y se podían matar entre ellos. Regresaron al atardecer con la mala noticia de que Manuel no había llegado y la buena de que la pareja en que iba Julián se había topado con un jabalí extraviado de su manada y le habían acertado el tiro. Decidieron asarlo y comerlo al día siguiente.

El lunes empezaron las fricciones y el descontrol. Fernando Mendoza se burló de Wilfrido por su defecto al hablar; éste se levantó como un resorte y, poniéndose en guardia como le había enseñado su hermano Edesio, que era boxeador, le espetó:

—Ceceo, pero no estoy manco. Vamos a darnos.

—¡Fido, Fernando! ¿Qué les pasa? —gritó Felipe interponiéndose entre los dos.

Más tarde Marciano disparó contra uno de los lagartos del playón, que ágilmente escapó al caño. Regañado por desperdiciar la poca munición que tenían, sólo se le ocurrió decir: "Es que me estaba mirando".

Al atardecer Pedro pidió silencio al grupo reunido en torno a la fogata y solemnemente les ofreció disculpas por haberlos obligado a admitirlo cuando debió quedarse con los otros en Tizimín. Además de que no les servía de nada, pues no pudo arreglar el bote y por su culpa estaban ahí varados… El joven se llevó las manos a la cara incapaz de continuar. Felipe le echó un brazo sobre los hombros y lo alejó del fuego hablándole en voz baja. Los demás se miraron en silencio.

Al día siguiente casi no llovió, hubo menos viento, les ganaron un gran pescado a los lagartos y el ánimo se distendió. Al atardecer Julián, que toda la mañana había estado tarareando con Edesio, pidió permiso para cantar una canción de chicleros.

—La vamos a cantar entre los dos —dijo Edesio—. Empieza, Julián.

> Chiclero, si has de chiclear,
> vigila la corredera
> y mira bien el lugar
> donde tu machete hiera,
> no te vayas a pegar
> en tu misma lazadera.

Siguió Edesio:

Yo voy al monte a chiclear
y qué más da la manera,
qué importa la lazadera
ni qué me importa el lugar
donde mi machete hiera,
ni por qué me he de cuidar
si es por fuerza que yo muera.

Luego Julián habló de las culebras que abundan en los hatos.

—Una de las peores es la Huaycán, la serpiente bruja. Una culebra que se ve, así, chiquita e inofensiva, pero en segundos crece y estrangula al desprevenido.

Esa noche el impasible capitán Urquía despertó llevándose las manos al cuello y gritando.

Tras seis días de estar varados en el manglar, el miércoles 19 los invadió la morriña. Añoranza melancólica pero también impotente preocupación por sus familias: esposas e hijos que posiblemente corrían peligro en una ciudad que suponían ocupada por los infidentes.

Benjamín estaba casado con Pilar Díaz Bolio, embarazada de su primer hijo, y temía por su salud. Pese a su buen humor, también Edesio se lamentaba de su triste suerte, pues en octubre había contraído matrimonio con su joven novia, Xamá Abraham, y apenas comenzaban a hacer vida de casados cuando el golpe los separó. Salvo Wilfrido y Julián, todos los demás estaban casados y casi todos tenían chiquitos por quienes preocuparse. A Felipe le inquietaba la situación de sus hijos y de la madre de sus hijos, a quienes no pudo ver antes de salir rumbo a Motul; en cuanto a Alma, la sabía segura en San Francisco y sólo esperaba que le hubiera llegado la carta.

No la mencionó en el intercambio de confidencias, pero esa noche también pensó en la niña Elvira y en que él pudo haber tenido otra vida: la vida del circo... Era un buen recuerdo el de los pocos días pasados en la farándula y con la pequeña contorsionista. Sin embargo, ni por un momento se arrepintió de su forzada deserción de última hora. Es verdad que pasaban por un mal momento, pero la vida elegida había estado bien... Sí, había estado bien.

El jueves 20 llovió a cubetadas y no pudieron hacer fuego. Pese a que la habían racionado, ese día ya no hubo comida y con el diluvio era imposible tratar de pescar o cazar. Marciano comenzaba a tener fiebre y los demás sufrían por la diarrea. Por si algo faltaba, con el viento y el agua la champa comenzó a ceder.

Atardecía cuando Julián dijo que había oído ladrar un perro y que eso era señal de que cerca había un lugar habitado o cuando menos gente… Nadie le hizo caso. Después de un rato Felipe se le acercó:

—Está bien, oíste un perro. ¿Y eso qué? ¿Quieres que salgamos a buscarlo por los pantanos? ¿Y cómo nos orientamos si ni siquiera podemos ver el sol?

—Bueno, sabemos que el viento sopla del norte…

—Además, sólo tú oíste a ese perro.

Julián ya no dijo más.

El viernes 21 de diciembre cumplieron una semana de estar atrapados en Río Turbio esperando que Manuel llegara con un guía. Aún no amanecía cuando Felipe los empezó a sacudir conminándolos a despertar.

—¡Manuel está muerto! —casi gritaba—. Rosado nos traicionó y Manuel está muerto.

—¿Lo soñaste? —preguntó Benjamín.

—No necesito soñarlo. Hace siete días que se fue y si no ha regresado es que está muerto. Porque si lo hubieran agarrado ya habrían venido también por nosotros. ¡Hay que salir de aquí!

No había nada que discutir, de modo que se pusieron las botas con premura y, echándose al hombro sus escasas pertenencias, abandonaron el campamento.

Manuel Berzunza no estaba muerto. En cuanto regresó a Chikilá y empezó a buscar ayuda, el responsable de esa anexa se percató de su presencia y la reportó al comisario de Solferino, quien pasó la información a la central de El Cuyo y sin esperar más proporcionó rifles a algunos chicleros de su confianza que fueron a por él.

Capturado el día 18, Manuel fue llevado rumbo a Tizimín por cuatro trabajadores armados. A Otzcéh llegaron la madrugada del día siguiente; ahí le ofrecieron un caballo que no aceptó por temor a que le aplicaran la llamada "ley fuga", y caminó con sus captores hasta Tizimín, donde fue entregado al presidente municipal Manuel Bates, quien lo pondría a disposición del gobernador Ricárdez Broca. *El licenciado* no pudo cambiarse de ropa.

Mientras estuvo en Tizimín y a cargo de Bates, quien le dio buen trato y ciertas facilidades, Manuel realizó movimientos para tratar de salvar su vida, pues no sabía qué esperar de los infidentes. Durante su gobierno como interino, *La Revista de Yucatán* no lo había atacado tanto como después lo haría con Felipe, y Manuel mantenía alguna relación con su director, de manera que el 19 de diciembre le mandó un telegrama: "Hoy trajéronme detenido habiéndome entregado misma persona me escondió, por temor lo castigaran. Suplícole pida seguridades en mi nombre. Anticípole expresivas gracias". De inmediato Menéndez contestó: "Puede usted tener seguridad será respetada su vida y gozará garantías tiene derecho —infórmame gobernador ha dispuesto sea usted traído esta ciudad— permanezca tranquilo. Salúdolo Afectuosamente. Carlos R. Menéndez".

Ese mismo día y al día siguiente, Berzunza le envió sendos telegramas a Menéndez dándole las gracias y pidiéndole que le avisara a su familia que se encontraba seguro en Tizimín. La respuesta fue: "Tranquilícese. Entrevisté gobernador reiterándome oferta garantías". En uno de los telegramas Manuel escribió: "No encuentro frase apropiada para mostrarle mi agradecimiento... Estoy profundamente conmovido por su nobleza". Dos semanas después sería fusilado.

Felipe no había acertado al pronosticar que su amigo Manuel estaba muerto, pero sí tuvo razón en desconfiar de Eligio Rosado, quien colaboró en la captura y traslado de Berzunza y se puso al servicio de Ricárdez para detener al resto. Ofrecimiento que hizo en un telegrama enviado el 19 de diciembre, en el que con tal de mejorar su imagen mentía descaradamente:

Señor General Juan Ricárdez Broca, Gobernador y Comandante Militar del estado. Como justa represalia por atentar contra mi vida y la de mis empleados en mis campamentos chicleros, los señores Carrillo Puerto y acompañantes a su paso por estas fincas, cuando pude quedar libre procedí persecución, logrando aprisionar licenciado Berzunza, el que remito hoy mismo a esa, con segura custodia. Es muy posible caigan prisioneros todos fugitivos, por lo que me permito proponer a usted mande veinticinco hombres con instrucciones atiendan mis indicaciones, para llevar feliz término, caigan en nuestro poder. Ruégole tome en cuenta que gente esta finca porta armas, las cuales pongo al servicio Revolución dignamente representa don Adolfo de la Huerta y usted. Atenta y respetuosamente. Eligio Rosado.

Internarse en los pantanos sin guía y sin rumbo no era opción, por lo que el grupo se dirigió a la playa donde días antes había desembarcado. Al llegar, Urquía había observado con sus binoculares de campaña una embarcación lejana, quizá anclada o quizá varada. Todavía se encontraba ahí, pero estaba a más de dos kilómetros y para llegar a ella había que cruzar bajos y pantanos. Y como no todos sabían nadar, hubo que construir balsas.

Física y moralmente debilitados por la desgastante espera en el campamento, los fugitivos invirtieron toda la mañana en llegar a la meta. Los últimos metros fueron, sin embargo, esperanzadores, pues pudieron leer el nombre de la embarcación: *El Salvamento*.

Al día siguiente, Felipe narraría a un periodista de la *Revista de Yucatán* lo que ocurrió a partir de que se embarcaron:

> Ayer a las tres de la tarde, después de sufrir engaño vil del encargado de El Cuyo y de pasar penalidades sin cuento, tuvimos que ocurrir a un barco que estaba frente a nuestro escondite de Río Turbio, a una distancia de más de dos kilómetros de la playa entre bajos y pantanos. Tuvimos que hacer balsas para alcanzar dicho barco, con el que navegamos rumbo a Holbox actuando de marino Pedro Ruiz.
>
> No pudimos entrar debido a que encalló el barco, pero en esos momentos pasaban frente a nosotros a gran distancia fuerzas federales. Después de llamarlas muchas veces y no pudiendo acercarse a nosotros, nos echamos al mar Pedro Ruiz, Julián Ramírez, mi hermano Benjamín y yo dirigiéndonos a Holbox a veces nadando y otras caminando hasta llegar a los botes en que venían los federales, a quienes nos presentamos y entregamos.
>
> Benjamín fue hasta nuestro barco en un bote de los federales, para entregar cuatro rifles y algo de parque que traíamos. Ahí recogieron a mis hermanos Edesio y Wilfrido, a Fernando Mendoza, a Marciano Barrientos y a Rafael Urquía.
>
> El subteniente Leopoldo Mercado fue el que nos recogió en su

bote, dejándonos en Holbox al cuidado de una escolta. Esa misma tarde se presentó el capitán José Corte, quien nos ha tratado con toda amabilidad, lo mismo que su gente. En la propia tarde nos fuimos a Chikilá y de ahí al Ingenio, en donde pasamos la noche, hasta las dos de la mañana, hora en que salimos a esta villa de Tizimín, en carreta y caballos; llegamos a las ocho y quince de la noche de hoy.

Ninguno de mis compañeros debe sufrir ningún castigo y en caso de haber alguna culpa el único culpable soy yo.

La noche del 21 de diciembre, pese a que la pasaron presos en la cárcel de Tizimín, los detenidos pudieron reponerse un poco de los estragos de la última semana: se bañaron, comieron una cena caliente que les sirvió Alfredo Conde, pudieron leer la *Revista de Yucatán* y enterarse de lo que había pasado en los días recientes y durmieron a cubierto.

Al día siguiente se entregaron en la Comandancia militar de Tizimín Cecilio Lázaro y Daniel Valerio, quienes, habiendo sido parte del grupo de fugitivos que salieron de Mérida, se habían quedado en esa población y habían permanecido ocultos una semana. Antonio Cortés, el chofer y ayudante de Felipe, no se entregó, pero fue capturado en Mérida.

Al atardecer del sábado 22 salieron de Tizimín rumbo a Motul dos trenes: en el primero, vigilado por un piquete al mando del teniente Rodríguez, viajaron Cecilio, Daniel y Fernando; en el segundo, al mando del capitán Corte, viajaron casi todos los del grupo que se entregó frente a Holbox: Felipe, Benjamín, Edesio, Wilfrido, Rafael, Marciano, Pedro y Julián.

A las nueve los prisioneros llegaron a Motul, donde fueron bajados de los trenes y llevados a la Sala de Banderas del Palacio Municipal. Esa noche Felipe pisó por última vez las calles de su pueblo natal y al principio se le vio apesadumbrado. Pero mientras los reos recibían algunos alimentos, apercibidos de que el gobernador defenestrado estaba ahí, cientos de motuleños salieron de sus casas, se arremolinaron en torno a la alcaldía y empezaron a corear: "*¡Suku'un! ¡¡Suku'un!! ¡¡¡Suku'un!!!*" cada vez más fuerte. Súbitamente reanimado, Felipe cuadró los hombros y alzo un brazo para saludar a quienes se asomaban a verlo.

Temeroso, el capitán Corte dio la orden de que sacaran rápidamente a los prisioneros de palacio y los llevaran de regreso a la estación de ferrocarriles en medio de una guardia cerrada. Poco antes de llegar, la gente que los seguía trató de bloquearles el paso y el capitán ordenó a los oficiales que hicieran una descarga al aire. Finalmente pudieron pasar y los reos fueron subidos de nuevo a los vagones.

Esa misma noche, en Mérida, el usurpador Ricárdez Broca y un grupo de los militares que lo habían acompañado en el golpe —entre los que estaban su ayudante Leopoldo Ponce, Loreto Baak, el coronel Luis G. Estrada, el mayor Carlos Barranco y otros— habían estado celebrando con buenos vinos la aprehensión de Carrillo Puerto. A las cuatro de la mañana, ya algo mamados, los milicos decidieron que era una buena idea irlo a recibir personalmente, de modo que se trasladaron con un piquete de veinticinco soldados del 18 Batallón al entronque de vías ubicado detrás de La Plancha, adonde dos horas después arribaron los trenes provenientes de Tizimín.

Tambaleantes, Ricárdez y sus compinches abordaron el convoy en que viajaba el grupo del que formaba parte Felipe y a voces le ordenaron al maquinista avanzar hacia el penal estatal, donde los capturados habrían de permanecer en detención. Sólo cuando vieron que las grandes puertas de la Penitenciaría Juárez se cerraban detrás del motuleño y sus compañeros, se retiraron abrazados y zigzagueantes los golpistas.

"Recibió cincuenta mil pesos para que lleve a cabo la ejecución"

A las seis y media de la mañana del domingo 23 de diciembre de 1923, Felipe entró por segunda vez como prisionero a la Penitenciaría Juárez. Siniestra construcción almenada de donde saldría 12 días después rumbo al Cementerio General, donde sería fusilado.

Los catorce prisioneros fueron distribuidos en las galeras dos, tres y cuatro de la prisión; en la celda 43 de la galera dos se recluyó al gobernador defenestrado. Además de tratarlos con insultos y rudezas, el director del penal les restringió las visitas y prohibió que las familias les llevaran comida. Aun así, Felipe llegó a pensar que podían salir bien librados del trance;

sobre todo a partir de que algunos de sus pocos contactos con el exterior le dieron esperanzas. Una de estas visitas alentadoras fue la del abogado Gustavo Arce Correa.

Hombre de confianza de Adolfo de la Huerta, Arce era amigo personal de Carrillo Puerto, y en cuanto el líder de los antiimposicionistas supo que el gobernador de Yucatán había sido derrocado por quienes se decían simpatizantes de su movimiento, y que estaba detenido en la Penitenciaría Juárez, envió a Mérida al amigo mutuo con la misión de transmitirle a Ricárdez la instrucción de que respetara la vida del motuleño. En sus memorias, De la Huerta dice haber dado "órdenes precisas de que respetaran la vida de Carrillo Puerto", y haber enviado "al abogado Gustavo Arce con instrucciones de que me lo trajera a salvo".

Algunos —Calles, por ejemplo— no creyeron que hubiera expedido tales órdenes, sino que las inventó después para no cargar con las muertes del cementerio. En todo caso, el hecho es que Arce viajó de Veracruz a Progreso en el vapor noruego *Fritzoe* y, una vez en Mérida, se entrevistó con Ricárdez, a quien le habría transmitido las presuntas instrucciones del sonorense. El militar se dijo dispuesto a acatarlas con la única condición de que el vapor en que Carrillo Puerto debía ser embarcado rumbo a Veracruz estuviera bajo sus órdenes como comandante militar del estado.

Con autorización de Ricárdez y en presencia de un oficial por él comisionado, Arce pudo entrevistarse en la cárcel con Felipe, quien en su aislamiento se mostraba abatido y pesimista. La información de que De la Huerta había dado instrucciones de que fuera llevado por el propio Arce a Veracruz, donde estaba el alto mando antiimposicionista, le devolvió el alma al cuerpo, y sólo le pidió que abogara también por sus hermanos y por el resto de los detenidos, quienes en todo caso tenían menos responsabilidad que él.

Arce había sido amigo de la familia Carrillo, y doña Adela, ahora viuda, se entrevistó con él suplicándole que intercediera para salvar la vida de sus hijos. El abogado habló igualmente con la ex esposa de Felipe, Isabel, y con sus hijos. A todos les aseguró que el motuleño no corría peligro. Por encargo de sus familiares, Arce, siempre acompañado por el oficial, visitó de nuevo a Felipe, a quien encontró de mucho mejor ánimo.

La tercera vez en que Arce, siempre vigilado por el oficial, visitó a Felipe en la celda 43 de la galera dos de la Penitenciaría Juárez fue el 29 de diciembre y por encargo de Ricárdez. Lo que el gobernador golpista quería era que el abogado convenciera a Felipe de dar instrucciones a Tomás Castellanos, representante en Nueva York de la Comisión Reguladora del Henequén, en el sentido de que entregara a los infidentes 80 000 dólares que tenía a su nombre y que no estaba dispuesto a liberar sin la indicación expresa del legítimo gobernador. Felipe no tuvo inconveniente en autorizar que el dinero se depositara en la cuenta de la Comisión, a la que por lo demás pertenecía. Y sólo rechazó la sospecha implícita de que él pudiera haberle querido dar otro uso a esos recursos. "Jamás me he ensuciado las manos con dinero ajeno, y nunca lo haré", le dijo al abogado.

El 30 de diciembre Isabel buscó de nuevo la intervención de Arce, ahora para que Ricárdez autorizara que ella pudiera acompañar a Felipe en el viaje a Veracruz programado para el 2 de enero. El abogado habló por teléfono con el militar, quien no sólo accedió al pedido, sino que añadió que si lo deseaba podía ir acompañada por su hija Dora.

La noche de ese mismo día, Arce acudió al Teatro Principal a presenciar una función de la Compañía de Virginia Fábregas. Ahí se encontró con Hernán López, juez instructor militar, quien le preguntó por la suerte de los detenidos y en particular por la de Felipe, que era su amigo. El abogado le aseguró que Carrillo Puerto y los demás serían llevados por él a Veracruz en el vapor *Fritzoe*. Cuatro días después estaban de espaldas al paredón.

Otras visitas al preso de la 43, éstas dudosas, las habría realizado un misterioso abogado que presuntamente le ofreció al preso sus servicios profesionales como defensor. Según este improbable personaje, Felipe aceptó su propuesta, y como primer paso le pidió hacer llegar a Ricárdez el ofrecimiento de 100 000 pesos a cambio de su libertad.

No sin antes exigir el pago de sus honorarios, el incierto abogado habría buscado al golpista en el Palacio de Gobierno, exponiéndole la oferta de Felipe en presencia de quienes ahí se encontraban. La respuesta de Ricárdez, siempre en versión del fantasmal leguleyo, habría sido que con gusto aceptaba los

100 000, pero al *cash* y en el momento de firmar la orden de libertad... Y que, si los otros presos también querían salir, serían 10 000 pesos más por cada uno.

El resto de la dudosa historia es digno de una comedia del cine mudo: el gestor habría regresado una vez más al penal y expuesto a Felipe las condiciones planteadas por el militar. El motuleño habría dicho que las aceptaba pero que desconfiaba de Ricárdez y sólo entregaría el dinero al pisar las escalerillas del vapor. De vuelta en Palacio y trasmitida la contrapropuesta al general, éste habría aducido que él tampoco confiaba en el preso y que el pago debía ser en cruzando las puertas del penal. Una vez más en el penal, el correveidile habría expuesto la nueva fórmula, que a regañadientes Felipe habría aceptado, de manera que el abogado regresaría por tercera vez a Palacio... sólo para encontrarse con que Ricárdez acababa de recibir una oferta mejor:

—Lo siento, licenciado, fíjese que los señores aquí presentes me acaban de dar el doble de la cantidad ofrecida por Carrillo pero para que sí lo fusile —habría informado el militar alzando manos y hombros en señal de impotencia—. ¿Qué le hacemos?... Fue en efectivo.

Siempre según este fantasmal gestor, que le contó lo sucedido a un amigo que lo esperaba fuera de Palacio, el que a su vez se lo trasmitió a Bernardino Mena Brito, quien lo dio por cierto y lo publicó en su libro *Reconstrucción histórica de Yucatán,* los que acababan de pagar por la muerte de Carrillo Puerto habrían expuesto en estos términos su punto de vista:

> Sí, señor; nosotros los hacendados socialistas, que tenemos la tarjeta roja del partido, hemos reunido este dinero para suprimir a Carrillo. Y en cambio uno de los más fuertes henequeneros del campo contrario se ha negado a contribuir diciendo que su dinero ha servido para combatir a Carrillo en el campo de la política, pero nunca servirá para asesinarlo. Esto debe tomarlo en cuenta el general Ricárdez Broca, aquí presente, para que sepa quiénes son sus amigos y quiénes son sus enemigos. Y también le hacemos saber que no va a burlar nuestras gestiones, pues ya recibió el general Hermenegildo Rodríguez la cantidad de cincuenta mil pesos para que lleve a cabo la ejecución.

La razón de registrar el improbable evento protagonizado por un anónimo y quizá ficticio gestor es que recoge la sospecha generalizada —y por demás razonable si consideramos el previo intento de asesinato de Felipe— de que detrás del alzamiento militar peninsular estaban algunos hacendados, quienes financiaron tanto a Ricárdez Broca como a Hermenegildo Rodríguez, demandando de ellos no sólo el derrocamiento de Carrillo Puerto sino su muerte.

En todo caso, ésta es la lectura que sugiere el jefe del alzamiento antiimposicionista. En sus memorias, De la Huerta escribe:

> La situación de Ricárdez Broca habría sido casi la de un prisionero. No tenía mando de fuerzas, era el jefe de la plaza cuando se les ocurrió nombrarle gobernador y Hermenegildo Rodríguez, según parece, fue quien manejó y manipuló el movimiento, influenciado, al parecer, por grandes capitales terratenientes... El movimiento de Yucatán fue, pues, independiente y cuando se sumó al nuestro lo acepté sólo para aprovecharlo.

Verdad o justificación, el hecho es que, tras el fusilamiento del cementerio, todos —o casi todos— trataron de evadir la responsabilidad.

Según otra versión que abona la idea de que los golpistas le pusieron precio a la cabeza de Carrillo Puerto, el cuerpo consular acreditado en Mérida abogó por el motuleño y sus hermanos, ante lo cual Ricárdez Broca le habría pedido al cónsul de Italia, Leopoldo Tommasini Aliboni, 50 000 pesos oro por la vida de Felipe.

"Tanto nadar para ahogarse en la orilla"

El hecho es que a los reos no se les envió a Veracruz y, al contrario, el miércoles 2 de enero de 1924, a las diez de la mañana, fueron presentados ante un Consejo de Guerra instalado en un salón de la escuela del penal, acusados de "violación de garantías individuales y delitos graves contra la paz pública". Procedimiento del todo ilegal, pues un Consejo de Guerra sólo puede juzgar a militares y todos los acusados eran civiles.

La orden de proceder la había dado el general Hermenegildo Rodríguez.

Desde el lunes, los golpistas empezaron a preparar el Consejo. Y lo hicieron de manera subrepticia, procurando por todos los medios que no se corriera la voz, pues temían que hubiera protestas callejeras y quizá una orden superior que no pudieran desobedecer y los hiciera perder dinero. Así, desde el comienzo de la semana al personal del Juzgado de Instrucción Militar se le prohibió salir de las oficinas, sin explicarle la razón de un encierro que al día siguiente se flexibilizó.

Finalmente, después de órdenes y contraórdenes, el miércoles a las nueve de la mañana dio comienzo el procedimiento. Así lo cuenta el juez instructor militar, Hernán López, el mismo que tres días antes había recibido de Arce las seguridades de que Felipe sería respetado y llevado a Veracruz:

> Entre las nueve y las diez de la mañana se presentó en el local que ocupaba la Jefatura de Operaciones el coronel Ricárdez Broca, con unos papeles en la mano, y dijo, levantando la voz y con tono alterado:
>
> —Ya que el pueblo yucateco quiere que se derrame sangre, así se hará.
>
> Luego dijo dirigiéndose a uno de sus ayudantes:
>
> —Capitán, vaya a la oficina del Telégrafo y dígale al director que de orden mía no permita que pase ningún mensaje para don Adolfo de la Huerta.
>
> Esta instrucción la oímos todos los que estábamos presentes en ese lugar. Enseguida agregó:
>
> —Que todo el personal de Justicia Militar sea conducido a la Penitenciaría Juárez.
>
> En unos automóviles se nos llevó a la citada prisión, a la que arribamos como a las diez de la mañana custodiados por algunos jefes militares que no nos permitieron hablar con nadie. Ya en la prisión se dio la orden al jefe de la Guardia de dicho establecimiento penal de que no se permitiera salir ni comunicarse con nadie.

El escenario de la siniestra farsa se improvisó en uno de los departamentos de la penitenciaría que la reforma penal de Carrillo Puerto había vuelto escuela y llenado de pupitres. Llevados al lugar donde algunos soldados montaban un estrado, el personal del juzgado confirmó sus sospechas: iba a escenificarse un a todas luces ilegal juicio militar a civiles... Y decidieron que no querían participar:

> Nos pusimos de acuerdo, el asesor, el Ministerio Público, el defensor y yo, a fin de que, si se trataba de formar Consejo de Guerra contra el señor Carrillo Puerto y demás compañeros, presentaríamos nuestras excusas. Esto llegó a oídos del jefe de la Guarnición, coronel Rodríguez, quien por conducto de unos oficiales nos amenazó con que si tal hacíamos correríamos la misma suerte que los que iban a ser juzgados.

Decidieron entonces tener la menor participación posible en un procedimiento ilegal y tan clandestino que a los meseros del Hotel Principal, que les llevaron el desayuno, no se les dejó salir sino hasta el día siguiente, cuando la trágica representación había terminado.

Eran las dos de la tarde cuando el coronel Rodríguez recibió unos papeles con instrucciones de Ricárdez y, haciendo a un lado al juez López, quien tenía la atribución pero se resistía a ejercerla, dio orden de iniciar el Consejo de Guerra al teniente coronel Juan Israel Aguirre, que lo presidía, y a sus vocales el mayor Vicente Frentana y el mayor Ignacio L. Zamorano. De inmediato Aguirre mandó traer a Felipe Carrillo Puerto.

En cuanto se retiraron los dos oficiales que lo habían ingresado a la sala y antes de que el coronel Aguirre empezara a hablar, Felipe lo detuvo con un gesto y, mirando en su derredor, tomó la palabra:

—Veo aquí soldadesca golpista que envilece el que fuera un digno salón de clases. Pero veo también algunos ciudadanos honestos. A ellos me dirijo...

Y alzando la voz, empezó por establecer la ilegitimidad política y la ilegalidad jurídica de lo que ahí estaba ocurriendo.

—Señores, lo que vemos en Yucatán desde hace tres semanas es un intento más de los conservadores por detener las transformaciones socialistas. Pero de nuevo serán derrotados porque van contra la Historia.

El presidente del tribunal trató de interrumpirlo, pero la mano extendida de Felipe lo volvió a callar. Y tomando el papel de acusador, el acusado continuó:

—Esto en lo político. En cuanto a lo jurídico, este Consejo de Guerra es una farsa porque soy el gobernador constitucional de Yucatán y sólo el poder legislativo puede retirarme el cargo. Y es igualmente una farsa porque soy un civil y los militares sólo pueden juzgar a los militares.

Y señalando con el dedo a los uniformados que presidían el tribunal, concluyó:

—Señores golpistas, el espectáculo que han montado es ilegal... ilegal por partida doble.

Felipe se sentó, y finalmente Aguirre pudo hacer uso de la palabra para presentar los cargos que se le imputaban.

—¿Con qué facultad ordenó al director del Banco Lacaud que entregara los fondos de dicha institución?

—El señor Enrique Manero, gerente de la sucursal de la Monetaria en el estado, me pidió que depositáramos ese dinero en la Tesorería General para ponerlo a salvo de los infidentes... es decir, de ustedes. Pero ni yo ni ninguno de nosotros tocó un centavo de esos fondos.

La acusación más fuerte de la causa contra Felipe fue que, como gobernador, había dado instrucciones a algunos presidentes municipales de fusilar en caliente a quienes pretendieran rebelarse contra el gobierno. La prueba era un telegrama presuntamente firmado por él, que el presidente del Consejo leyó: "Este gobierno sabe hay enemigos actual Gobierno General Nación, laborando con sus intrigas para favorecer rebeldes De la Huerta y Sánchez. Autorízolo para que cualquier persona en cualquier condición encuéntrese, fusílelo acto continuo, pues enemigos débense tratar de esta manera".

Felipe negó la autoría del telegrama.

Siguieron las acusaciones y con ellas los tajantes rechazos.

—¿Por qué ordenó los fusilamientos de Muna...?

—No ordené ningún fusilamiento.

—¿Qué cargo desempeñaba en el estado?

—No lo desempeñaba, desempeño el cargo de gobernador constitucional.

—¿Qué otro cargo político desempeñaba simultáneamente...?

—No lo desempeñaba, desempeño el de presidente de la Liga Central de Resistencia.

Terminado el interrogatorio, Felipe tomó de nuevo la palabra para reafirmar lo que ya había dicho días antes al ser detenido:

—Si hay alguna culpa, el culpable soy yo. Mis compañeros no tienen ninguna responsabilidad.

Salía ya de la sala, entre los mismos dos oficiales que menos de una hora antes lo habían escoltado, cuando añadió con voz por primera vez algo destemplada.

—A mí pueden torturarme, cortarme en pedazos, lo que quieran. Pero respeten a mis hermanos. Mis hermanos no... —el resto ya no se escuchó.

El segundo en ser presentado fue Manuel Berzunza, que antes del alzamiento ocupaba el cargo de presidente municipal de Mérida. Cuando Felipe era conducido a su celda y Manuel a la sala del Consejo de Guerra, los camaradas, separados desde su captura, estuvieron juntos por breves instantes y pudieron cruzar algunas palabras. Ellos no lo sabían, pero eran las últimas que intercambiarían.

—Tanto nadar para ahogarse en la orilla —dijo Manuel.

—¿Cuál de las dos orillas? —replicó Felipe.

—La de llegada, claro.

—Entonces, estuvo bien.

Y los separaron.

Siguiendo el mismo guion que había empleado con Felipe, el presidente del Consejo acusó a Berzunza del asesinato de Florencio Ávila. Éste lo negó y añadió que, por el contrario, en su carácter de alcalde había ordenado la investigación del caso por un ministerio público elegido por la familia del occiso.

—¿Por qué siguió usted a Carrillo Puerto en su fuga? —se le inquirió.

—Salimos de Mérida porque sabíamos lo que se venía. Y acompañé en el repliegue al gobernador porque si estuve con él en su apogeo, tenía que estar con él en la desgracia...

Al igual que Felipe y Manuel, el resto de los enjuiciados rechazaron una y otra vez haber cometido los delitos de sangre de que se les acusaba. El único éxito litigioso del teniente coronel Aguirre fue haber conseguido que Rafael Urquía, y sobre todo Daniel Valerio y Cecilio Lázaro, todos ellos policías, declararan contra su jefe Wilfrido Carrillo, responsabilizándolo de que en su desempeño como director de esa fuerza había ordenado asesinatos.

El acusado negó reiteradamente los cargos, de modo que, en virtud de que había contradicción entre sus declaraciones, se realizó un careo entre Wilfrido por una parte y Daniel y Valerio por la otra.

De Rafael, que había compartido hasta el final los avatares de la huida, sorprende que cayera en el juego de los acusadores. En cambio, el giro de Daniel y Cecilio se explica más fácilmente, pues, habiendo salido de Mérida con los demás, se separaron del grupo en Tizimín y días después se entregaron voluntariamente a los golpistas. Y no sería extraño que lo hubieran hecho a cambio de algún ofrecimiento. En todo caso sus declaraciones incriminadoras no los libraron de la muerte, pues formaron parte de los trece fusilados en el panteón.

No obstante, quizá recibieron algún pago que ayudara a sus desamparadas familias. Así lo hacen pensar las palabras que Cecilio dirigió a Wilfrido en el careo: "Fido, di la verdad: si nos han de tronar mintiendo, mejor es que lo hagan diciendo la verdad". Hasta ahí el careado estaba en su papel de acusador, pero su última expresión resulta judicialmente fuera de lugar y más parece un intento de justificarse frente al amigo al que está comprometiendo: "Mira que estoy en la chilla y dejo a un hijo". Y efectivamente, Cecilio dejó viuda a María López, su esposa de veintidós años, y huérfano a su pequeño hijo Óscar. Ojalá que su póstuma claudicación de algo les haya valido.

Concluidos los procedimientos, el presidente del Consejo de Guerra ordenó al Ministerio Público que presentara sus conclusiones en lo que fue el desenlace de un tinglado judicial tan breve y como abominable. Así lo relata Hernán López, uno de los funcionarios judiciales que habían sido obligados a participar en un juicio que consideraban carente de sustento legal:

> Después de terminar los careos, ordenaron al Ministerio Público que pidiera la pena de muerte formulando al efecto sus conclusiones. Entretanto nosotros hacíamos ver a los señores militares que formaban el Consejo que no había datos para formular acusaciones y mucho menos para condenar. El mayor Zamorano me habló aparte y me dijo que no nos ocupáramos en hacer la defensa de los reos porque podíamos correr la misma suerte que ellos. Esta misma amenaza fue hecha al asesor, al defensor y al Ministerio Público. Fue cuando comprendimos que eran inútiles todos nuestros esfuerzos para salvar la vida de los presos. Intentamos comunicarnos con algunas personas de la calle para ponerlas al tan-

to de lo que ocurría, pero se ejercía tal vigilancia sobre nosotros que fue imposible hacerlo...

El Ministerio Público consiguió a duras penas que después de una serie de amenazas le aceptaran su excusa respecto del licenciado Berzunza, pues era su amigo, y nombraron al teniente coronel Vicente Coyt en su lugar. Este señor, cuando tuvo en su poder el expediente malamente formado, se dio cuenta de que contra nadie había cargos para pedir la pena de muerte y mucho menos contra el licenciado Berzunza. Nos consultó a nosotros y le contestamos que no se podía pedir aquella pena. No sabiendo qué hacer, consultó con Ricárdez Broca y delante de nosotros contestó este señor que de todas maneras pidiera la pena de muerte.

Fue tal el número de amenazas que pesaban sobre nosotros que la defensa, que siempre es muy amplia y tiene campo vastísimo, fue amenazada y obligada a adherirse a la petición del Ministerio Público. Después de todo esto se quedaron solos los señores Aguirre, Zamorano y Frontana y sentenciaron, condenando a Felipe Carrillo Puerto y demás compañeros, a la pena capital. Aquella sentencia, cuyos términos hasta ahora no conozco, no les fue leída a los reos.

En efecto, la sentencia no se dio a conocer en ese momento, pero sí meses después:

Se ha comprobado que Felipe Carrillo Puerto y socios son autores el primero de haber ordenado y los segundos de haberlo obedecido en la ejecución de varios atentados a las garantías individuales, como lo son sin duda haber ordenado a todas las autoridades subalternas del estado fusilamientos sin formación de causa de diversas personas... Y lo que es más grave, haber atentado contra la seguridad de las fuerzas federales que salieron de esta ciudad en trenes militares en persecución de los procesados, volando éstos por medio de la dinamita un tramo de la vía férrea... En consecuencia y por unanimidad de votos, se pide la pena capital para los señores Felipe Carrillo Puerto, Benjamín Carrillo Puerto, Wilfrido Carrillo Puerto, Edesio Carrillo Puerto, licenciado Manuel Berzunza, Antonio Cortés, Rafael Urquía, Cecilio Lázaro, Daniel Valerio, Marciano Barrientos, Pedro Ruiz, Fernando Tejeda y Julián Ramírez, como responsables en complicidad, los doce últimos, con el ex gobernador de Yucatán de los delitos de los que los acusaron.

El gobernador impuesto, Juan Ricárdez Broca, y el comandante militar, Hermenegildo Rodríguez, cabezas visibles del alzamiento yucateco y responsables del asesinato de Carrillo Puerto y sus doce compañeros, no tenían un perfil político relevante ni estaban plenamente identificados con un delahuertismo que no confiaba en ellos y, sin embargo, los utilizó. Eran un par de ínfimos oportunistas que se prestaron a cumplir los designios criminales del sector más duro de la gran burguesía henequenera.

Nacido en Comalcalco, el tabasqueño Ricárdez había sido por dos meses gobernador interino de su estado, mas no brillaba por sus luces; Alfonso Taracena, que lo conoció años antes de su aventura yucateca, lo describe como un individuo grande, gordo y fofo, "un niño corpulento y en el fondo ingenuo". Un diálogo sostenido por Ricárdez con el periodista Carlos R. Menéndez en diciembre de 1923 lo retrata de cuerpo entero:

—Tengo que hacerlo, don Carlos. Me dicen que seré un pendejo si no fusilo a Carrillo Puerto.

—¿Y qué prefiere, general, que le digan pendejo o asesino?

Prefirió que le dijeran asesino.

El general Hermenegildo Rodríguez, en cambio, era un bribón. Nacido en el istmo oaxaqueño, tenía fama de explotar el juego, la prostitución y las drogas. Un diálogo sostenido con el periodista Anastasio Manzanilla —que firmaba Hugo Sol—, a bordo del vapor *Wywisbrook*, cuando en el declive del delahuertismo Rodríguez escapaba rumbo a Tabasco, da fe de su catadura moral.

—¿Es verdad que Adolfo de la Huerta les pidió que embarcaran a Carrillo Puerto y los demás reos rumbo a Veracruz?

—Es verdad. Pero le olimos el queso y nos chingamos a su Carrillo *Puerco*.

Colapsado el delahuertismo, Ricárdez escapó a Centroamérica, donde con el pseudónimo de Rodrigo García trató de embarcarse a Inglaterra. No lo logró, pues los 125 dólares que traía no resultaron suficientes para el pasaje. Su último refugió fue Puerto Castillo, en Honduras, donde, perdida la esperanza, el sábado primero de agosto de 1925 le envió el poco dinero que le quedaba a su madre, que vivía en Cuba, y mirando al mar desde el muelle se dio dos puñaladas en el pecho, pues ni siquiera tenía pistola. Fue suicidio; lo prueba el hecho de que dejó cartas para su padre, madre, hermanas y amigos; en una de ellas decía: "Sabedor que salían barcos para Inglaterra, esperé para irme en uno de ellos, pero no tuve para el pasaje, que vale como 200 dólares. Perdida, pues, esta oportunidad ¿qué me espera? ¿Aguardar pacientemente a que vengan por mí, para pasearme amarrado? No; eso no, es más digno morir".

Hermenegildo Rodríguez, en cambio, escapó a los Estados Unidos, al parecer con dinero, y se estableció en Nueva York. En entrevistas periodísticas y en charlas informales, le daba por jactarse del asesinato de Carrillo Puerto. Una noche, en un billar de la calle Lenox, presumió una vez más su hazaña y la justificó alegando que el pueblo estaba contra el gobernador y por eso la gente no hizo nada. "Si no reconocen esta verdad, tendrán que aceptar que los yucatecos son unos cobardes", le espetó altanero a uno de sus contertulios, el yucateco Carlos Carrillo Lara, quien siempre apreció al gobernador defenestrado. Por toda respuesta Carlos lo derribó de un puñetazo en la cara.

Los argumentos con que los golpistas trataron de justificar el juicio sumario y su veredicto fatal constan en un ripioso Manifiesto al pueblo yucateco, publicado en edición extraordinaria del Diario Oficial el 5 de enero de 1924. Ahí, con una prosa torpe pero garigoleada y rimbombante, se afirma:

Los hombres que desgraciadamente fueron condenados a la pena capital, en castigo de sus culpas, tuvieron en las manos los hilos de los destinos del pueblo yucateco, estrechamente vinculados con los de la gloriosa raza mexicana. Pudieron con buena voluntad laborar en bien de la Patria; pero lejos de esto desenvolvieron una actuación funesta en todos conceptos; eran los símbolos vivientes de un credo político, que, envuelto en el falso velo de un altruismo imaginario, sedujo la fácil credulidad del pueblo con el brillo de utopías irrealizables, y esta desproporción inmensa entre el ideal concebido y la dolorosa y palpitante realidad produjo la catástrofe social que hoy tenemos que lamentar... Y por esto, ante la faz de la Nación entera, asumimos la responsabilidad política, social e histórica que con el tiempo pudiera exigirse, y en nombre de la

Justicia y del Deber que norman nuestros actos y sobreponiéndonos a los impulsos de nuestros corazones, pedimos que a los contumaces reos de tantos y tan grandes delitos se les abriera un juicio sumarísimo para ser juzgados. El alto Tribunal Militar que conoció de esta causa dictó la sentencia inexcusable contra estos hombres, que, aunque vencidos y abrumados ya por el peso de la opinión pública, seguían fraguando nefastos planes para soliviantar a las masas populares contra el Gobierno establecido por la revolución antiimposicionista en nombre de un sacrosanto derecho reivindicador. Con toda la fuerza de nuestra voluntad inquebrantable, nos proponemos, en nombre de los luminosos ideales de paz y de concordia de cuya realización depende la prosperidad y la gloria de los pueblos, cegar el abismo moral que abrieron estos hombres causando innúmeras e inocentes víctimas que hoy en la triste soledad de sus hogares lloran acerbas lágrimas evocando las sombras amadas de sus familiares para siempre desaparecidos de la escena de la vida...

Firman el deplorable libelo una cincuentena de militares, entre los que curiosamente no están ni Ricárdez ni Rodríguez.

"Los muertos aún estaban vivos"

Poco antes de las cuatro de la mañana del jueves 3 de enero, estando recluido en la celda 162 de la galera cuatro de la Penitenciaría Juárez, Fernando Mendoza, quien horas antes había sido interrogado por el coronel Aguirre, escuchó cómo sus compañeros de galera eran sacados de sus calabozos y por la rejilla los vio pasar hacia donde suponía que estaba la salida del penal. Tenso y aferrado a la losa en que dormía, esperó el momento en que abrirían su puerta para llevarlo también a él... Pero pasaron los minutos, los pasos se alejaron y la puerta nunca se abrió.

Fernando Mendoza era uno de los que salieron de Mérida el 12 de diciembre, permaneció con los perseguidos hasta el final y formaba parte del grupo cercano a Felipe; en consecuencia, al igual que a los demás, se le acusaba de crímenes de sangre: presuntos delitos que, como casi todos, negó. Sin embargo, contra él no recayó sentencia alguna, ni absolutoria ni condenatoria.

Por eso Fernando no acompañó a los otros reos; sólo los vio pasar. Después sabría que iban rumbo al Cementerio de Mérida donde trece de los catorce enjuiciados el día anterior serían fusilados.

Esa noche Adolfo Palomo, alcaide de la penitenciaría, no pudo dormir de un tirón como era su costumbre por los movimientos de reos y las voces de orden que provocaba el Consejo de Guerra; juicio sumario del que supo pero que no le permitieron presenciar. Poco después de las tres de la mañana lo sacó de la cama el director del penal, quien le ordenó tomar de la bodega unas sogas que ahí se encontraban y cortarlas en siete tramos de metro y medio cada uno. Reportado el cumplimiento de la tarea, su jefe le dio la instrucción de abrir las celdas de todos los que habían comparecido ante el Consejo de Guerra —menos la de Fernando Mendoza—, sacar a los reos que ahí se encontraban y ponerlos a disposición del capitán Juan Vázquez, junto con las cuerdas que había dispuesto. Así lo hizo el alcaide. En cuanto se los entregaron, el capitán Vázquez los hizo formar una fila y los condujo al jardín.

Ahí los esperaban el general Hermenegildo Rodríguez con otro contingente de soldados. Uno de los uniformados recibió la orden de amarrar a los reos de dos en dos con las cuerdas que el alcaide había preparado. Terminada la operación se dieron cuenta de que sobraba una cuerda, pues los reos presentes eran doce y no trece como debían ser. Sólo entonces pasaron lista y vieron que faltaba Pedro Ruiz.

—¡Hijo de la chingada! —aulló Rodríguez dirigiéndose al alcaide—. Si no aparece Ruiz, usted se va en su lugar.

—No se preocupe, mi general, ahí debe estar… Se lo traigo inmediatamente —tartamudeó el aludido.

Y don Adolfo corrió a la celda de Pedro Ruiz, el mismo que en Motul no se quiso quedar atrás y ahora había estado a punto de que lo dejaran en la Penitenciaría Juárez mientras los otros iban a la muerte. Pedro estaba acurrucado en un rincón del calabozo sin entender lo que pasaba y, cuando el alcaide le dijo que lo acompañara, más que asustarse se tranquilizó.

Una vez que el grupo estuvo completo, fue conducido entre dos filas de soldados a la puerta exterior del penal, donde los esperaban varios automóviles, un par de camiones y otros veinticinco soldados que habían llegado en uno de ellos. La tropa sabía a lo que iba; en cambio, los choferes de los camiones se sorprendieron cuando vieron salir al gobernador Carrillo Puerto atado por las muñecas al capitán Rafael Urquía.

Uno de los dos conductores era José María Casanova, conocido como *Cañuto*, quien junto con Isidro Oxté, un compañero mecánico, dormía como de costumbre en el garaje Chacmol. A las tres y media de la mañana, ambos fueron prácticamente secuestrados por un grupo de imperativos militares que los requerían para manejar un par de camiones que poco después tomarían de otro garaje. De ahí el coche en que viajaban los uniformados y los dos vehículos grandes se dirigieron al Cuartel Federal de la Plaza Mejorada, donde veinticinco soldados se subieron a uno de los camiones. "Ahora a la Penitenciaría Juárez", le dijeron a *Cañuto*, quien no sabía de qué se trataba, hasta que al llegar a la puerta de la cárcel vio salir maniatado a Carrillo Puerto.

Como todos en Mérida, *Cañuto* estaba enterado de que el gobernador había sido detenido por los golpistas, pero no de que lo habían juzgado y menos de que lo iban a fusilar. Menos aún podía sospechar que le tocaría a él trasladar a los reos y presenciar la ejecución.

Al camión de *Cañuto* subieron Felipe y sus hermanos Benjamín y Wilfrido, Rafael Urquía, Pedro Ruiz, Julián Ramírez, Cecilio Lázaro, Marciano Barrientos y la escolta que se acomodó en la plataforma y los estribos. El otro transporte lo ocuparon Manuel Berzunza, Edesio Carrillo, Antonio Cortés, Daniel Valerio, Francisco Tejeda y su correspondiente escolta. Sobre el recorrido y el destino del convoy habla *Cañuto*:

Los camiones rodearon el Jardín del Centenario, que está frente a la penitenciaria, y luego tomamos la calle 59 hasta alcanzar la 70, donde doblamos a la derecha para ir rumbo al Cementerio General, adonde llegamos poco más o menos a las cuatro y media de la mañana. Como a esa hora ya comenzaban a transitar las calles los carniceros, panaderos y lecheros, los militares se preocuparon porque entonces se iba a saber del suceso antes de ser consumado. Y es por eso que, al ver cerrado el cementerio, ordenaron a un teniente que saltara las tapias y a toda prisa se dirigiera a la casa principal a efecto de avisar al velador para que trajera las llaves y abriera la reja. Así se hizo, y a los diez minutos vino dicho empleado todo sorprendido y dio paso a los camiones.

El velador y jardinero del cementerio se llamaba Macedonio Zapata, y el teniente que había saltado la tapia lo encontró regando con su ayudante Domingo Salazar —labor que hacían de madrugada, pues es mejor hacerlo así que cuando el sol está alto y con las gotas de agua se queman las plantas—. Con malos modos los dos trabajadores fueron conducidos por el oficial a la puerta norte del panteón, a través de cuyas rejas pudieron ver los vehículos que pretendían ingresar y a varios soldados que trataban de forzar la cerradura. En cuanto llegaron, fueron conminados con insultos a que abrieran la puerta. Lo hicieron y apenas estaban acabando de girar los vanos cuando pasaron raudos los vehículos y los soldados que de ellos habían descendido. Se veía que traían prisa. Macedonio regresó a la casa del velador a dejar sus herramientas de jardinería, y desde ahí escuchó una descarga de fusilería y minutos después otra y otra más.

En cambio, Domingo siguió a los vehículos hasta que se estacionaron junto a una barda del panteón, y pudo ver cómo las personas maniatadas que descendían de los camiones eran dispuestas frente al muro. Primero alinearon a un grupo, sonó una descarga de fusilería y todos cayeron; después alinearon a otros… La escena se repitió tres veces. Tiempo después, Domingo sabría que el oficial al mando de las ejecuciones que había presenciado era el mayor Bernardo Bielmas, siendo el ejecutor el teniente Sánchez.

Domingo vio que uno de los civiles que habían llegado en los automóviles se alejaba del grupo y presenciaba los fusilamientos a cierta distancia. El jardinero no lo sabía, pero era el juez militar Hernán López, quien contra su voluntad había participado en el Consejo de Guerra y, también obligado, testificaba la ejecución. Meses después así lo contó en el juicio contra los responsables del crimen:

Cuando creí que con el fallo condenatorio todo había terminado y me iría para mi casa, el general Hermenegildo Rodríguez, que era quien más empeño tomaba en lo que estaba ocurriendo, me ordenó que fuera a presenciar las ejecuciones. Le hice ver que se tratada de amigos míos y que para mí eso sería muy doloroso. Todo fue inútil; tomándome del brazo me introdujo en uno de los automóviles de la Guarnición. Lo mismo ocurrió con el doctor Guzmán, a quien se ordenó certificar la muerte de los reos.

Partieron los automóviles presididos por los camiones con los reos. Al llegar al cementerio se vio que las puertas estaban cerradas; algunos soldados intentaron forzarlas, pero fue inútil; un oficial saltó por encima y fue a avisar al velador. Mientras éste llegaba permanecimos en aquel lugar como un cuarto de hora que me pareció un siglo. Por fin penetraron los camiones seguidos por los automóviles; aquello era un entierro, pero los muertos aún estaban vivos.

Llegamos al lugar donde iban a ser ejecutados los reos. Serían como las cinco y cuarto. Fueron bajados de los camiones siete de ellos, entre los cuales estaba Carrillo Puerto. Yo me alejé un poco de aquel lugar. No quería presenciar el crimen.

Desde donde estaba, pude escuchar a Antonio Cortés y Pedro Ruiz, quienes decían que eran inocentes. Felipe no dijo una sola palabra… Benjamín Carrillo se dirigió al pelotón pidiéndole que le tiraran a pecho y no a la cara. Wilfrido Carrillo y Francisco Tejeda fueron los últimos. Cuando ya estaban parados en el cuadro rodeados de cadáveres, Wilfrido pidió hablar conmigo. Me acerqué; quizá quería comunicarme algo reservado, pero se dio cuenta de que nos escuchaban los oficiales y sólo me dijo: "Te suplico que vayas a mi casa y en mi nombre me despidas de mi madre y de mis hermanos". Nos estrechamos las manos. Al salir yo del cuadro, una descarga puso fin a la vida de los dos últimos sentenciados. Después fui conducido en automóvil a mi domicilio. Serían las seis de la mañana.

Cañuto, el chofer reclutado a última hora, también estaba ahí, pues tenía que conducir de regreso uno de los camiones. Años después le relató la escena a Edmundo Bolio:

Una vez que estacionamos los camiones fuera del arco que mira al oriente, se ordenó que la tropa bajara y se colocara unos cuatro metros frente al paredón destinado para la ejecución. Después fueron bajando los nueve presos que iban en mi camión, entre ellos Felipe, quienes fueron colocados de espaldas al muro del cementerio.

Los reos no pronunciaron palabra, salvo Cecilio Lázaro, quien dijo que moría inocente, se quitó un anillo y pidió que se lo dieran a su esposa. Después se oyó una descarga desigual, que sonó como un paquete de triquitraques, y todos se desplomaron.

Se escucharon a continuación quejidos agudos, por lo que el jefe del cuadro se acercó a los caídos con su pistola, y como no distinguía los rostros, ordenó a un cabo que fuera encendiendo por cada víctima una cerilla para así verlos bien y poder darles el tiro de gracia.

Después se ordenó que fueran al lugar fatídico los presos de la otra guagua, que eran cuatro. Una vez puestos para ser ejecutados, el licenciado Berzunza suplicó que lo fusilaran al último y solo, porque le daba pena que sus compañeros vieran cómo lo ejecutaban. Se accedió en parte a ello separándolo del paredón junto con *El Charro* Tejeda, quedando en consecuencia Antonio Cortés y Edesio Carrillo, quienes fueron fusilados sin que pronunciaran palabra. Después, es decir en tercera tanda, ejecutaron a Berzunza y Tejeda.

Como quiera que aún se oyeran algunos quejidos y se notara que algunos de los primeros fusilados se movían, se les volvió a dar un tiro de gracia. Terminadas las ejecuciones la soldadesca se abalanzó sobre los cadáveres para despojarlos de zapatos, cobertores y otras prendas...

No todos se acercaron a robar. Cuando los militares ya se habían ido y antes de que fueran retirados los cadáveres, Domingo Salazar, el ayudante de jardinero que junto con el velador abriera la puerta del panteón y que a distancia había presenciado los fusilamientos, se aproximó a los caídos. Lo que vio e hizo lo contó en el juicio a los asesinos: "El declarante manifestó que, por afecto y aprecio a don Felipe Carrillo Puerto, lo desató de Urquía, con quien estaba amarrado, lo recostó en el suelo y le tapó la cara con una toalla que el muerto llevaba al cuello. Las sogas las entregó al administrador del cementerio. Felipe tenía como tres heridas en el pecho y una en el costado izquierdo".

Amanecía cuando el administrador del Cementerio General, Alfonso Baqueiro, llegó al panteón. Poco antes, a las cinco y media de la mañana, estaba durmiendo en su casa de la calle 64 cuando escuchó fuertes golpes a la puerta. Alfonso era también músico y por un momento pensó que se trataba de unos borrachos que lo querían para llevar serenata. No sería la primera vez. Cuando se asomó a la ventana, vio que era otra cosa: en la calle estaba un automóvil con varios militares que con gritos e injurias le exigían salir. El administrador tranquilizó a su mujer, se puso alguna ropa y bajó. Ahí, el que le había gritado le dijo que, por órdenes del jefe de la Guarnición de la Plaza, debía salir de inmediato para el cementerio, pues era necesario que diera sepultura a trece cadáveres.

—¿Trece cadáveres? ¿Pues qué pasó?

—No pregunte. Haga lo que se le ordena.

—Pero necesito gente. Son muchos muertos.

—Pues consígala. Y si quiere conservar su pellejo, cumpla la orden sin tardanza.

Baqueiro se trasladó rápidamente al cementerio y junto al pórtico del lado oriente se encontró con los trece cadáveres, que estaban aún donde habían caído. Entonces supo que los muertos eran Carrillo Puerto y sus hermanos, el licenciado Berzunza y algunos más a los que no conocía. "El cabrón de Ricárdez y *el Oaxaco* Rodríguez los mandaron matar", pensó. Meses después, en el juicio a esos y otros responsables del crimen, Baqueiro describió la escena con la macabra precisión de quien está habituado al manejo forense de los muertos:

El cadáver de don Felipe Carrillo Puerto presentaba en el lado del corazón una herida por arma de fuego, con derramamiento de poca sangre, que indudablemente le causó la muerte. El de Rafael Urquía tenía cubierta de sangre toda la ropa, por el lado del pecho, donde presentaba varias heridas que le destrozaron el tórax. El cadáver de Pedro Ruiz también presentaba varias heridas en el pecho. El de Barrientos tenía una herida en el pecho, otra en el costado izquierdo y otra más en el mismo lado de la cara, que estaba destrozada. Julián Ramírez presentaba gran salida de sangre por la boca y una herida en el lado izquierdo del cuello y probablemente otras que no pudo ver, pues al levantar el cuerpo siguió derramando sangre. Daniel Valerio presentaba en el pecho y en el costado izquierdo, bajo la axila, como cuatro o cinco heridas de las que manaba abundante sangre. El cuerpo de Cecilio Lázaro presentaba varias heridas en el pecho y una gran perforación en la parte posterior del cráneo. Herida muy semejante —acaba de recordar el declarante— a la que observó en Julián Ramírez, que comenzó por la sien y le destrozó el cráneo. Que el de Edesio Carrillo Puerto presentaba una herida bajo la tetilla izquierda. Que el de Antonio Cortés presentaba varias heridas en la caja del cuerpo. Que el del licenciado Berzunza presentaba varias heridas en el cuerpo y una en la sien izquierda que le torció la mandíbula inferior. El de Wilfrido Carrillo Puerto presentaba varias heridas en el cuerpo, una bajo la tetilla izquierda. El de *El Charro* Tejeda tenía varias heridas en el cuerpo y el de Benjamín Carrillo Puerto una herida sobre la tetilla izquierda y otra en el costado izquierdo. Que todas las heridas fueron por arma de fuego y esto es cuanto pudo observar.

A Baqueiro le habían ordenado enterrarlos de inmediato en la fosa común. Pero la orden había sido oral y el reglamento dice que se requiere una instrucción por escrito. De modo que decidió llevarlos al depósito de cadáveres del panteón, donde los cuerpos fueron depositados sobre mesas, camillas e incluso puertas que hubo que desprender de sus goznes, pues eran muchos y no cabían sobre las planchas que se empleaban habitualmente. Como a las seis y cuarto de la mañana, se presentaron en el cementerio un coronel y un capitán.

—¿Qué pasó? ¿Ya están enterrados los muertitos?

—No, señores. Aquí no acostumbramos sepultar cadáveres sin órdenes por escrito.

Los oficiales se retiraron contrariados y media hora después arribó al panteón el mismísimo gobernador y general Ricárdez Broca.

—Me dicen que se le han dado órdenes pero que usted no los quiere enterrar. Esto es insubordinación.

—Mire, general, yo respeto los reglamentos. Y necesito que las órdenes de inhumación sean por escrito... Además, si los muertos no son desconocidos, los familiares tienen derecho a darles sepultura.

—¿Y?

—Pues que estos muertos son bastante conocidos y tienen familiares.

Para sorpresa de Alfonso, el general y gobernador reculó. Admitió que se necesitaba una orden, pero dijo que él no podía firmarla, pues era una ejecución castrense y tenía que hacerlo el general Rodríguez, a quien de inmediato se la iba a solicitar.

Y se retiró a toda prisa, rechazando secamente la invitación de pasar a ver los cadáveres.

A las cuatro de la tarde llegó la orden:

Al C. Administrador del Panteón general. Presente. Esta Jefatura de Guarnición autoriza a usted para que permita que los deudos de los señores Felipe Carrillo Puerto y socios procedan a amortajarlos y darles sepultura hoy mismo, cubriendo todos los requisitos legales. Protesto a usted mi atenta consideración. Sufragio efectivo, no imposición. Mérida, Yucatán, tres de enero de mil novecientos veinticuatro. El General Brigadier Jefe de la Guarnición, H. Rodríguez.

Así, gracias a la firmeza de Alfonso Baqueiro, los asesinos no pudieron llevar a cabo su plan: un entierro expedito y clandestino que les permitiera esconder los cuerpos que daban fe de su crimen, y en cambio los familiares pudieron reconocerlos, despedirlos y darles sepultura. Dos empleados de la funeraria, José Maldonado y Jerónimo Jiménez, los amortajaron, y a las cuatro y media de la tarde los trece fueron enterrados en presencia de algunos de sus parientes y amigos.

Desde temprano, el 3 de enero se corrió la voz de que Carrillo Puerto y sus colaboradores habían sido fusilados, y durante el tiempo en que los cuerpos permanecieron en el depósito de cadáveres, entre las ocho y media de la mañana y las cuatro de la tarde, cientos de personas se acercaron a curiosear, pues en ningún momento se cerraron las puertas del cementerio.

También pudieron ver a los ejecutados el resto de los meridenses y los yucatecos todos, en imágenes que quedaron para la posteridad, pues a las nueve y media de la mañana se apersonó frente a la fachada neoclásica del depósito de cadáveres del cementerio el campechano José María Rubio, portando su cámara Graflex.

Rubio era fotógrafo de la *Revista de Yucatán*, el único medio que a través del periodista Manuel Vázquez había estado presente en el Consejo de Guerra. Enterado de madrugada por Vázquez del fallo y la ejecución, el director Carlos R. Menéndez llamó temprano a su fotógrafo y lo envió al panteón a obtener imágenes de los cadáveres. Rubio realizó cuando menos seis tomas, una de conjunto y otras con acercamientos, para lograr los cuales tuvo que mover ligeramente los cadáveres. Estos registros los reveló inmediatamente y se los entregó ese mismo día a Menéndez, quien el día siguiente los publicó en *La Revista de Yucatán*. Se trata de seis crudas fotografías, permanente testimonio gráfico del crimen del Cementerio General; en una de ellas vemos a Felipe entre Benjamín y Manuel; sus crecidas barbas documentan que desde que habían salido huyendo de Mérida tres semanas antes no se habían podido rasurar.

Nacido en Valladolid, el maestro Edmundo Bolio fue director de una escuela en Motul donde conoció muy joven a Carrillo Puerto; después sería impulsor con De la Luz Mena de la escuela racionalista y militante temprano del Partido Socialista del Sureste, en el que fungiría como responsable de cultura. Bolio era del núcleo duro de los socialistas yucatecos y amigo entrañable de Felipe.

A mediados de 1924, un caluroso sábado por la tarde, el profesor Bolio y el periodista Joaquín Valdés Chatelar conversaban en la cantina meridana Las Dos Naciones cuando vieron entrar en el frecuentado establecimiento al oficial de policía Héctor Cebada, acompañado por otra persona. Joaquín, que conocía al agente, los invitó a compartir la mesa.

El acompañante era Manuel Díez Martínez; al presentarlo, Cebada explicó que se trataba de un ex oficial del 18 Batallón, partícipe en el golpe de diciembre y firmante del *Manifiesto al pueblo de Mérida* con el que se trató de justificar la ejecución del gobernador defenestrado y de sus compañeros. Ahora, cuando el delahuertismo nacional había caído y los responsables del crimen del cementerio comenzaban a ser enjuiciados, Díez estaba en calidad de detenido y Cebada era su custodio. La razón de que anduvieran en la calle era que el reo se había ofrecido para señalar y facilitar la aprehensión de otros militares también inculpados.

Tras algunas rondas de cerveza, Díez contó que el día 2 de enero había estado tomando con otros oficiales y que, ya mamados, decidieron acudir a la Penitenciaría Juárez donde se desarrollaba el Consejo de Guerra; que luego, al término del juicio, en la madrugada del día 3, había marchado con reos y tropa rumbo al Cementerio General, y que ahí presenció el fusilamiento.

—Las descargas los tumbaron como fardos. Pero ya en el suelo todavía se movían y se quejaban. En ese momento el mayor Bielmas se dirigió a los que observábamos y nos dijo: "A ver ustedes, los mirones, ayuden a terminar el trabajo".

—¿Qué quería decir? —preguntó Joaquín.

—Pues eso, que termináramos el trabajo. Entonces, cada uno de los oficiales escogió a uno de los caídos y les fueron disparando en la cabeza.

Díez hizo una pausa teatral, le dio un trago a su cerveza, eructó largamente y concluyó el relato con un golpe de efecto.

—Yo le di el tiro de gracia a Carrillo Puerto.

Edmundo Bolio se le fue encima.

"Yucatán es maya"

Felipe Carrillo Puerto salió huyendo de Mérida el 12 de diciembre; el 21 cayó en manos de los golpistas; el 2 de enero fue juzgado y el 3 lo fusilaron. Cuatro meses después de su muerte la revista estadunidense *The Survey* publicó en inglés un artículo de su autoría titulado "The New Yucatan", donde da cuenta de lo que su gobierno estaba haciendo y de lo que se proponía hacer. En vista de lo ocurrido, "El nuevo Yucatán" es su testamento.

El nuevo Yucatán

Felipe Carrillo Puerto

Yucatán es maya. El extranjero que quiera entender nuestro problema y nuestras posibilidades debe comprender ese hecho simple. Nuestro pueblo tiene una larga historia; tiene un pasado grande, una fabulosa, casi misteriosa historia, una tradición rica, una memoria tenaz y una paciencia infinita. Durante cuatrocientos años nuestro pueblo ha sido un pueblo de esclavos; esclavos de un extranjero que nada conocía de nuestra vida y que condenó nuestra cultura como si ésta fuera trabajo del diablo. Fuimos físicamente conquistados por el español, pero nuestra vida cultural persistió. No sólo retuvimos nuestro bello lenguaje, nuestras costumbres, nuestro tipo de habitación, nuestra religión bajo un nuevo nombre, nuestro vestido, nuestra comida, sino también nuestros cantos, nuestras danzas y relaciones sociales que han seguido realizándose a través de los siglos, a pesar de la persecución y a pesar de la negación. El español de Yucatán ha absorbido muchos de nuestros hábitos de vida y parece más maya que español. En otras partes de México, el mestizo imita al hombre blanco. En Yucatán usa nuestro vestido y canta nuestras canciones. Los indios conquistados han conquistado a su conquistador. Esto sucedió como un inevitable proceso físico de infiltración y asimilación durante centurias. Cultural y espiritualmente la paciencia del indio maya redujo gradualmente a la impotencia al conquistador.

El indio maya conquistado pasó a ser un esclavo. Por cuatrocientos años no fue dueño del suelo que cultivaba, de los frutos que cosechaba, de los jardines que plantaba. Fue sometido a la humillación, al abuso físico, a los malos tratos y a la pesada carga de proporcionar a otros bienestar y comodidades. Cuando el conquistador despojó al indio de sus tierras, automáticamente le quitó su libertad. En un país agrícola tierra y libertad son sinónimos. Esto explica nuestro lema revolucionario: "Tierra y Libertad".

Todo Yucatán estaba en manos de unos doscientos propietarios y este pequeño número de grandes hacendados dominaba a todos los demás. El indio vivía en una hacienda y trabajaba para un hacendado. Ocupaba una casa provista por el amo, comía la comida que escasamente le proporcionaba el mayordomo de la plantación y trabajaba desde antes de que el sol saliera hasta después de que se había puesto, por el privilegio de estar listo para volver a trabajar al día siguiente. Fue arraigado a la tierra como un árbol y era vendido junto con la tierra que cultivaba. No poseía nada. Nada tenía. Era nadie y no podía levantar la voz ni siquiera en defensa de las cosas más importantes de su vida.

La revolución en Yucatán tiene un objetivo fundamental, hacer del indio maya un hombre libre, rescatarlo de las malas consecuencias que el estancamiento cultural y espiritual de la esclavitud gradualmente le impusieron. El éxito de la revolución aquí debe ser medido en última instancia con ese criterio. El lugar del indio maya en la comunidad como un ciudadano libre, autosuficiente y seguro de sí mismo será la medida que justifique los sacrificios y amarguras de la revolución. Todo lo demás es asunto sin importancia, todo lo demás no tiene consecuencia. ¿Qué ha ganado el indio con la revolución en Yucatán? La respuesta a esa pregunta debe ser la base de cualquier juicio honesto respecto de nuestro trabajo.

Nuestra primera meta ha sido redistribuir las tierras comunales, o ejidos, a nuestra gente. La apropiación de la tierra por las comunidades indígenas, como antaño, es hasta ahora la contribución fundamental de la revolución. Estamos tomando estas tierras comunales de las propiedades de los hacendados, dejando a éstos por lo menos quinientas hectáreas. Ocasionalmente las extensiones dejadas a las fincas de los hacendados son muy grandes todavía. En la medida en que podemos, cada familia residente es provista con veinticuatro hectáreas. Sin embargo, cuando la posesión de tierras por cada familia individual en las vecindades de las poblaciones deja a las fincas menos de quinientas hectáreas, reducimos la dotación por familia a dieciocho hectáreas y, en algunos casos, a sólo doce hectáreas.

La tierra no se da a los individuos. Los mayas son un pueblo comunitario, con una gran responsabilidad de grupo. Las tierras son comunes y pertenecen a la comunidad. Cada comunidad tiene una comisión agraria que vigila la distribución de la tierra según las necesidades que la comunidad determina. Ninguna persona puede comprar o vender la tierra comunal; cada quien tiene solamente el derecho de trabajar la tierra y disfrutar los frutos que produzca. El producto es su producto. El suelo pertenece a la comunidad. Hasta ahora más de la mitad de las villas y pueblos del estado han recibido sus tierras, y son más de ochenta. Cada jueves y, a veces, dos días por semana, se distribuye tierra en alguna población. Esta parte de nuestro programa debe ser completada dentro de un año. Cada comunidad del estado, excepto Mérida (una ciudad de cien mil habitantes), recibirá tierras. Y en Mérida las poblaciones circunvecinas también tendrán su participación, ya que son villas indígenas prácticamente carentes de tierra. En conjunto, cerca de ochenta mil jefes de familia obtendrán sus parcelas en la tierra común.

La distribución de tierra está teniendo consecuencias de largo alcance. La primera cosa que se advierte es que las personas se están mudando de las grandes propiedades donde vivían y están construyendo sus hogares en pequeños pueblos. Ninguno de los que viven en las haciendas puede participar en tierras comunales porque no es un auténtico ciudadano, y sólo los ciudadanos completos pueden tener acceso y participación en las tierras comunales. Los hombres viejos que no han conocido la libertad, que nunca han tenido disfrute de la posesión, que nunca han plantado y cosechado por ellos mismos, están ahora construyendo sus pequeñas casas, llevándose a sus familias a los pueblos y empezando a vivir la vida de los hombres libres. Esto ha sido un nuevo problema para las haciendas —el problema de tener que usar trabajo libre en vez de trabajo esclavo— y ha traído al trabajador un nuevo privilegio. Él tiene ahora la capacidad de discutir las condiciones en que prestará su trabajo, un derecho que ningún indio vivo disfrutó antes.

Pero más importante que eso ha sido el surgimiento de una nueva vida de las comunidades que nuestra gente ha descubierto. Ellos han iniciado una nueva existencia política con organizaciones y problemas comunales que los llevan a pensar y trabajar de una forma completamente distinta a la que tuvieron durante cuatrocientos años. La distribución de la tierra tiene entonces grandes consecuencias políticas, sociales y económicas.

La consecuencia más inmediatamente obvia y difícil de alcanzar es la diversificación de los cultivos, como resultado de la distribución de los ejidos. Yucatán ha sido por muchos años un estado monocultivador. Todo nuestro esfuerzo se ha ido en el cultivo del henequén. Los grandes terratenientes se han limitado a esta sola industria y se ha rechazado todo lo demás. Cosas que podríamos producir en Yucatán están siendo importadas. Una de las razones que lo explican es que es más fácil administrar una plantación de un solo producto que tiene asegurado el mercado. Otra razón es que la importación de comida para dar a los indios pone a éstos en desventaja mayor a que si ellos mismos la produjeran en su casa. Nominalmente el indio era libre; pero en realidad estaba siempre endeudado por su comida y, en tanto siguiera debiendo su comida, no podía abandonar la plantación. Ésta fue una medida dentro del sistema de peonaje desarrollada con el propósito de controlar a los trabajadores. Hasta hace cuatro años importábamos todo lo que comíamos. Frutos que pueden ser fácilmente producidos en Yucatán eran traídos de fuera. Importábamos maíz, que es la principal comida del indio; importábamos pollos y huevos. Ahora cosechamos el maíz que necesitamos y cosechamos algunos otros comestibles, incluso para exportar una pequeña parte de ellos. En lugar de importar leche enlatada, estamos propiciando la importación de vacas. Cosechamos, pues, nuestros propios frutos; y esperamos que pronto cada población será sostenida por lo que producen sus propias tierras.

Este desarrollo nos está conduciendo a otros. Cada comunidad que reciba tierra queda obligada a dejar una porción de ella para propósitos de experimentación, a fin de verificar qué se da en esas tierras y cómo pueden ser mejor cultivadas. Tan pronto como los ejidos queden distribuidos entre los pueblos, el gobierno dedicará la misma atención sistemática al desarrollo de cultivos experimentales que la que está dedicando ahora a la medición de las tierras comunes. Todo esto está dando al indio independencia económica y mayor confianza en sí mismo.

El poder que ha hecho posible la repartición de tierras en Yucatán es la "liga de resistencia", una organización que llega hasta el último pueblo y que está en todas las ciudades, caseríos y haciendas. Es esta organización la que ha ganado los frutos de la revolución y la que los ha guardado para los indios. Actualmente tiene alrededor de ochenta mil miembros. Esto significa que casi cualquier yucateco hábil es miembro de la liga. Las ligas son mucho más que un partido político; son más que una institución educativa; son más que un instrumento para gobernar. Son todo esto combinado. La liga es el instrumento que ha rejuvenecido al indio maya dándole el poder que necesita para llevar a cabo un amplio programa social. Muchas de las ciudades yucatecas tienen ligas feministas además de las organizaciones de los hombres.

Las ligas son Yucatán. Sin ellas no podríamos hacer ninguna de las cosas que estamos haciendo para los indios y ellos no tendrían un instrumento de educación y autodesarrollo. Porque eso es una liga: un instrumento para el crecimiento espiritual.

Todas las ligas verifican una asamblea semanal. La asamblea de la Liga Central se desarrolla los lunes por la noche; estas asambleas son conocidas con el nombre de "Lunes Rojos". En las ligas más pequeñas, las asambleas tienen lugar usualmente los sábados o domingos. Todas estas asambleas se desarrollan con un programa bien organizado y supervisado por la Liga Central, a través de su director educativo, y, usualmente, incluyen una o dos conferencias sobre temas educativos, recitales de poesía, selecciones musicales, canciones y, no raramente, danzas y teatro. Los programas cambian cada semana; a veces tratan temas serios y otras veces buscan sólo la diversión. En estas asambleas se discuten asuntos locales y se obtienen soluciones; esto incluye todas las actividades significativas en la vida de los miembros de la liga. La liga trabaja para satisfacer muchas necesidades de sus miembros. Busca y proporciona educación; tiene escuelas nocturnas para adultos y vigila todo el sistema educativo local; en ella se discuten los problemas económicos de los indios; se tocan los asuntos relacionados con la distribución de la tierra; en ella se organizan equipos de béisbol y competencias atléticas. Es el medio en que se desarrolla la vida social, política y económica de las pequeñas comunidades, y es una institución mucho más espiritual de lo que jamás haya sido la Iglesia.

Cada pequeña liga tiene un equipo de béisbol donde los jóvenes juegan; estamos planeando agregar a los programas escolares el béisbol y el box, y estamos impulsando otros deportes como el tenis y la lucha. Estas nuevas actividades casi han acabado con la vieja afición española por los toros. Cada liga tiene una banda u orquesta —esto es obligatorio—, ya que nuestra gente es demasiado triste y tiene que aprender a cantar y bailar no sólo sus bellas canciones, sino también otras danzas más alegres y tonadas más libres. Ellos han sido esclavos por tanto tiempo que han olvidado cómo jugar; los esclavos no juegan; y las personas que juegan no son esclavos.

Las ligas construyen escuelas y embellecen sus ciudades; hacen programas contra el alcoholismo y, en algunos pueblos, se ha prohibido el establecimiento de cantinas. En tiempo de elecciones en las ligas, con la participación de las organizaciones femeninas, se determinan tanto la nominación como la elección de los candidatos a puestos de elección popular. En cada distrito electoral las ligas tienen sus convenciones para hacer nominaciones; estas convenciones se integran con delegados de cada una de las ligas existentes en el distrito y en ellas se nominan candidatos a los puestos públicos. La nominación es equivalente a la elección porque las ligas controlan el estado.

La actual administración ha puesto el acento en dos cosas: la distribución de la tierra y la construcción de caminos en el estado; hemos construido ochenta kilómetros en los últimos diecinueve meses. También estamos enseñando la lengua maya en las escuelas y enfatizando la riqueza y la gloria de la antigua civilización maya. Nuestras primeras carreteras han sido construidas para comunicarnos con las ruinas mayas, porque ellas son un monumento a nuestro pasado y una promesa para nuestro futuro. El indio que fue antes un esclavo está ahora orgulloso de su lengua y de sus tradiciones; es libre para habitar sus propias tierras y es capaz de decidir su propio destino a través de la liga.

Las ligas harán posible la diversificación de los cultivos en Yucatán. No sólo tenemos que cosechar nuestra propia comida, sino que tenemos que agregar otros productos a nuestra exportación; ahora mismo estamos estudiando las posibilidades de sembrar algodón y tabaco.

Hemos iniciado una escuela de agricultura, una escuela experimental para niños donde los métodos pedagógicos más modernos están siendo implementados y, si funcionan, serán puestos en marcha en el resto de las escuelas.

Con sus propias tierras comunales, con buenas carreteras, con escuelas en todos los barrios, con productos agrícolas diversificados para el autosostenimiento, con organización social en cada pueblo para atender las necesidad espirituales y sociales para la población, con el cultivo de más de un producto para la exportación, con organizaciones cooperativas de producción y consumo —porque cuando las grandes haciendas son privadas del trabajo esclavo no pueden continuar subsistiendo más que sobre bases cooperativas—, con la producción de artesanías, música y danza nativas y la introducción deliberada de los avances científicos en nuestras vidas, tendremos, en una sola generación, un nuevo Yucatán. Tendremos un Yucatán que preservará todo lo que es rico, bello y útil en la tradición de los mayas y, al mismo tiempo, un Yucatán que pueda absorber todos los nuevos usos que proporciona la ciencia moderna. Podremos acariciar nuestro suelo, impulsar la vida propia de nuestro grupo, crecer y desarrollarnos como hombres libres y fuertes que serán ejemplo para el resto de México y para el mundo. Todo esto y más podremos hacer gracias a las características de nuestro pueblo. El futuro de Yucatán pertenece a los mayas.

AGRADECIMIENTOS

Gracias a Andrés, *Cando*, Erick, *Chaquis, Micha*, Manuel, Tomás, Julio y otros amigos yucatecos o campechanos por los que hace más de 40 años empecé a familiarizarme con la política y la historia peninsular, pero también con el Teatro Regional de *El Cholo* Herrera, el mercado de pulgas de los domingos en Santa Lucía, el ingente "Louvre especial" de pavo o jamón que a cualquier hora del día o de la noche se comía en el Louvre, los tacos de mariscos que preparaba el *cangrejito,* las "grecas" con paisaje que se tomaban en el Express, el único café de Mérida hecho con máquina italiana que servían en el mero centro del mercado, el agradecible aire acondicionado de La Pop, el café con leche y el pan de la ancestral Flor de Santiago (que hoy estaría cumpliendo cien años de estar ahí); sin olvidar los salbutes que se cenaban en Kanasín, el mucbipollo de Valladolid en día de muertos y la León Negra bebida frente al mar de Progreso.

Gracias a Juanito de la Cabada por haberme llevado a los bares donde cantaban Pastor Cervera y Ligia Escalante.

Gracias a Paco Taibo, que me indujo a escribir esta biografía.

Gracias a *Chaca*, *Bato* y *Cando,* que me consiguieron libros que la Covid-19 hacía inaccesibles.

Gracias a Gaspar Gómez Chacón y Jorge Mantilla Gutiérrez, que me hicieron llegar imprescindibles trabajos de su autoría sobre Carrillo Puerto.

Gracias a Elisa Ramírez, Lorena Paz Paredes y Jorge Fernández, que leyeron y corrigieron las primeras versiones del libro.

Gracias finalmente a Andrés Manuel López Obrador, en quien no podía dejar de pensar mientras contaba la vida de su sosias yucateco.

BIBLIOGRAFÍA

Aboites, Luis, *La Revolución mexicana en Espita, Yucatán: 1910-1940. Microhistoria de la formación del Estado de la revolución*, CIESAS, México, 1982.

_____, "La Revolución mexicana en Yucatán, el caso de Espita", en Blanca González R. *et al.*, *Yucatán; peonaje y liberación*, Fonapas / INAH, Mérida, 1981.

Abud Flores, José Alberto *Campeche: revolución y movimiento social (1911-1923)*, Instituto Nacional de Estudios Históricos de la Revolución Mexicana / Secretaría de Gobernación / Universidad Autónoma de Campeche, México, 1992.

Alvarado, Salvador, *Mi actuación revolucionaria en Yucatán*, Librería de la Viuda de Ch. Bouret, París / México, 1918.

_____, *La reconstrucción de México: un mensaje a los pueblos de América*, 3 vols., J. Ballescá, México, 1919.

Amaro Gamboa, Jesús, *Yucatán: sueño sin fin (crónica de una utopía)*, América, México, 1972.

Askinasy, Siegfried, *El problema agrario de Yucatán*, Botas, México, 1936.

Baños, Othón, "Agrarismo estatal y poder en México (1915-1940)", *Revista de la Universidad Autónoma de Yucatán*, núm. 165, abril-junio, 1988.

Bartra, Armando, "Las alternativas proletarias o campesinas de los peones acasillados de las fincas del sureste: el caso de Yucatán durante el gobierno de Carrillo Puerto", en *Memoria del Segundo Coloquio Regional de Historia Obrera*, Mérida, Yucatán, 3-7 de septiembre, Centro de Estudios Históricos del Movimiento Obrero Mexicano, CEHSMO, México, 1979.

_____, *El México bárbaro. Plantaciones y monterías del sureste durante el porfiriato*, UAM-Xochimilco, México, 2015.

_____, "John Kenneth Turner, un testigo incómodo", *Chiapas*, núm. 7, UNAM / ERA, México, 1999, pp. 209-223.

_____, *Tiempo de mitos y carnaval. Indios, campesinos y revoluciones de Felipe Carrillo Puerto a Evo Morales*, Itaca, México, 2011.

Bartra, Armando, "Ver para descreer", *Luna Córnea*, núm. 13, septiembre-noviembre, México, 1997.

Benítez, Fernando, *KI: el drama de un pueblo y una planta*, FCE, México, 1962.

Betancourt Pérez, Antonio, *Revoluciones y crisis en la economía de Yucatán*, Talleres Gráficos del Sudeste, Mérida, 1953.

_____, *El asesinato de Carrillo Puerto*, Zamná, Mérida, 1974.

Bolio Ontiveros, Edmundo, *De la cuna al paredón. Anecdotario de la vida, muerte y gloria de Felipe Carrillo Puerto*, s. e., Mérida, 1972.

Buenfil, Valerio, *La vida oculta de Felipe Carrillo Puerto en Motul*, Asociación de cronistas e historiadores de Yucatán, Mérida, 2018.

Bustillos Carrillo, Antonio, *Yucatán al servicio de la patria y la revolución*, Costa-Amic, México, 1959.

Cantón, Miguel, *En tiempos de conquista. Veinte años de acción socialista*, Editorial Mayab, Mérida, s. a.

Carrillo Puerto, Acrelio, *La familia Carrillo Puerto de Motul, con la Revolución mexicana*, s. e., Mérida, 1959.

_____, *Felipe Carrillo Puerto, redentor de los mayas. Artículos, anécdotas, impresiones*, s. e., Mérida, 1972.

_____, "The New Yucatan", *The Survey*, núm. 52, mayo, Estados Unidos, 1924.

Castillo Peraza, Carlos (comp.), *Historia de Yucatán*, Fondo Editorial de Yucatán, Mérida, 1979.

Castillo Torre, José, *A la luz del relámpago, ensayo de biografía subjetiva de Felipe Carrillo Puerto*, Botas, México, 1934.

Castro, Rosa, "Sobre la ruta de Carrillo Puerto, el mesías de Motul", *Hoy*, núm. 776, 5 de enero, México, 1952.

Cervera Fernández, José Juan, "La exploración arqueológica en Yucatán durante el gobierno de Felipe Carrillo Puerto", en Gaspar Gómez Chacón (comp.), *La revolución en Yucatán. Nuevos ensayos*, Compañía Editorial de la Península, Mérida, 2012.

Civeira Taboada, Miguel, *Felipe Carrillo Puerto, mártir del proletariado nacional*, Liga de Economistas Revolucionarios, México, 1986.

Cole, George Douglas Howard, *Historia del pensamiento socialista. IV. La Segunda Internacional 1889-1914*, FCE, México, 1974.

Cole, George Douglas Howard, *Historia del pensamiento socialista. VI. Comunismo y social democracia 1914-1931*, FCE, México, 1975.

Duarte, José D., "La salida del gobernador. Narración histórica de la llegada del gobernador Carrillo Puerto y compañeros al "Cuyo"; permanencia y salida de allí", *Revista de Yucatán*, Mérida, 1924, s. n.

Durán Rosado, Esteban, *Crónicas retrospectivas*, Ediciones del Gobierno del Estado, Mérida, 1978.

Eco, Umberto, *Baudolino*, trad. de Helena Lozano Miralles, Lumen, Barcelona, 2001.

Echeverría, Pedro, *La política en Yucatán en el siglo XX, 1900-1964*, Maldonado, Mérida, 1985.

Espadas y Aguilar, Ramón, *Fundación del Partido Socialista Obrero, junio de 1916*, s. e., Mérida, 1972.

Fernández, Aurelio, "Crónica de un internacionalista", en Miguel Orduña y Alejandro de la Torre (coords.), *Historias de anarquistas*, INAH / UNAM, México, 2017.

Fernández Repetto, Francisco, "Formación integral y herencia educativa en el pensamiento y obra de Felipe Carrillo Puerto", *Revista de la Universidad Autónoma de Yucatán*, vol. 15, núm. 212, Mérida, 2000.

Flores Vizcarra, Jorge, y Otto Granados Roldán, *Salvador Alvarado y la Revolución mexicana*, Universidad Autónoma de Sinaloa, Culiacán, 1980.

Gamboa Ricalde, Álvaro, *Yucatán desde 1910*, vols. I y II, Imprenta Standard, México, 1943.

Gómez, Marte R., *Las comisiones agrarias del Sur*, Porrúa, México, 1961.

_____, *Historia de la Comisión Nacional Agraria*, Centro de Investigaciones Agrarias, México, 1975.

Gómez Chacón, Gaspar, "Carrillo Puerto y la radio en Yucatán", en Gaspar Gómez Chacón (comp.), *La revolución en Yucatán. Nuevos ensayos*, Compañía Editorial de la Península, Mérida, 2012.

González Durán, Jorge, *La rebelión de los mayas y el Quintana Roo chiclero*, Dosis, Mérida, 1974.

González Navarro, Moisés, *Raza y tierra. La guerra de castas y el henequén*, Colegio de México, México, 1979.

González R., Blanca, "Porfiriato henequenero en Yucatán", en

Blanca González R. *et al.*, *Yucatán: peonaje y liberación*, Fonapas / INAH, Mérida, 1981.

Hoy, Carlos, *Breve historia de Quintana Roo*, Impr. México, Chetumal, 1971.

Iglesias, Esther, "Historias de vida de campesinos henequeneros", *Yucatán: historia y economía*, año 2, núm. 7, mayo-junio, Mérida, 1978.

Irigoyen, Renán, *Felipe Carrillo Puerto, primer gobernante socialista en México*, Universidad de Yucatán, Mérida, 1974.

Joseph, Gilbert M., "Apuntes para una nueva historia regional. Yucatán y la Revolución mexicana 1915-1940", *Revista de la Universidad de Yucatán*, año XIX, vol. XIX, núm. 101, enero-febrero, Mérida, 1977.

_____, *Revolución desde afuera. Yucatán, México y los Estados Unidos, 1880-1924*, FCE, México, 1992.

Kenneth Turner, John, *México bárbaro*, Costa-Amic, México, 1974.

Lameiras, Brigitte B. de, *Indios de México y viajeros extranjeros: siglo XIX*, SEP, México, 1973.

Lapointe, Marie, "La política indigenista de Maximiliano en Yucatán", *Saastun. Revista de Cultura Maya*, Año 0, núm. 1, Mérida, 1997.

Lara y Lara, Humberto, *El problema ejidal henequenero desde sus orígenes hasta nuestros días*, mimeografiado, s. a.

Le Goff, Jacques, *¿Realmente es necesario cortar la historia en rebanadas?*, trad. de Yenny Enríquez, FCE, México, 2019.

Leyva Loría, Damiana, "La revista *Tierra* y el Partido Socialista del Sureste", en Gaspar Gómez Chacón (comp.), *La revolución en Yucatán. Nuevos ensayos*, Compañía Editorial de la Península, Mérida, 2012.

Loveira, Carlos, "El socialismo en Yucatán", en Universidad de Yucatán-Departamento de Estudios Económicos y Sociales, *Yucatán: historia y economía*, Centro de Investigaciones Regionales Dr. Hideyo Noguchi, Mérida, 1978.

Macías Richard, Carlos, *Visiones sobre Felipe Carrillo Puerto. Correspondencia con Plutarco Elías Calles y otros testimonios*, Gobierno del Estado de Yucatán / Conaculta, Mérida / México, 2014.

Mantilla Gutiérrez, Jorge, *Acción política y pensamiento histórico de Felipe Carrillo Puerto y José Ingenieros (correspon-*

dencia), Ediciones de la Universidad Autónoma de Yucatán, edición especial conmemorativa 1922-1997, Mérida, 1997.

Mantilla Gutiérrez, Jorge, *Hombre nuevo, mundo antiguo. Felipe Carrillo Puerto*, Secretaría de Educación Pública del Estado de Yucatán, Mérida, 2012.

_____, "Felipe Carrillo Puerto y la educación", *Revista de la Universidad Autónoma de Yucatán*, vol. 15, núm. 212, Mérida, 2000.

_____, "Los mayas en el pensamiento político de Felipe Carrillo Puerto", *Revista de la Universidad Autónoma de Yucatán*, vol. 20, núm. 233, Mérida, 2005.

Mantilla Gutiérrez, Jorge, y Guillermo Sandoval, *Felipe Carrillo Puerto. Ensayo biográfico (vida y obra)*, Universidad Autónoma de Yucatán, Mérida, 1994.

Manzanilla Shaffer, Víctor, *Acción de dos auténticos revolucionarios en el estado de Yucatán*, Asociación Nacional Cívica Felipe Carrillo Puerto, México, 1975.

María, Gerardo, "Hace 55 años, la Casta Divina dijo 'Ustedes tienen el pueblo, nosotros la tropa'", *Interviu*, año I, núm. 39, México, 1979.

Mariátegui, José Carlos, *Siete ensayos de interpretación de la realidad peruana*, ERA, México, 1979.

_____, *Ideología y política*, Biblioteca Amauta, Lima, 1969.

Martínez Assad, Carlos (comp.), *Los lunes rojos. La educación racionalista en México*, Ediciones el Caballito / SEP, México, 1986.

Martínez Escamilla, Ramón, *Emiliano Zapata. Escritos y documentos*, Editores Mexicanos Unidos, México, 1981.

Martínez Peniche, Roger, "1920-1950, la época de oro de la canción yucateca", *Revista de la Universidad Autónoma de Yucatán*, vol. 21, núm. 239, 240, Mérida, 2006.

Matute, Álvaro, *Historia de la Revolución mexicana 1917-1924. La carrera del caudillo*, El Colegio de México, México, 1980.

Mediz Bolio, Antonio, *En medio del camino... Poemas de amor, de armas, de sueños y de galantería*, Botas, México, 1930.

_____, *Raíces y frutos de la revolución en Yucatán*, Editorial Tikal Maya Than, Mérida, 1951.

Mena Brito, Bernardino, *...Bolshevismo y democracia en México. Pugna entre dos partidos políticos en Yucatán, durante la revolución constitucionalista*, M. A. Mena, México, 1933.

Mena Brito, Bernardino, *Reestructuración histórica de Yucatán: influencia negativa de los políticos campechanos en los destinos de México y de Yucatán de 1821 a 1969*, Editores Unidos Mexicanos, México, 1969.

Menéndez, Carlos R., *En pos de la justicia*, Compañía Tipográfica Yucateca, Mérida, 1934.

Menéndez, Miguel Ángel, *Episodios nacionales 1. La industria de la esclavitud*, Editorial Zamna, Mérida, 1947.

Millet Cámara, Luis *et al.*, *Hacienda y cambio social en Yucatán*, INAH / Maldonado, Mérida, 1984.

Moe Blein, Allan, *Alvarado es el hombre*, s. e., Nueva Orleans, 1917.

Moguel H., Wenceslao, *El milagro del santo de Halachó o Historia de un fusilado*, s. e., Mérida, 1967.

Molina Font, Gustavo, *La tragedia de Yucatán*, Jus, México, 1941.

Molina Font, Julio, *Halachó 1915*, Editora Internacional de México, México, s. a.

Montalvo Ortega, Enrique, *Imperialismo y henequén. Estudio de las clases sociales en Yucatán entre 1900 y 1919*, tesis de licenciatura en sociología, Universidad Iberoamericana, México, 1976.

Montejo Baqueiro, Francisco D., *Mérida en los años veintes*, Ediciones del Ayuntamiento de Mérida, Mérida, 1981.

Moreno Acevedo, Elda de Jesús, "Redescubriendo a Felipe Carrillo Puerto: ¿apóstol de los mayas, ideólogo del socialismo yucateco, intelectual no reconocido?", *Revista de la Universidad Autónoma de Yucatán*, vol. 20, núm. 233, Mérida, 2005.

Orosa Díaz, Jaime, *Porfirismo y revolución en Yucatán*, Universidad de Yucatán, Mérida, 1980.

Pacheco Cruz, Santiago, *Recuerdos de la propaganda constitucionalista en Yucatán*, Talleres Gráficos / Zamna, Mérida, 1953.

Paoli Bolio, Francisco José, *Yucatán y los orígenes del nuevo estado mexicano*, ERA, México, 1984.

_____, "Cuatro revolucionarios vistos por Mediz Bolio: Madero, Alvarado, Carrillo Puerto y Calles", en Gaspar Gómez Chacón (comp.), *La revolución en Yucatán. Nuevos ensayos*, Compañía Editorial de la Península, Mérida, 2012.

Paoli Bolio, Francisco José, y Enrique Montalvo, *El socialismo olvidado de Yucatán*, Siglo XXI Editores, México, 1977.

Partido Socialista del Sureste, *La labor negativa y obstruccionadora de Carlos R. Menéndez,* Minerva, s. l., 1932.

_____, *Primer Congreso Obrero Socialista celebrado en Motul, estado de Yucatán,* Centro de Estudios Históricos del Movimiento Obrero Mexicano, México, 1977.

_____, *Segundo Congreso obrero de Izamal,* Centro de Estudios Históricos del Movimiento Obrero Mexicano, México, 1977.

Patch, Robert, "Formación de estancias y haciendas en Yucatán durante la Colonia", *Revista de la Universidad de Yucatán,* año XVIII, vol. XXVIII, núm. 106, julio-agosto, 1976.

Peláez, Gerardo, *El Partido Comunista Mexicano, 60 años de historia,* Universidad Autónoma de Sinaloa, Culiacán, 1980.

Quintal Martín, Fidelio, *Yucatán un periodo de historia contemporánea, 1910-1924,* Universidad de Yucatán, Mérida, 1974.

Ramírez, Gabriel, *Personajes de Yucatán. De la tierra salen voces que les hablan,* Gobierno del Estado de Yucatán, Mérida, 2009.

_____, "Sandino en Mérida", *Revista de la Universidad Autónoma de Yucatán,* vol. 25, núm. 251-252, Mérida, 2009.

Ramírez Aznar, Luis, "De cómo se hizo cine en Yucatán", *Revista de la Universidad Autónoma de Yucatán,* vol. 21, núm. 236, Mérida, 2006.

_____, "Breve historia de la colonia García Ginerés y del parque de las Américas", *Revista de la Universidad Autónoma de Yucatán,* vol. 26, núm. 258-259, Mérida, 2011.

Reed, Nelson, *La Guerra de Castas en Yucatán,* ERA, México, 1971.

Rejón Osorio, María Cristina *et al., V,* Primer certamen de biografías de yucatecos ilustres, Universidad de Yucatán, Mérida, 1977.

Rico, Juan, *Yucatán. La huelga de junio,* s. e., Mérida, 1922.

Rodríguez, Antonio, *El henequén, una planta calumniada,* Costa-Amic, México, 1966.

Salazar, Rosendo, y José G. Escobedo, *Las pugnas de la gleba 1907-1922,* Editorial Avante, México, 1923.

Sanger, Margarita, *La regulación de la natalidad o la brújula del hogar,* Partido Socialista del Sureste / Mayab, Mérida, 1922.

Sasturain, Juan, *El último Hammett,* FCE, México, 2019.

Sauri Riancho, Dulce María, y José Luis Sierra, *La Casta Divina por dentro y por fuera,* Dante, Mérida, 2018.

Secretaría de Fomento, *México y el problema obrero rural*, Secretaría de Fomento, México, 1911.

Sierra Villarreal, José Luis, *La revolución en Yucatán 1897-1921. La historia negada*, Dante, Mérida, 2018.

Smith, Stephanie, "Si el amor esclaviza… ¡Maldito sea el amor! El divorcio y la formación del estado revolucionario en Yucatán", en Graciela Cano *et al.* (comps.), *Género, poder y política en el México posrevolucionario*, FCE, México, 2009.

Sosa Ferreyro, Roque Armando, *El crimen del miedo. Reportaje histórico*, Costa-Amic, México, 1969.

_____, *Cosas de Yucatán*, Costa-Amic, México, 1969.

Taibo II, Paco Ignacio, *Los Bolshevikis. Historia narrativa de los orígenes del comunismo en México. 1919-1925*, Joaquín Mortiz, México, 1986.

Taracena, Alfonso, *La verdadera Revolución mexicana sexta etapa (1918 a 1920)*, Jus, México, 1961.

_____, *La verdadera Revolución mexicana séptima etapa (1920 a 1921)*, Jus, México, 1961.

_____, *La verdadera Revolución mexicana octava etapa (1921 a 1923)*, Jus, México, 1962.

_____, *La verdadera Revolución mexicana novena etapa (1923 a 1924)*, Jus, México, 1962.

Tibol, Raquel, "Diego y Carrillo Puerto", *Revista de la Universidad Autónoma de Yucatán*, vol. 26, núm. 258-259, Mérida, 2011.

Torre, Alejandro de la, "Profetas en Babel. Hacia una historia de la comunidad anarquista hispanoparlante de Nueva York", en Miguel Orduña y Alejandro de la Torre (coords.), *Historias de anarquistas*, INAH / UNAM, México, 2017.

Torre, Manuel A., *La ruina y el hambre o una guerra intestina amenazan a Yucatán*, Imprenta Universal, Mérida, 1918.

Torre, Rosa, "Rasgos biográficos del líder Felipe Carrillo Puerto", *Revista de la Universidad Autónoma de Yucatán*, vol. 20, núm. 233, Mérida, 2005.

Ulloa, Berta, *Historia de la Revolución mexicana 1914-1917, II. Periodo 1914-1917. 6. La Constitución de 1917*, El Colegio de México, México, 1983.

Urzaiz, Eduardo, *Del imperio a la revolución 1865-1910*, Gobierno del Estado, Mérida, 1971.

Urzaiz, Eduardo, *Eugenia. Esbozo novelesco de costumbres futuras*, Talleres Gráficos A. Manzanilla, Mérida, 1919.

Várguez Pasos, Luis (comp.), *La milpa entre los mayas de Yucatán*, Universidad de Yucatán, Mérida, 1981.

Vasconcelos, José, *El desastre. Tercera parte de Ulises criollo*, Jus, México, 1979.

Victoria Ojeda, Jorge, "Fiesta de don Porfirio en Mérida", en Genny M. Negroe Sierra y Pedro Miranda y Ramiro Leonel (comps.) *Nuestra historia con minúsculas*, Gobierno del Estado de Yucatán, Mérida, 2010.

Villanueva Mukul, Eric, *Así tomamos las tierras. Henequén y haciendas en Yucatán durante el porfiriato*, Maldonado/CEDRAC, Mérida, 1984.

Villaseñor, Roberto, *El separatismo en Yucatán. Novela histórico política*, Botas, México, 1916.

Zinn, Howard, *La otra historia de los Estados Unidos*, trad. de Toni Strubel, Siglo XXI, México, 2006.

Suku'un *Felipe. Felipe Carrillo Puerto
y la revolución maya de Yucatán,* de Armando Bartra,
se terminó de imprimir y encuadernar en diciembre de 2020
en Impresora y Encuadernadora Progreso, S. A. de C. V. (IEPSA),
Calz. San Lorenzo, 244; 09830 Ciudad de México.
En su composición, realizada en el Departamento
de Integración Digital del FCE por Antonia Segura Chávez,
se utilizaron tipos New Aster. La edición, al cuidado
de Dennis Peña, consta de 6 000 ejemplares.